MICHAEL OSWALD

HERZ SCHLAG

**DIE MACHT
EINES HERZENS,
DAS IM RHYTHMUS
GOTTES LEBT**

SCM

Stiftung Christliche Medien

SCM Hänssler ist ein Imprint der SCM Verlagsgruppe,
die zur Stiftung Christliche Medien gehört, einer gemeinnützigen Stiftung,
die sich für die Förderung und Verbreitung christlicher Bücher,
Zeitschriften, Filme und Musik einsetzt.

2. Auflage 2024

© 2024 SCM Hänssler in der SCM Verlagsgruppe GmbH
Max-Eyth-Straße 41 · 71088 Holzgerlingen
Internet: www.scm-haenssler.de · E-Mail: info@scm-haenssler.de

Soweit nicht anders angegeben, sind die Bibelverse folgender
Ausgabe entnommen:
Elberfelder Bibel 2006, © 2006 SCM R.Brockhaus in der
SCM Verlagsgruppe GmbH, Holzgerlingen.
Weiter wurden verwendet:
Einheitsübersetzung der Heiligen Schrift, vollständig durchgesehene
und überarbeitete Ausgabe
© 2016 Katholische Bibelanstalt GmbH, Stuttgart (EÜ [**]).
Gute Nachricht Bibel, revidierte Fassung, durchgesehene Ausgabe,
© 2000 Deutsche Bibelgesellschaft, Stuttgart (GN).
Hoffnung für alle ® Copyright © 1983, 1996, 2002, 2015 by Biblica, Inc.®.
Verwendet mit freundlicher Genehmigung des Herausgebers Fontis – Brunnen
Basel (HFA [****]).
Bibeltext der Neuen Genfer Übersetzung - Neues Testament und Psalmen
Copyright © 2011 Genfer Bibelgesellschaft
Wiedergegeben mit freundlicher Genehmigung. Alle Rechte vorbehalten
(NGÜ [*]).
Bibeltext der Schlachter Bibelübersetzung, Copyright © 2000 Genfer Bibel-
gesellschaft. Wiedergegeben mit freundlicher Genehmigung. Alle Rechte
vorbehalten (SCHL [***]).

Umschlaggestaltung: Andreas Sonnhüter; grafikbuero-sonnhueter.de
Autorenfoto: © Ismael Weber
Satz: typoscript GmbH, Walddorfhäslach
Druck und Bindung: GGP Media GmbH, Pößneck
Gedruckt in Deutschland
ISBN 978-3-7751-6225-8
Bestell-Nr. 396.225

INHALT

1 HERZSCHLAG 7
2 HERZFEHLER 27
3 VATERHERZ 50
4 BARMHERZIG 61
5 STEINHERZ 82
6 HERZSTILLSTAND 110
7 HERZSCHMERZ 134
8 SPENDERHERZ 152
9 HERZLICH WILLKOMMEN 172
10 HERZFRUCHT 192
11 HERZFUNKTION 211
12 HERZSTÜCK 230
WIR BETEN FÜR DEIN HERZ 237
DANKE 253
ANMERKUNGEN 254

Für meine kleine Nichte,
deren Herz viel zu früh zu schlagen aufgehört hat.
In freudiger Erwartung, dich eines Tages
kennenlernen zu dürfen. In tiefer Dankbarkeit dafür,
dass selbst der kleinste Fußabdruck bleibende
Spuren in unserem Herzen hinterlässt.

Mehr als alles, was man bewahrt, achte auf dein Herz! Denn aus ihm entspringt die Quelle des Lebens.

SPRÜCHE 4,23

1 HERZSCHLAG

Ich sehe mich selbst den Herzschlag meines Papas auf dem Bildschirm beobachten. Ich stehe auf der Intensivstation neben seinem Bett. Betäubt. Das Gehirn ist möglicherweise schon tot.

Die Beatmungsmaschine hebt und senkt den Brustkorb. Verschiedene Schläuche. Maschinen, die Ernährung und Körpertemperatur regulieren. Das Herz schlägt noch. Der Herzschlag zeichnet eine gleichmäßige Gebirgslandschaft mit Höhen und Tiefen auf den Bildschirm. Sein Puls sinkt unter fünfzig. Das Alarmsignal sticht widerhallend in meinem Kopf. Ich spüre, wie mein Herz schneller schlägt.

Das Herz. Zentrum des Lebens. Zentrum der menschlichen Existenz. In der hebräisch geprägten Kultur der Bibel ist das Herz der Ort, mit dem wir denken, fühlen und entscheiden. Der Ort, in dem unser Handeln entsteht.

Ich frage mich, was diese neue Situation mit meinem Herzen machen wird. Wird mein Herz daran zerbrechen? Wird mein Herzschlag eine neue Gebirgslandschaft mit Höhen und Tiefen zeichnen? Oder wird es zu einem Stein werden? Wird ab jetzt jeder weitere Schlag schmerzen?

Die kurze Besuchszeit auf der Intensivstation ist vorbei. Bedrückende Stille auf dem Rückweg zum Auto. Das regelmäßige Tonsignal des Herzschlags klingt allen noch im Ohr. Ich beobachte, wie die Situation Einfluss nimmt. Einfluss auf das Herz meiner Mama, meiner Schwester, meiner Frau und meines kleinen Sohnes. Einfluss auf mein Herz. Ich kann mich dem nicht entziehen.

Jedes Ereignis deines Lebens arbeitet an deinem Herzen. Unabhängig davon, ob das Ereignis in deinen Augen eine Katastrophe oder das genaue Gegenteil davon, eine Anastrophe, ist – es beeinflusst dein Herz. Egal, ob dein Lebenslied gerade eine schöne Strophe oder eine schwere Strophe spielt. Egal, ob dir die Strophe gefällt oder nicht. Jede Strophe beeinflusst die Melodie deines Herzens.

Die Melodie unseres Herzens ist nicht einfach das Produkt von allen positiven und negativen Ereignissen unseres Lebens. Gott sei Dank! Gott hat uns mit der Fähigkeit ausgestattet, die Melodie unseres Herzens mitzugestalten. Der Tod meines Opas. Die Ehe mit meiner Frau. Die Geburt meiner Kinder. Die Krankheit meines Vaters. Aber auch die vielen kleinen Ereignisse des Lebens: der Kratzer im Auto, das freundliche Lächeln einer unbekannten Person, die Enttäuschung in einer Freundschaft, Streit mit der Familie, der Film im Hauptabendprogramm, der schöne Urlaub … Das alles will Einfluss auf unser Herz nehmen.

Es hat Einfluss auf uns und irgendwie verändert es uns auch. Manchmal zum Guten, manchmal zum Schlechten. Wir können uns dem Einfluss nicht entziehen, den unsere Umstände auf unser Herz ausüben. Doch wir können darauf achten, in welche Richtung sie unser Herz formen.

Fühle deinen Puls

Ich kann mich an einen Kindergottesdienst mit dem Thema »Herz« erinnern. Ich muss ungefähr sechs Jahre alt gewesen sein. Ein großes Herz war an die Wand geklebt. Es war in verschiedene Bereiche unterteilt. Ein Bereich mit Besitz. Ein Bereich mit Freunden. Ein

Bereich mit Hobbys. Und ein kleiner Bereich mit Gott. Ein zerteiltes Herz. »Gott möchte unser ganzes Herz, ein ungeteiltes Herz.« Diese Worte der Mitarbeiterin haben sich in mein Gedächtnis eingegraben. Vielleicht habe ich an diesem Tag das erste Mal versucht, mein eigenes Herz zu verstehen. Seit damals beobachte ich es jedenfalls voller Staunen und versuche, an der Hand Gottes das menschliche Herz zu verstehen.

Doch während es von Gott heißt, dass er uns allen das Herz gebildet hat[1] und er den königlichen Titel »Herzenskenner«[2] trägt, halte ich es eher mit Jeremia: »Schwierig ist das Herz, mehr als alles, und unheilbar ist es. Wer kennt sich mit ihm aus?« (Jeremia 17,9). Schlussendlich bleibt uns das eigene Herz geheimnisvoll und unergründlich – zumindest manche Bereiche und so mancher Zusammenhang. Aus eigener Anstrengung bleibt unser Herz unheilbar. Doch über Gottes Charakter lesen wir: »Er erkennt die Geheimnisse des Herzens« (Psalm 44,22).

Die Reise zu deinem eigenen Herzen kannst du nur gemeinsam mit Gott antreten, sonst verirrst du dich ganz sicher. Was wir auf dieser Reise über unser eigenes Herz lernen, wird uns nicht immer gefallen. Wir erahnen an der Hand eines heiligen Gottes schnell die Dimension unseres Herzversagens. Sein Fazit: Der menschliche Herzfehler ist so groß, dass ein Herzschrittmacher oder sogar eine Herzoperation nicht ausreichen würde. Es braucht eine Herztransplantation.

Ich würde dir liebend gerne versprechen, dass dieses Buch dein Herz verändern wird, dass es heilen wird, dass es nicht mehr wehtun wird und dass du lernst, auf dein Herz zu achten. Doch das Lesen von Büchern verändert keine Herzen. Du musst diese Veränderung wollen.

Gott sagt: »Siehe, ich mache alles neu« (Offenbarung 21,5). Natürlich schließt dieses »alles« dein Herz mit ein. Leider wollen wir Veränderung meistens nur dann, wenn wir es selbst für nötig halten. Oft stimmt der Plan, den du für dein Herz hast, nicht mit dem Plan überein, den der Herzspezialist für dich zusammengestellt hat. Die meisten von uns setzen sich nicht an ihren Schreibtisch, nehmen ein Blatt Papier und versuchen einen Plan auszuarbeiten, was sich an ihrem Herzen verändern sollte. Doch viele von uns wünschen sich vermutlich, dass ihr Herz weniger schmerzt.

Vielleicht wünschst du dir, dass du bestimmte Gefühle dämpfen kannst, oder du möchtest verschiedene Erinnerungen löschen. Wahrscheinlich würdest du gerne Fehlfunktionen behandeln, die andere Menschen bemerken. Oder du würdest augenblicklich jede Angst in deinem Herzen mit Mut ersetzen. Gott könnte aber ganz andere Prioritäten haben.

Ein paar Ideen:

Du hast dein Herz über Jahre hinter so vielen harten Schalen versteckt, dass du selbst kaum einen Zugang zu deinen Gefühlen hast. Gott möchte, dass dein Herz gesund empfinden kann.

Dein Herz ist durch viele Verletzungen vernarbt und es gelingt dir nicht, diese Wunden zu vergeben. Gott will, dass dein Herz heilt.

Dein Herz ist voller falscher Denkmuster über dich selbst, über Gott und andere Menschen. Gott möchte, dass dein Herz seine Perspektive erkennt.

Dein Herz ist zerteilt von verschiedenen Prioritäten. Während die eine Hälfte deines Herzens in die eine Richtung galoppiert, ist die andere Hälfte in eine ganz andere Richtung unterwegs. Gott sehnt sich nach deinem ganzen Herzen.

Dein Herz ist gelähmt vor Angst. Du gehst mit Kaninchenpuls durchs Leben. Gott kämpft dafür, dass dein Herz ganz frei wird.

Ich kenne dein Herz nicht. Ich weiß nicht, was in dir vorgeht. Ganz oft verstehe und weiß ich das nicht einmal bei meinem eigenen Herzen, habe mehr Fragen als Antworten. Was ich aber mit

Sicherheit weiß: Gott kennt dein Herz. Ich weiß, dass es kein Herzversagen gibt, dass zu groß für ihn ist. Ich bin fest davon überzeugt, dass es keinen Herzfehler gibt, den Gott nicht behandeln kann und will.

Von Anfang an lesen wir in Gottes Wort vom Herzversagen des Menschen und von Gottes Wunsch, Menschen ein neues Herz zu schenken.[3] Niemand kann dich zu einer Herztransplantation zwingen. Kein Buch wird dein Herz verändern. So wie eine Anleitung zu einer Herzoperation niemals den Chirurgen ersetzen kann. Die Frage ist, ob du bereit bist, dein Herz den Händen Gottes anzuvertrauen, oder ob du lieber weiter selbst daran herumdokterst.

Das Aufregende bei der Operation am offenen Herzen, die Gott für uns geplant hat, ist, dass sie ohne Vollnarkose geschieht. Du bleibst in dem Prozess bei vollem Bewusstsein. Gottes Geist kommt nicht plötzlich über dich und du wachst nach einer Zeit mit einem völlig neuen Herzen auf. Warum eigentlich nicht? Wäre doch praktisch! Ich denke, die Antwort liegt in Gottes Charakter. Gott ist nicht zuerst ergebnisorientiert, sondern beziehungsorientiert. Meistens sind wir ungeduldig und wollen schnelle Ergebnisse und Lösungen. Gott ist zwar die Lösung (#Erlöser) und er hat auch ein Ziel mit unserem Herz vor Augen. Doch zuerst geht es ihm immer um die Beziehung.

Wunden zu Wundern – O'Bros

Er möchte, dass in dem Prozess, in dem dein Herz seinem Herzen ähnlicher wird, deine Beziehung zu ihm immer tiefere Wurzeln schlägt. Gott sagt: »Dieses Volk ehrt mich mit den Lippen, aber mit dem Herzen ist es weit von mir entfernt« (Jesaja 29,13).[4] Das richtige Ergebnis, doch ohne Herzensbeziehung, ist nicht das, was Gott sucht. Was er sucht, ist dein Herz – genau so, wie es heute aussieht.

Veränderung ist nicht die Voraussetzung für eine Beziehung mit ihm. Veränderung passiert in der Beziehung mit ihm.

Viele Jahre habe ich verzweifelt mit dem Versuch verbracht, mein Herz aus eigener Kraft zu heilen. Ich habe mit aller Kraft versucht, mit meinem Verhalten Gottes Anerkennung zu verdienen, bis Gott mir die Augen geöffnet hat und ich sehen konnte: Gott ist nicht zuerst an meinem Verhalten interessiert, sondern in erster Linie geht es ihm um mein Herz.

Gott schaut nicht auf deine Kleidung. Ob du Tattoos hast oder nicht. Er achtet nicht auf deinen Lobpreisstyle, ob du die Hände hebst oder nicht. Gott achtet nicht darauf, wie viele Bibelverse du kannst oder wie oft du gleiche Fehler wieder machst. Welche oder wie viele Dienste du hast. Welche finanziellen Mittel du ihm zur Verfügung stellst. Welche Gemeinde du besuchst. Wie oft du betest. Er schaut mehr als auf alles andere auf dein Herz. »Der Mensch sieht auf das, was vor Augen ist, aber der Herr sieht auf das Herz« (1. Samuel 16,7). Darum müssen auch wir mehr als auf alles andere auf unser Herz achten.

Es tobt eine Schlacht um dein Herz und niemand wird diese Schlacht für dich schlagen. Und: Du kannst dich dieser Schlacht nicht entziehen. Du kannst nicht sagen: »Ich kämpfe nicht mit.« Warum? Weil dein Herz angegriffen werden wird. Der Feind hat von Beginn an daran gearbeitet, das Herz des Menschen zu korrumpieren, zu zerstören, zu verhärten und widerspenstig zu machen. Und er tut das nach wie vor.

Gottes Ziel ist es von Anfang an gewesen, unser Herz zu erobern, zu erneuern und nachhaltig zu verändern. Das Überraschende daran: Er möchte es nicht einfach an dir tun, sondern er möchte es mit dir gemeinsam tun.

Mehr als ein Organ

Dein Herz spielt die zentrale Rolle in deinem Leben. Es ist das Organ, das Schlag für Schlag deinen Körper mit Blut versorgt. Das Leben beginnt mit dem ersten Herzschlag und endet mit dem letzten. Die hebräisch geprägte Kultur der Bibel meint mit dem Begriff »Herz« in erster Linie nicht das Körperorgan. Natürlich wussten die Schreiber der Bibel, dass das Herz ein wichtiges Organ in unserer Brust ist. Doch das Herz ist viel mehr.

Das hebräische Wort für Herz ist *leb*. Die hebräische Kultur kennt das Konzept »Gehirn« nicht. Alle intellektuelle Aktivität findet in ihrem Verständnis im Herzen statt. Das entsprechende griechische Wort ist *kardia*. Das griechische Wort ist im biblischen Gebrauch stark vom hebräischen Begriffsverständnis geprägt. Es gibt über 1000 Verse im Alten und im Neuen Testament, in denen das Wort »Herz« vorkommt.

Schauen wir uns an, was das Herz in der Bibel so alles tut.

Das Herz plant, jubelt, denkt, wünscht, erkennt, begreift, verzagt, bebt, pocht, erstarrt, bangt, urteilt, vergisst, lobt, schlägt, stöhnt und zerschmilzt.

Das Herz treibt an. Es entschließt sich. Man nimmt sich etwas zu Herzen.

Das Herz ist fröhlich, krank, verwundet, gebeugt, wütend, bewegt, traurig, gebrochen. Man schüttet sein Herz aus. Das Herz kann sich umdrehen, sich erheben, sich abwenden, aber auch umkehren.

Das Herz kann irren, fragen und überlegen. Man kann das Herz rauben, verhärten, weit machen und auf etwas richten.

Es gibt ein gelassenes Herz, ein hartes Herz, ein reines Herz und ein neues Herz.

Das Herz ist der Dreh- und Angelpunkt unseres Daseins. Knotenpunkt unseres Denkens. Ausgangspunkt unseres Handelns. Mittelpunkt unseres Fühlens.

Nach Gottes Herz

Wir leben in einer Welt, in der so vieles nach unserer Aufmerksamkeit schreit. Wir achten darauf, was andere Menschen über uns sagen und denken. Wir wollen beachtet werden. Wir achten auf aktuelle Trends, das Weltgeschehen, die Mode. Wir achten auf unser Äußeres. Wie viel Lebenszeit wir doch damit verbringen, uns um unseren äußeren Menschen zu kümmern! Körperpflege, Haarentfernung, Kosmetikprodukte, Sport und vieles mehr. Wir achten auf unser Bankkonto, auf die Ausgaben und Einnahmen. Wir achten auf unsere Wohnung, pflegen unseren Garten oder unser Auto. Wir widmen unsere Zeit Urlauben und Hobbys. Wir verbringen Stunden vor Bildschirmen, um uns zu informieren oder uns unterhalten zu lassen. Wir stehen rätselnd vor dem Kleiderschrank und können uns nicht entscheiden, was wir anziehen sollen. Wir achten auf unser Erscheinungsbild.

Ich möchte nicht urteilen, ob und in welchem Ausmaß das alles gut ist, doch mehr als auf alles andere sollen wir auf unser Herz achten.

Der Zustand deines Herzens entscheidet über deine Lebensqualität.

Gott ist dein Herz wichtig. Aus deinem Herzen soll Leben in alle Bereiche deines Daseins fließen. Darum darfst du deinem Herzen mehr Zeit widmen. Darum musst du lernen, wie du dein Herz bewahren kannst und wie du auf dein Herz achten kannst. Und dafür musst du es verstehen. Um dein Herz zu verstehen, musst du den kennen, der dein Herz gemacht hat. Die Antworten, die du für dein Herz suchst, sind bei Gott zu finden, denn bei ihm »ist die Quelle des Lebens« (Psalm 36,10). Ohne Quelle wird dein Leben zur Wüste. Vertrockneter Boden. Hart. Rissig. Unfruchtbar. Doch ein beachtetes, gesundes Herz wird dein Leben zu einem Garten machen.

Von David heißt es in Gottes Wort, dass er ein Mann nach Gottes Herzen war.[5] Als Jugendlicher hatte ich den Wunsch und die Sehnsucht, auch so ein Mann nach Gottes Herzen zu sein. Ich wusste nicht genau, wie das Realität werden könnte. Also habe ich angefangen, dafür zu beten. Wie meistens, wenn ich planlos bin: »Gott, mach mich zu einem Mann nach deinem Herzen!« Mehrmals ist das in den Büchern zu lesen, in denen ich meine Gespräche mit Gott aufgeschrieben habe.

Ich habe darauf gewartet, dass ich eines Tages mit einem neuen Herzen aufwache und ein Mann nach Gottes Herz geworden bin. Stattdessen sind Dinge passiert, die mich enttäuscht oder verletzt haben, und plötzlich sind Bitterkeit und Hass aus meinem Herzen herausgekommen. Schmerzliches Realwerden von meinen Herzfehlern. Doch gerade da, wo sie offensichtlich geworden sind, da konnte ich Gott um Heilung bitten und dankbar annehmen, dass ich Veränderung brauche.

Der Weg, ein Mann oder auch Frau nach dem Herzen Gottes zu werden, ist ein Weg der Demut, es ist ein Weg des Vertrauens und ein Weg der ständigen Veränderung.

Nicht nur einmal bin ich mit meinem zerbrochenen Herzen in den Händen weinend am Boden gelegen und habe gesagt: »Gott, ich kann nicht mehr. Ich will, dass du mein Herz formst. Ich will ein Mann nach deinem Herzen werden. Aber nicht so. Es zerreißt mir das Herz. Jeder Herzschlag schmerzt!« Doch dann hat mich das sanfte Flüstern Gottes erreicht: »Michael, vertraust du mir noch immer? Vertraust du mir, dass ich es gut meine mit deinem Herzen?

Gib mir die Bruchstücke! Du wirst sehen, ich werde dein Herz zu einem starken und gesunden Herzen machen, das für mich und deine Nächsten schlägt.«

In solchen Momenten wird mein Herzschlag ruhig und der Schmerz lässt nach. Ich fühle mich geborgen und getragen, weil ich weiß, dass Gott bei mir ist. Als würden seine liebevollen Hände die Scherben meines Herzens sanft umschließen und mit seiner grenzenlosen Liebe zu einem neuen Herzen zusammenschweißen. Tiefer Friede fällt dann in meine Angst und mein Chaos, so kann ich mich im Vertrauen in Gottes Arme fallen lassen. Mein Herz ist noch lange nicht fertig, aber ich habe es wieder in Gottes Hände gelegt, und er hat es weitergeformt.

Manchmal denken wir, gesunde, starke, hingegebene Herzen fallen vom Himmel. Ja, ich denke schon, dass eine plötzliche radikale Veränderung deines Herzens möglich ist. Ein Tag deines Lebensweges, an dem Gott dein Herz massiv verändert. Doch insgesamt bleibt es immer ein lebenslanger Weg der Entwicklung an der Hand Gottes. Wir werden zu diesem Menschen nach dem Herz Gottes. Es ist ein Prozess.

Gott findet in David einen Mann, der ein Herz hat, das ganz nach seinem Herz kommt. Gott entdeckt in Davids Herz sichtlich etwas, das ihn wie eine offene Tür einlädt, mit David in Beziehung zu treten. Sein Leben in besonderer Form zu prägen. Dazu braucht es absolute Nähe. David hatte diese Nähe mit Gott. Nur dort, wo wir den Herzschlag des Vaters hören, kann unser eigenes Herz ihm ähnlich werden.

Wie sieht Gottes Herz aus? Wofür schlägt es? Was bewegt das Herz Gottes?

Gottes Nähe verändert. Wenn sich uns das Herz Gottes offenbart, dann werden wir Veränderung in unserem Herzen erleben. Die tiefe Beziehung zu Gott wird dein Herz nachhaltig prägen, und dich so mehr und mehr zu einer Frau oder einem Mann nach seinem Herzen machen.

Pädagogik voller Gnade

Das Herz ist ein Muskel. Muskeln kann man trainieren. Intensives körperliches Training führt zu einem Wachstum der Herzmuskulatur. Auch bekannt als Sportlerherz. Hast du ein trainiertes Herz? In Gottes Wort lesen wir: »Sie haben ein Herz, das trainiert ist in Habgier« (2. Petrus 2,14).[6] Ups, das wollten wir eigentlich nicht trainieren!

Du hast die Möglichkeit, mit deinem Herzen Gutes oder Schlechtes zu trainieren. Worin hast du es trainiert? Leidest du in manchen Bereichen vielleicht an Herzschwäche? Ohne Training kein Wachstum. Bist du bereit für das Training? Zu schwitzen und über deine Grenzen zu gehen?

Gott ist der beste Trainer und der genialste Pädagoge, den es gibt. Er kennt dich durch und durch. Er will dich nicht überfordern. Er will dich mit seiner Liebe erziehen. Er kennt jeden Schwachpunkt, der Training braucht. Aber auch jede Stärke, die er zur vollen Entfaltung bringen will. Die Weisheit lädt dich ein: »Bring dein Herz her zur Erziehung!« (Sprüche 23,12).

Erziehung ist nicht angenehm. Erziehung ist für alle Beteiligten harte Arbeit. Doch Erziehung ist unbedingt notwendig. »Alle Erziehung aber scheint uns für den Augenblick nicht zur Freude, sondern zur Traurigkeit zu dienen; danach aber gibt sie eine friedsame Frucht der Gerechtigkeit denen, die durch sie trainiert sind« (Hebräer 12,11). Du musst keine Angst vor Gottes Pädagogik haben. Er liebt dich und er meint es gut mit dir. Gottes pädagogisches Mittel ist Gnade. Er erzieht uns in Gnade.[7] Er erzieht uns, indem er sich verschwenderisch und unverdient an uns verschenkt. Diese Art von Erziehung wird guttun und fruchten.

Nicht wenige sind von der Erziehung ihrer Eltern traumatisiert. Zu harte Strafen, Ungerechtigkeit, fehlende Feinfühligkeit und Zorn von Erziehenden beschädigen unsere Vorstellung davon, was Erziehung bedeutet. Doch Jesus hat die Strafe schon für uns getragen. Und wir sind keine Kinder des Zorns mehr.[8] Gott ist als Erzieher gnädig und gerecht, objektiv, zielführend und verhältnismäßig. Er ist sanftmütig und mitfühlend. Er straft nicht aus Zorn, sondern erzieht aus Liebe. Die Pädagogik Gottes ist unvergleichbar. Sie formt unser Herz, bis es sich völlig in Freiheit entfaltet.

Diese Art von Training bringt dich weiter. Es macht dich lebendig. Es bringt dich zum Blühen. Es macht dich stark. Gott wünscht sich, dass wir immer wieder im Vertrauen in seine Erziehung einwilligen: »Ja, ich will!«

Einzelne Lektionen können sich allerdings so unangenehm anfühlen, dass wir sie lieber ausfallen lassen. Doch in Gottes individuellem Trainingsplan für dich kannst du keine Lektionen überspringen. Sein Plan ist aufbauend und er wählt einen guten Zeitpunkt der Einheiten für dich.

Manchmal ist das Training auch so intensiv, dass wir von unserem Trainer weglaufen. Doch Gott ist ein guter Hirte, der verlorene Schafe suchen geht. Und er ist ein liebevoller Papa, der uns entgegenläuft, uns herzlich umarmt und uns mit Küssen überhäuft, wenn wir zu ihm zurückkommen.[9] Er ist sanftmütig und langmütig in seinen Trainingseinheiten. Er ist bewegt von seiner Liebe zu dir. Er ist unvorstellbar geduldig. Am wichtigsten ist ihm, dass deine Beziehung zu ihm wächst und du ihn immer besser kennenlernst.

Ein Herz braucht Erziehung. Wenn du dein Herz nicht von Gott erziehen lässt, dann wird es von den Umständen deines Lebens verzogen. Dein Herz ist das Epizentrum der Veränderung, die Gott für dein Leben geplant hat.

Ohne Herz wird alles wertlos, leblos und sinnlos.

Herzloser Glaube. Herzlose Liebe. Herzlose Hoffnung. Herzlose Beziehung. Wir können und dürfen unser Herz Jesus nicht vorenthalten, der gekommen ist, um darin zu wohnen.

Halbherziger Glaube. Halbherzige Liebe. Halbherzige Hoffnung. Halbherzige Beziehung. Auch nicht besser. Gott macht keine halben Sachen und will keine halben Sachen. Wir sollen mit ganzem Herzen lieben. Wir sollen mit ganzem Herzen umkehren. Mit ganzem Herzen loben. Mit ganzem Herzen dienen. Mit ganzem Herzen vertrauen.[10]

DU SOLLST DEN HERRN, DEINEN GOTT, LIEBEN MIT DEINEM GANZEN HERZEN.
| MT 22,37

Die Beziehung zu Gott ist eine Herzensangelegenheit. Wenn wir ihm unser ganzes Herz in die Hände legen, dann wird die Beziehung zu ihm unser Herz für immer verändern. Erst dort, wo wir unser ganzes Herz in die Hände von Jesus legen, stirbt die Religiosität und die lebensverändernde Kraft des Evangeliums kann sich entfalten.

Ein ganzes Herz – ganz schön schwierig. Es erleichtert mich sehr, dass Gott als Geschenk mein zerbrochenes Herz will.[11] Er will kein ganzes Herz im Sinne von fertig, intakt oder vollkommen. Er will mein ganzes Herz, also uneingeschränkt und gesamt. Er will jede einzelne Scherbe, jede Unreife. Ich darf aufhören, aus eigener Kraft mein Herz gut genug zu machen, um es dann Gott schenken zu können. Das endet doch nur in einer herzlosen Maskerade.

Wenn wir alle Einzelteile unseres Herzens in die Hand Gottes legen, dann macht er unser Herz ganz. Es geht ihm um dein ganzes Herz.

Das Endziel der Weisung ist Liebe aus reinem HERZEN & gutem GEWISSEN.

1. TIMOTHEUS 1,5

Stolpersteine

Es gibt viele Hindernisse in dem Prozess, in dem Gott dein Herz verändern will. Ich möchte vier nennen, die oft dazu führen, dass unser Herz irgendwo auf der Strecke bleibt.

Stolperstein 1 | Hochmut

Hochmut ist die falsche Einschätzung über den tatsächlichen Zustand deines Herzens und der Irrglaube, es selbst heilen zu können oder zu müssen. Hochmut verhindert, dass wir unser eigenes Herz so wahrnehmen können, wie es wirklich ist. Demut dagegen ist die gesunde Herzenshaltung eines Dieners. Der Diener lebt in enger Gemeinschaft mit seinem Herrn. Diese hohe Stellung gibt ihm Wert und hilft ihm dabei, Gott und Menschen gegenüber den richtigen Platz einzunehmen.

Demut hilft dir, nicht zu hoch und nicht zu niedrig von dir selbst zu denken, sondern eben genau richtig. Als Diener lernen wir, so zu denken, wie unser Herr denkt. Demut befähigt uns also, uns selbst treffend wahrzunehmen. »Alle aber umkleidet euch mit Demut im Umgang miteinander! Denn Gott widersteht den Hochmütigen, den Demütigen aber gibt er Gnade« (1. Petrus 5,5). Demut im Umgang miteinander ermöglicht tiefe Beziehungen, die so wichtig sind, weil sie dir helfen, dein Herz zu reflektieren. So erhältst du ein ausgewogeneres Bild von dir. Vertrauenswürdigen Menschen das Recht zu geben, in dein Leben zu sprechen und dein Herz zu prägen, ist ein Zeichen von Demut und Lernbereitschaft.

Vielleicht hast du hauptsächlich andere Leute vor Augen, die dringend an ihrem Herzen arbeiten sollten. Mein Gebet ist, dass du entdeckst, wie wichtig es ist, in erster Linie auf dein eigenes Herz zu achten, und nicht auf das von anderen.

Dein Herz braucht Veränderung.

Stolperstein 2 | Gemütlichkeit

Die Bibel spricht von gelassenen Herzen, aber nicht von gemütlichen Herzen. Gemütlichkeit ist das Ergebnis von falschen Annahmen. Zum Beispiel: »Ich warte, dass Gott mein Herz verändert, ohne selbst etwas beitragen zu wollen.« Oder: »Ich will zwar ein neues Herz, aber keine Arbeit.« Oder: »Jemand anderes ist für mein Herz verantwortlich.« Oder auch: »Es wird ein einmaliges magisches Ereignis geben, und plötzlich habe ich ein neues Herz.«

Die Wahrheit ist: *Du* bist für dein Herz verantwortlich. Nicht deine Mama. Nicht dein Pastor. Nicht dein Ehemann oder deine Ehefrau. Übernimm Verantwortung für die Entwicklung deines Herzens.

In unserem Kellerabteil haben sich eine Menge Sachen angesammelt: Boote, Bücher, Kletterausrüstung, Fahrräder, Deko, Ski, Rucksäcke, Wanderschuhe, Kleidung. Mit fünf Personen ist ein Keller eigentlich immer zu klein. Oft, wenn ich von einem Abenteuer zurückkomme, dann stelle ich meinen Rucksack in den Keller, ohne ihn auszuräumen. Der Bequemlichkeit wegen. Das nächste Mal, wenn ich dann etwas in den Keller bringe, stelle ich das einfach zu den unaufgeräumten Sachen vom letzten Mal. Ich will es gemütlich haben und nicht gleich zwei Sachen wegräumen. Am Ende des Monats kann man das Kellerabteil nicht mehr betreten, weil alles unsortiert aufeinandersteht. Dann den Keller aufzuräumen, braucht viel Zeit und noch mehr Überwindung.

Mit meinem Herzen geht es mir oft ähnlich. Es ist gemütlicher, mit ein bisschen Unordnung zu leben, aber langfristig versinkt das Herz im Chaos, und das tut überhaupt nicht gut. Trau dich, auf deinen Herzschlag zu hören!

»Das Herz des Volkes ist fett[12] geworden« (Matthäus 13,15) – Zu viel Gemütlichkeit führt zu verfetteten Herzen. Wenn du dich zu sehr gehen lässt, wird dein Herz dick und unempfindlich. Herz-

verfettung ist medizinisch nichts Schönes, geistlich gesehen aber katastrophal. Räum auf mit den Ausreden!
Dein Herz braucht Training.

Stolperstein 3 | Angst

Angst – ganz egal, woher sie kommt und was sie auslöst – lähmt dein Herz. Angst blockiert den Prozess, zu heilen und gesund zu werden. Sie hat viele Gesichter. Angst vor Verletzung. Angst vor Veränderung. Angst vor Versagen. Angst vor Verlust. Angst, die Kontrolle abzugeben. Aus Angst kann sich Panik entwickeln. Und Panik schränkt uns stark in unserer Wahrnehmungs- und Beziehungsfähigkeit ein. Doch Beziehung ist das Mittel, mit dem Gott unser Herz heilt. Das heißt, es ist wichtig, dass wir wachsam und aufnahmefähig sind, dass wir Gottes Zuwendung wahrnehmen können.

Das Herz zu bewahren bedeutet nicht, ihm eine Ritterrüstung anzulegen, Emotionen zu betäuben oder auf eine einsame Insel umzuziehen. Dich selbst zu isolieren oder dich dauerhaft vor anderen zu beschützen, die dich verletzen könnten, ist nicht der Weg in die Freiheit. Das wäre ein Weg der Angst – der Angst vor Schmerz.

Wie bewahren wir unser Herz dann? Indem wir es vertrauensvoll in Gottes liebevollem Wesen verankern. »Diese Hoffnung ist unsere Zuflucht; sie ist für unser Leben ein sicherer und fester Anker, der uns mit dem Innersten des himmlischen Heiligtums verbindet, dem Raum hinter dem Vorhang« (Hebräer 6,19; NGÜ). Wir behüten unser Herz, indem wir alle Emotionen Gott anvertrauen. Ihm Glauben schenken, dass er hält, was er sagt, und uns schützen und heilen wird. Heilung entsteht dort, wo wir unsere Angst davor, dass wir verletzt werden – was auch ziemlich sicher passieren wird –, verlieren. Denn erst dann wird unser Herz frei zu lieben.

Unser Herz wird frei von Angst, wenn es sich mit Gottes Liebe füllt, und so beginnt bereits die Veränderung. »Denn Gott hat uns nicht einen Geist der Ängstlichkeit gegeben, sondern den Geist der Kraft, der Liebe und der Besonnenheit« (2. Timotheus 1,7; NGÜ). Lass dich von Gottes Liebe beschenken, damit du, frei von Angst, dein Herz von ihm heilen lassen kannst.

Dein Herz braucht Heilung.

Stolperstein 4 | Bitterkeit

Nichts verkrampft unser Herz mehr als Bitterkeit. Bitterkeit entsteht, wo Verletzungen nicht vergeben wurden. Unkrautjäten ist notwendig. Niemand macht es gerne. Es ist anstrengend. »Achtet darauf, dass nicht irgendeine Wurzel der Bitterkeit aufsprosst und euch zur Last wird und durch sie viele verunreinigt werden« (Hebräer 12,15). Bitterkeit ist eine schlimme Herzkrankheit, die sich ausbreitet und sogar ansteckend ist. Sie überwuchert wie Unkraut andere Pflanzen, die gute Früchte bringen, und erstickt sie nach und nach. Ein bitteres Herz verliert seine Formbarkeit, es wird veränderungsresistent.

Andere Menschen haben dich verletzt, das hat wehgetan, dein Herz verwundet oder sogar gebrochen? Das tut mir aufrichtig leid. Dein Schmerz ist real und es ist unrecht, dass dich jemand verletzt hat.

Vergebung ist eine bewusste Entscheidung. Es ist die Entscheidung, Unrecht und Schmerz mit der Hilfe von Jesus loszulassen. Wenn wir das nicht tun, dann entsteht Bitterkeit. Bei Vergebung geht es nicht um die andere Person, sondern es geht um dich, um dein Herz. Mehr als auf alles andere darfst du auf dein Herz achten.

Dein Herz braucht Vergebung.

Ich kenne diese Stolperfallen alle persönlich, weil ich über jede gefallen bin und noch immer regelmäßig auf der Nase liege. Das Wissen darüber wird dich nicht davor bewahren zu stolpern. Aber es wird dir helfen zu verstehen, warum du gestolpert bist. Dein eigenes Herz zu verstehen, wird dir den Weg bahnen weiterzukommen. Es wird deine Sinne schärfen, dich trainieren wahrzunehmen, in welchem Rhythmus dein Herz schlägt. Ob es stolpert oder rast. Ob es Aussetzer hat oder gar kein Signal mehr von sich gibt.

Ich schaffe Raum – Urban Life Worship

Nimm dir einen Augenblick Zeit, um auf dein Herz zu achten. Höre mal ganz genau hin. Gottes Herz ist auf dein Herz gerichtet, um es zu formen, zu heilen, zu erneuern und in die Freiheit zu führen.

ERFORSCHE MICH, GOTT, UND ERKENNE MEIN HERZ. PRÜFE MICH UND ERKENNE MEINE GEDANKEN! UND SIEH, OB EIN WEG DER MÜHSAL BEI MIR IST, UND LEITE MICH AUF DEM EWIGEN WEG! | PS 139,23-24

Lass das Sinnen meines Herzens wohlgefällig sein – mein Herr, mein Fels und mein Erlöser.

PSALM 19,15

2 HERZFEHLER

Ich stehe auf der Aussichtswarte und schaue über das nächtliche Eisenstadt. Der Wind raschelt sanft durch die Blätter der Bäume und lässt den Turm leicht schaukeln. Mein Herz pocht wild vom Aufstieg. Meine Augen füllen sich mit Tränen. Meine Faust ballt sich auf dem Geländer. Mein Herz schmerzt und schlägt wie wild um sich. Es ist voll mit Gefühlen und Gedanken, die da eigentlich nicht sein sollten, finde ich. Absolutes Chaos. Wie ein schwarzer Tornado, der sich immer schneller dreht. Eine Achterbahnfahrt aus Bitterkeit, Hass, Enttäuschung, Frust, Wut und Ärger. Aber auch Verzweiflung, Hoffnungslosigkeit und Traurigkeit.

Ich kann nicht mehr. Ich will nicht mehr.

Ich bin herzkrank.

Jeden Tag stolpere ich über mein eigenes Herzversagen. Die Mischung aus Verletzung und Bitterkeit ist wie ein Vulkan. Mein Herz fängt zu beben an und dann explodiert es. Man wundert sich selbst, was der Mund da alles so ausspuckt. Danach noch mehr Ärger. Über mich selbst, über mein Versagen, das nagende schlechte Gewissen. Zusätzlich die Verzweiflung, dass jeder neue Versuch, etwas zu verändern, schlussendlich wieder in der nächsten Explosion enden wird.

Kammerflimmern. Wir verlieren den Patienten. Herztod.

Langes Piiiiiiiiiiep.

Ich denke inzwischen, dass wir Menschen das ganze Ausmaß von unserem Herzfehler eigentlich nicht begreifen. Leichter fällt es uns oft, die Herzrhythmusstörungen des Nächsten zu entdecken. Doch zu unserem eigenen Herzversagen finden wir viel schwerer einen Zugang. Ich möchte dich einladen, mutig mit mir die dunklen, kaputten Bereiche unseres Herzens ans Licht zu bringen. Die Stellen, die bereits am Verwesen sind.

IMMER GEHT IHR HERZ IN DIE IRRE. | HEBR 3,10**

Wie kommt es, dass unser Herz Angst hat, wo es keine Angst haben müsste? Wieso kann unser Herz nicht loslassen, wo wir loslassen wollen? Wieso ist unser Herz so oft nicht fähig zu lieben, wenn wir verletzt worden sind? Wo kommen die Gedanken und Gefühle her, die uns quälen, obwohl wir sie gar nicht wollen? Wie kann es sein, dass unser Herz so viel hat und doch nie zufrieden ist? Wieso gehen von unserem Herzen immer wieder gleiche Störsignale aus, obwohl wir uns Veränderung wünschen?

Unser Herz führt ein Eigenleben. Wir meinen unser Herz zu dirigieren, doch in Wahrheit diktiert es uns.

Angst in deinem Herzen hindert dich daran, dein Leben zu leben. Du weißt es und du wünschst dir, es wäre anders. Doch dein Herz beginnt zu rasen. Aller gute Selbstzuspruch verhallt ungehört.

Egoismus in deinem Herzen zerfrisst dein Mitgefühl und deine Liebe zu den Menschen. Du stolperst immer wieder drüber und versuchst es zu ändern. Doch dein Herz handelt früher oder später wieder egoistisch. Alle guten Vorsätze bleiben vergeblich.

Dein Herz ist krank, unheilbar. Selbsttherapie ausgeschlossen. Es ist beratungsresistent und erweist sich immer wieder als veränderungsresistent.

Was wirklich in deinem Herzen steckt, siehst du ganz besonders außerhalb deiner Komfortzone. Wie reagiert unser Herz, wenn wir abgelehnt oder verletzt werden? Was kommt aus deinem Herz heraus, wenn du unter Druck gerätst, wenn Not, Zweifel, Angst oder Krankheit da sind? Was auch immer es ist, du kannst die Verantwortung dafür nicht auf Menschen in deinem Umfeld schieben. Um deinen Frust, deine Fehler, deinen Ärger, deine Ängste, die dein Herz eng werden lassen, darfst du dich mit Gott gemeinsam kümmern. Es ist so blind und kurzsichtig, nur allen anderen die Schuld zu geben. Vielleicht lösen andere Personen tatsächlich all das in deinem Herzen aus. Doch ein gesundes Herz würde gesund darauf reagieren. Also mit Liebe, Mitgefühl, Verständnis, Barmherzigkeit, Sanftmut, Langmut, Geduld und Vertrauen. Ein kaputtes Herz reagiert fehlerhaft. Also mit Angst, Zorn, Neid, Streit, Missgunst, Unvergebenheit, Hass. Herzzerreißend, oder?

Defekt

Die erste Stelle, in der die Bibel das Herz erwähnt, ist schon sehr bezeichnend: »Alles Sinnen der Gedanken seiner Herzen ist nur böse den ganzen Tag. Und es reute den Herrn, dass er den Menschen auf der Erde gemacht hatte, und es bekümmerte ihn in sein Herz hinein« (1. Mose 6,5-6). Die Dimension unseres Herzversagens übersteigt unsere Vorstellungskraft bei Weitem. Der Schmerz, den unser Herzfehler in Gottes Herz auslöst, zeigt die Sehnsucht Gottes, dass unser Herz mit seinem in einer Liebesbeziehung verbunden ist. Dass es im Gleichklang schlägt.

Wie kaputt unser Herz ist, merken wir erst, wenn wir versuchen, richtig gut zu sein. Wir entsprechen schon dem ethischen Maßstab nicht, dass wir andere Menschen wenigstens so behandeln, wie wir selbst behandelt werden möchten. Unser Herz ist nicht nur krank. Nein, es ist böse und selbstsüchtig.

Wir müssen über das Ausmaß unserer Herzkrankheit sprechen, damit wir beginnen, uns behandeln zu lassen, und nicht länger selbst an uns herumpfuschen. Oder so tun, als wäre dieser Zustand normal.

DAS SINNEN DES MENSCHLICHEN HERZENS IST BÖSE VON SEINER JUGEND AN | 1 MO 8,21

Meine Frau und ich haben drei Kinder. Wir lieben sie sehr. Wenn sie schlafen, sehen sie so friedlich und süß aus. Doch sobald sie munter sind, ist es schnell mit dem Frieden vorbei. Zum Leid aller Nachbarn.

Es ist doch erstaunlich. Obwohl ich meinen Kindern nie beigebracht habe zu streiten, können sie es. Ich habe ihnen nie beibringen müssen zu lügen oder den anderen zu beschuldigen. Niemals habe ich ihnen vorzeigen müssen, wie man das Kinderzimmer verwüstet. Ich musste ihnen auch nie zeigen, dass man sich, bevor alle anderen beim Mittagessen sitzen, schon das größte Schnitzel vom Teller nimmt und es fröhlich zu verspeisen beginnt. Auch die Lehreinheiten zum Thema Diebstahl, Vertuschung und Provokation haben wir in der Erziehung unserer Kinder ausgelassen.

Wir mussten ihnen all das niemals beibringen und doch beherrschen sie es meisterhaft. Es ist ihnen angeboren. Es steckt in ihren Herzen drin. Der Herzfehler ist angeboren. »Auch ist das Herz der Menschenkinder voll Bosheit, und Irrsinn ist in ihrem Herzen während ihres Lebens« (Prediger 9,3). Unser moralischer Kompass ist im Eimer. Wir verirren uns immer wieder im Unterholz unserer Angst, unserer Bosheit, und Selbstsucht. Es gibt keinen Unterschied, wir alle sind verirrt und verloren mit unserem Herzen: »Denn alle haben gesündigt, und in ihrem Leben kommt Gottes Herrlichkeit nicht mehr zum Ausdruck« (Römer 3,23; NGÜ).

Unser Herz versucht, Schmerz zu vermeiden. Es ist schmerzhaft zu sehen, wie kaputt das eigene Herz ist. Darum verschließen wir so gerne unsere Augen vor dem Zustand unseres Herzens. Genauso schmerzhaft ist es, wenn andere Menschen sehen, wie kaputt das eigene Herz ist. Darum setzen wir uns Masken auf, um den Zustand unseres Herzens zu beschönigen. Beides bewirkt langfristig viel mehr Schmerz, als wir uns scheinbar kurzfristig sparen. Du selbst weißt es am besten. »Du selbst kennst all das Böse, dessen auch dein Herz sich bewusst ist« (1. Könige 2,44). Du musst nur mutig genug sein, auch hinzuschauen.

Es braucht Mut, den Fehler nicht mehr bei anderen, sondern bei dir zu sehen. »Und doch bist du dir bewusst, dass auch du sehr oft über andere geschimpft hast« (Prediger 7,22; EÜ). Dein Herz ist bestens informiert und hat eigentlich die Fähigkeit, dich zu alarmieren, wo du gegen dein eigenes Gewissen handelst. Unser Herz kann bis zu einem gewissen Grad zwischen Gut und Böse unterscheiden. Doch leider klappt nicht einmal das richtig, weil unsere Herzen so abgestumpft und deformiert sind. Wir können also nicht einmal sagen: »Du musst einfach auf dein Herz hören.« Unsere Herzen sind defekt.

DIESES VOLK HAT EIN STÖRRISCHES UND WIDERSPENSTIGES HERZ. | JER 5,23

Jesus versucht religiösen Leuten immer wieder das eigentliche Problem aufzuzeigen. In ihrer Wahrnehmung geht es um ein präzises Einhalten von Regeln, um Gott zufriedenzustellen. In Gottes Fokus steht aber unser Herz.

Es geht ihm nicht darum, ob wir vor oder nach dem Essen beten. Es geht ihm um ein dankbares Herz.

Es geht ihm nicht darum, ob wir drei oder fünf Lieder singen und welche Instrumente verwendet werden. Es geht ihm um ein aufrichtiges Herz, das ihn lobt.

Es geht ihm nicht darum, welche Übersetzung der Bibel wir lesen. Es geht ihm darum, dass wir sein Wort mit einem offenen Herzen lesen.

Es geht ihm nicht darum, welche Begabung wir haben. Es geht ihm darum, dass wir die Gaben, die wir haben, mit ganzem Herzen einsetzen.

Wir verschwenden oft so viel Zeit, Kraft und Nerven in unseren Kirchen und Gemeinden damit, Dinge zu regeln, die in Gottes Wort nicht geregelt sind. Wir kümmern uns mit Fleiß um so vieles, aber nicht um unser Herz. Das Herz bleibt unbehandelt und krank. Als solche auf die äußere Form bedachten Menschen zu Jesus kommen und ihn fragen, warum seine Nachfolger sich nicht an ihre Zusatzregeln halten, da sagt Jesus: »Aus dem Herzen kommen böse Gedanken, Mord, Ehebruch, Unzucht, Diebstahl, falsche Aussagen, Verleumdungen. Das ist es, was den Menschen in Gottes Augen unrein macht; aber mit ungewaschenen Händen essen macht ihn nicht unrein« (Matthäus 15,19; NGÜ).

Wie moderne Pharisäer denken wir vielleicht: »Ich hab meinen Partner nicht betrogen. Ich hab niemanden umgebracht. Ich hab niemandem Geld gestohlen. Ich bete keine Götzen an. Mein Herz ist doch ganz gut. So schlimm ist es doch nicht. Es gibt andere Menschen, die haben wirklich gravierende Herzfehler.« Doch Jesus offenbart in der Bergpredigt das volle Ausmaß unseres kaputten Herzens, indem er zeigt, wie heilig *sein* moralischer Maßstab ist. Mitten im Text bringt Jesus eine völlig neue Dimension von Sünde ins Spiel: »Jeder, der eine Frau mit begehrlichem Blick ansieht, hat damit in seinem Herzen schon Ehebruch mit ihr begangen« (Matthäus 5,28; NGÜ). *In seinem Herzen* … Es ist nicht erst Sünde, wenn man erwischt wird. Es ist nicht erst Sünde, wenn man es getan hat. Nein, ganz anderes Level: Es ist Sünde, sobald es in meinem Herzen ist!

Jesus rückt hier den Fokus zurück auf das, was schon immer im Herzen seines Vaters war. Den Fokus auf das Innere, nicht auf die äußere Form. Den Fokus auf das Echte, nicht auf den Schein. Den Fokus auf die Rettungsbedürftigkeit, nicht auf die Selbsterlösung.

Diese Herzfehler, die Bibel nennt es meistens Sünde, sind Zielverfehlungen, die zwischen uns und Gott stehen. Sünde trennt unser Herz für immer von Gott. Sünde führt zum geistlichen Tod unseres Herzens.

DER LOHN DER SÜNDE IST DER TOD. | RÖM 6,23

Das Ziel von Jesus mit der Bergpredigt ist es, das Ausmaß von Sünde zu zeigen, indem er den göttlichen Maßstab von Heiligkeit offenbart. Beginne ich zu erfassen, wie heilig Gott ist, dann entsteht zunächst eine unüberwindbare Distanz. Eine gigantische Schlucht zwischen mir und Gott. Hier bleibt das Evangelium aber nicht stehen. Gott wird in seiner Liebe diese Schlucht überbrücken.

Wo also die Kenntnis meiner Erlösungsbedürftigkeit zunimmt, kann erst die Erkenntnis von Gottes Gnade und seiner grenzenlosen Liebe exponentiell in meinem Herzen wachsen. Sehen wir das Problem nicht, dann suchen wir nicht nach einer Lösung. Sehen wir die Sünde nicht, dann verpassen wir die Erlösung. Erst in der Beziehung mit einem heiligen Gott erkennen wir, wie verloren unser Herz eigentlich ist.

Licht und Schatten

Alle Menschen, die wir täglich treffen, laufen mit einem kaputten Herzen durch die Gegend. Natürlich fällt dir da dein eigenes nicht so schlimm auf, weil du immer jemanden finden wirst, der ein noch kaputteres Herz hat. Doch kaputt bleibt kaputt. Nichts ist so überwältigend, wie ein neues, heiliges, reines, gesundes Herz zu empfangen, das wirklich Gutes hervorbringt.

Am Herzen Gottes offenbart sich uns zum einen das ganze Schlamassel unseres Herzens und zum anderen beginnt unser Herz, in seiner Nähe einen gesunden Herzschlag zu entwickeln. Je besser wir Gott kennenlernen, umso mehr sehen wir das Ausmaß unserer Verlorenheit und gleichzeitig die gigantischen Dimensionen der uferlosen Liebe Gottes, die unser Herz heilen wird.

Rebel Heart – Lauren Daigle

Die Bibel schildert in den dunkelsten Schwarztönen den ganzen Umfang des menschlichen Herzversagens. Es zieht sich wie ein schwarzer Faden durch die Bibel. Gleichzeitig sehen wir aber auch das rote Tau der Liebe Gottes, das durch die vielen Geschichten des menschlichen Scheiterns läuft, die erzählt werden. Es ist ein Tau der Liebe, der Gnade, der Hoffnung, der Erneuerung, der Wiederherstellung, der Vergebung, der Barmherzigkeit und des Segens.

Ich lade dich ein, mit mir noch eine Schicht tiefer zu gehen. Ich weiß, die eigene Verlorenheit und Zerbrochenheit ist kein angenehmer Ort. Doch ich bin davon überzeugt, dass der ehrliche Blick auf unseren Herzfehler bereits Teil der Heilung ist.

Es gibt zwei Bereiche, in denen sich unser kaputtes Herz besonders häufig selbst offenbart: Sex und Geld. Gottes Wort spricht erstaunlich häufig über diese beiden Themen. Auch in unserer Gesellschaft spielen sie eine Hauptrolle. Schauen wir uns darum diese beiden Bereiche näher an. Dein Herzfehler kann sich aber natürlich auch an einer ganz anderen Stelle zeigen.

Sex

Sexualität ist eines der schönsten Geschenke, die Gott dem Menschen gemacht hat, um Liebe und Einheit zu erleben. Es ist mir wichtig festzuhalten, dass Gottes Wort ein positives, genussvolles Bild von Sexualität entfaltet.[13] Sexualität ist in Gottes Augen kostbar. Er verwendet sie nicht nur als Bild, um seine Vorstellung der Intimität mit seiner Gemeinde zu veranschaulichen, sondern gibt ihr auch extra einen geschützten Raum. Die Ehe zwischen Frau und Mann soll die idealen Rahmenbedingungen zur lustvollen, liebevollen Entfaltung von Sexualität schaffen.

Unser Herz sehnt sich danach, geliebt und bestätigt zu werden – ja, tief verbunden zu sein, eins zu werden. So hat uns Gott erschaffen. Sexualität versetzt uns in einen Rauschzustand und vermittelt ein vorübergehendes Gefühl von Liebe und Bestätigung. Diese Macht, die Gott unserer Sexualität verliehen hat, führt leicht zu Machtmissbrauch. Nämlich immer dann, wenn im Zentrum der innere Hunger nach Liebe, Befriedigung und Bestätigung steht.

Warum ist das ganz speziell eine Herzensangelegenheit? Weil sich unser Herz durch Sexualität einer anderen Person öffnet und verschenkt. So war es ursprünglich geplant. Doch jedes Mal, wenn mein Hunger sich in den Vordergrund drängt, dann bin ich nicht mehr frei, mich an meinen Partner zu verschenken.

Vielleicht kann ich es mit Alkohol vergleichen. Wenn ich zwei Gläser Wein brauche, damit mein Abend gelungen ist, ich entspannt und gut gelaunt bin, dann bin ich nicht mehr frei, das Glas Wein zu genießen, sondern stehe in einer Abhängigkeit. Meine Sehnsucht nach Befriedigung, mein innerer Hunger, will gestillt werden und treibt mich dazu, Alkohol zu konsumieren. Wer durstig ist, sollte nicht zur Weinflasche greifen, sondern zu einem Glas Wasser. Wenn der Durst gestillt ist, dann bist du frei, das Glas Wein zu genießen. Bin ich wirklich frei, wenn ich einfach so viel trinke, bis ein Rauschzustand mit einem kurzfristigen Gefühl von Befriedigung eintritt? Oder bin ich wirklich frei, wenn mein Hunger gestillt ist und ich das Glas Wein genießen kann?

In den Genuss von Sexualität kommt man als Paar dann, wenn der Hunger des Herzens gestillt ist. Wenn beide unabhängig von der Seh*nsucht* nach Liebe, Befriedigung und Bestätigung sind.

Die ersten Jahre unserer Ehe war ich sehr unter Druck, ein großartiges, befriedigendes Sexleben zu führen. Ich suchte tief in mir nach Erfüllung und Zufriedenheit. Eigentlich hatte ich alles, was ich mir gewünscht hatte, aber die Befriedigung, die ich erlebte, war immer nur von kurzer Dauer. Irgendwann wurde mir klar, dass ich versucht hatte, mit Sex meinem Leben mehr Fülle und Bedeutung zu geben. Sexualität war zu einem »Wundermittel« geworden, um Frust, Streit, mangelnde Anerkennung, ausbleibende Kommunikation, versäumte Qualitätszeit, fehlende Entspannung und Ruhe auszugleichen. Ich hatte versucht, alle möglichen Sehnsüchte und Bedürfnisse mit Sexualität zu ertränken.

Dieser ungestillte Hunger, der oft in Sex seinen Ausdruck findet, hinterlässt eine Spur der Verwüstung in unserer Gesellschaft. Eigentlich wäre es Gottes Plan, dass Sexualität eine Segensspur von echter Liebe, Zweisamkeit, Begeisterung, Genuss und neuem Leben hinterlässt. Stattdessen haben wir kaputte Beziehungen, gebrochene Herzen, eine boomende Pornoindustrie, Prostitution, zahlreiche Seitensprünge, Sexualisierung, Vergewaltigung, Missbrauch. Warum? Sexualität könnte Liebe, Geborgenheit, Annahme und echte Intimität bringen. Doch oft bleibt am Ende ein gebrochenes, ein resigniertes oder frustriertes Herz zurück. Auch der Versuch, das Problem einfach mit der richtigen Form zu lösen – der christlichen Ehe –, greift zu kurz, weil sie unser Herz nicht verändert.

Die Löcher in unserem Herzen sind zu groß, als dass wir sie mit Sexualität stopfen könnten. Wenn wir es trotzdem versuchen, entsteht aus der Sehnsucht nach Liebe Zerstörung. Ein kaputtes Herz zerstört ein wunderschönes Geschenk. Wir machen uns abhängig von der entspannenden, berauschenden, tröstenden, abenteuerlichen Befriedigung. Der tiefste menschliche Ausdruck von Verbundenheit verkommt zu einer Ich-Botschaft: »Ich will Befriedigung. Ich will geliebt werden. Ich will begehrt werden. Ich will Ablenkung.«

Diese Begierde unseres Herzens nach Befriedigung zerfrisst die Freiheit und Schönheit, die Gott angelegt hat. Daraus entwickelt das menschliche Herz, wenn es nicht errettet wird, leicht eine Sucht. Und wir wollen davon immer mehr, immer öfter, immer extremer. Sexualität verkommt durch unser kaputtes Herz zu einem Zahlungsmittel. Wir entlohnen gewünschtes Verhalten in unserer Partnerschaft mit Sex oder enthalten diese Belohnung bewusst zurück, weil wir verletzt wurden oder keine Lust haben. Auch der Handel »Du befriedigst mich, ich befriedige dich« ist letztendlich egoistisch.

Sexualität ist ein Geschenk, doch mit Herzfehler wird sie ausdruckslos, egoistisch, kaputt, zerstörerisch, verletzend, entwertend. Ich bin zutiefst überzeugt: Wären wir bereit, unsere Herzen von Gott heilen zu lassen und echte Nähe zuzulassen, dann würden wir zunehmend ein erfüllendes und lustvolles, heiliges Sexleben erleben.

Geld

Geld korrumpiert dein Herz. Wir haben eine chronische Schwäche für alles, was glänzt und glitzert – manche Menschen mehr, manche weniger. Unser Streben nach mehr Besitz beansprucht so viel Platz in unserem Herzen, dass kaum mehr Raum für andere Menschen bleibt. Als Mitteleuropäer gehören wir zu den reichsten 15 Prozent der Weltbevölkerung. Und trotzdem verfolgt uns ständig das Gefühl, nicht genug zu haben. Der Eindruck, alle anderen könnten sich mehr leisten. Der Gedanke: »Ach, hätte ich nur mehr Geld. Oder wenigstens, was die sich leisten können.«

Ein Herz, das nicht von Gott erfüllt ist, gleicht einem schwarzen Loch. Solange wir versuchen, bedrucktes Papier, glitzernde Steine oder geprägtes Metall hineinzuwerfen, wird es nach noch mehr schreien. Es ist unersättlich. Jesus sagte: »Ihr könnt nicht Gott und dem Besitz dienen« (Matthäus 6,24). Moderner Götzendienst. Dein Herz kann nur eine Nummer eins haben.

WO DEIN SCHATZ IST, DA WIRD AUCH DEIN HERZ SEIN. | MT 6,21

Besitz verändert das Herz. Wir hoffen, dass mehr Reichtum uns glücklich macht. Doch das ist eine Lüge. Geld macht nicht glücklich. Geben macht glücklich. Geben ist dein persönliches Statement an dein Herz, dass es sich nicht am Geld festklammern muss. Nur echte Großzügigkeit kann unsere Geldgier heilen.

Als Jugendlicher hatte ich nicht viel Geld. Es fiel mir schwer, Geld für Geschenke auszugeben oder gar zu spenden. Jeden Sonntag im Gottesdienst wurden Gefäße durch die Reihen gereicht, um Geld für die verschiedenen Ausgaben der Gemeinde zu sammeln. Ich ließ meinen Geldbeutel einfach zuhause und packte dafür meine Bibel ein. Ich nahm mir vor, dann irgendwann später, wenn ich mehr Geld haben würde, großzügig zu sein.

Dann beobachtete ich einen guten Freund, wie er öfter Geld in eines der Körbchen legte. Er beschenkte auch mich immer wieder großzügig oder lud mich zum Essen ein. Erst mit der Zeit stellte ich fest, dass ich im Vergleich zu meinem Freund nicht nur nicht sehr großzügig war, sondern eigentlich geizig. Vielleicht hatte ich als Kind zu viele Comics mit Dagobert Duck gelesen. Mir wurde klar, dass mein Herz hier irgendwie defekt war. Ich wusste, als Kind Gottes sollte ich großzügig sein, aber mein Herz war einfach nicht großzügig und würde es von allein auch nicht plötzlich werden, falls ich eines Tages mehr Geld hätte.

Ungefähr zu dieser Zeit hatte ich 700 Euro gespart, um mir etwas zu kaufen, was ich mir schon lange gewünscht hatte. In einem der nächsten Gottesdienste ging es um den Plan, das Gemeindegebäude umzubauen, und wie viel Geld dafür benötigt wurde. Plötzlich kam mir der Gedanke, dass Gott meine hart ersparten 700 Euro für das Gemeindegebäude verwenden wollte. Darauf hatte ich eigentlich gar keine Lust und ging missmutig nach Hause.

Am nächsten Sonntag legte ich ein Kuvert mit meinen 700 Euro in meine Bibel und machte mich auf den Weg in den Gottesdienst. Als die Gefäße durchgegeben wurden, nahm ich das Kuvert in die Hand und wollte es in das Gefäß legen. Einen Moment ging es mir wie Bilbo in *Der Herr der Ringe*, als er den Ring loslassen will, aber der Ring fast in seiner Hand klebt. Der Ring ist sein Schatz, sein Eigen, und eigentlich will er ihn behalten. Er hat ihn schließlich gefunden und ein Recht darauf! Mit etwas Zögern konnte ich das Kuvert loslassen. Mit diesem Geben hat ein heilsamer Prozess hin zur Großzügigkeit begonnen. Inzwischen gebe und schenke ich mit großer Freude.

In dieser Welt können wir beobachten, wie der unersättliche Hunger nach Geld Menschen entstellt und Herzen deformiert. Die Bibel erzählt uns auch einige tragische Beispiele: wie Judas, der aus der Kasse etwas für sich selbst beiseiteschaffte und Jesus für Geld verriet und damit sein Herz für den Feind zugänglich machte.[14] Oder Hananias und Saphira, die zwar großzügig sein wollten, aber noch großzügiger vor den Leuten erscheinen wollten, als ihr Herz eigentlich bereit war zu sein. Also gaben sie einen Teil, aber über den Rest logen sie.[15] Aus Hunger nach Geld wird skrupelloser Verrat. Aus Hunger nach Geld wird Lüge.

EIN verkehrtes HERZ SOLL VON MIR weichen.

PSALM 101,4

Ein Klassiker aus unserer Zeit: Oma stirbt, alle streiten um das Geld. Oma egal, Geld wichtig. Wir denken manchmal, es haben nur Leute ein Problem mit Geld, die viel Geld haben. Irrtum. Das Problem fängt an, sobald wir das erste Mal Geld bekommen und begreifen, was man damit alles machen kann. Denn sobald wir das begriffen haben, wollen wir mehr und dann noch mehr und dann noch viel mehr. Man denkt, irgendwann hört es auf, aber das tut es nicht.

Du hast kein Problem mit Geld? Stell dir vor, du würdest 10 Prozent von deinem Vermögen abheben und es verschenken. Zu extrem? »Verkaufe alles, was du hast, und verteile den Erlös an die Armen und du wirst einen Schatz im Himmel haben« (Lukas 18,22).

Geldgier offenbart unseren Herzfehler und sie bringt etliche Begleiterscheinungen mit: Neid, Lüge, Streit, Diebstahl, Ausbeutung, Umweltverschmutzung, Sklaverei, Kinderarbeit, Tierquälerei, Egoismus.

Ich denke nicht, dass Sexualität oder Besitz die ursächlichen Probleme sind. Überhaupt nicht. Gerade diese beiden Bereiche zeigen aber, wovon unser Herz hauptsächlich angetrieben wird: Hunger. Und wie unfähig unser Herz ist, von sich aus satt zu werden. In der Unabhängigkeit von Gott zieht dieser innere Hunger uns bis in den Tod. Er zerstört die schönsten, uns anvertrauten Geschenke.

Ich weiß nicht, welche Abgründe in deinem Herz schlummern, wer oder was dein Herz kaputt gemacht hat. Ich weiß aber, dass Gott Herzen nicht nur kennt, sondern ganzheitlich erneuern will: »Ich will euch ein neues Herz und einen neuen Geist geben. Ja, ich nehme das versteinerte Herz aus eurer Brust und gebe euch ein lebendiges Herz« (Hesekiel 36,26; HFA). Ich staune oft darüber, wie gigantisch Gottes Liebe ist, dass er sich wieder und wieder mit Menschen auf eine Beziehung einlässt, die so schwerwiegende Herzfehler mitbringen. Dass er in Kauf nimmt, verletzt, enttäuscht und abgelehnt zu werden. Mit dem Ziel, in einem langen Prozess mit vielen Rückschlägen unser Herz zu gewinnen und sanft, aber bestimmt zu erneuern.

Belastungs-EKG

Es ist doch spannend, gerade in Liebesbeziehungen werden unsere Herzfehler besonders sichtbar. Gerade dort, wo wir einen anderen Menschen lieben wollen, müssen wir immer wieder feststellen, wie begrenzt unsere Herzenskapazität ist. Wie endlich unsere Geduld, unsere Hingabe, unsere Liebe, unsere Bereitschaft zu vergeben und zu dienen ist.

Ich liebe Ruth und meine Kinder. In der tiefen Beziehung zu meiner Familie offenbart sich aber leider nicht nur meine Liebe, sondern auch mein Herzfehler. Wenn die Bedürfnisse von vier Personen mit meinen eigenen kollidieren, möchte ich manchmal am liebsten auf eine einsame Insel ziehen. Ich werde ungeduldig, ärgerlich und egoistisch. Ich schreie Sätze, die ich nie sagen wollte. Verhalte mich so, wie ich es bei anderen niemals gutheißen würde. Danach will ich nicht um Vergebung bitten, weil ich mir lieber einrede, dass die anderen verschuldet haben, wie ich mich verhalten habe. Mein Herz ist ein riesiges Durcheinander.

Die Beziehung mit den Menschen, die wir am meisten lieben, fördert oft das Schlechteste in unseren Herzen zutage. Nicht wenige Beziehungen zerbrechen daran. Dabei ist genau hier, wo das Schlechte aus unserem Herzen an die Oberfläche kommt, das größtmögliche Potenzial für Veränderung.

Herzarbeit ist Schwerstarbeit. Wo wir genau das, was durch Krisen und Nöten an Herzdefekten zutage tritt, in Gottes Hände legen und um Vergebung und Veränderung bitten, kann unser Herz heilen. Bis wir uns aber auf den Weg machen, wird ein ungeformtes, kaputtes Herz in unserer Brust schlagen, und wir werden tragischerweise allen anderen die Schuld dafür geben. Wir werden die Tage auf der Erde mit einem verbitterten, steinernen Klumpen in der Brust statt mit einem lebendigen Herzen verleben. So verpassen wir das kostbarste Geschenk, das Gott uns machen will: ein neues Herz.

Hätten wir immer wieder einen stechenden Schmerz in unserem Herzmuskel, dann würden wir früher oder später zu einem Kardiologen gehen. Wir würden unser Herz untersuchen lassen. Wir würden Heilung suchen. Ich frage mich, warum wir, wenn es um unser emotionales Herz geht, dazu neigen, Fehlfunktionen kleinzureden oder sogar zu verbergen? Wie viel mehr sollten wir mit unserem Herzen, von dem unser geistliches Leben ausgeht, zum Herzspezialisten gehen. Es ist wichtig, abklären zu lassen, woher die Fehlfunktion kommt, und sie dann zu behandeln.

Mehr als auf alles andere achte auf dein Herz.

Manchmal leben wir jahrelang mit einem angeborenen Herzfehler oder einer Herzschwäche. Wir leben Tag für Tag, ohne etwas zu bemerken. Doch bei einem Belastungs-EKG werden die Fehlfunktionen unseres Herzens schwarz auf weiß lesbar. Wir fragen uns oft, warum es Leid in unserem Leben gibt. Das Leid ist das Belastungs-EKG unseres Herzens und offenbart unsere Herzfunktionen. Manches Leid offenbart, dass mein Herz in Gottes Wesen verankert ist. Manches Leid offenbart Teile meiner Herzschwächen.

Näher an dein Herz – Alive Worship

»Denn ein Schmerz, wie Gott ihn haben will, bringt eine Umkehr hervor, die zur Rettung führt und die man nie bereut. Der Schmerz hingegen, den die Welt empfindet, bewirkt den Tod« (2. Korinther 7,10-11). Die Belastung zeigt dir, wo dein Herz steht, wofür es schlägt. Und sie wirft Licht auf die Schwächen deines Herzens:

Ich habe eine Schwäche, mein Herz mit leckerem Essen zu trösten. Frustfressen.

Manchmal will ich den Frust in meinem Herz mit Sex vergessen. Egosex. Egal, ob mit oder ohne Partner.

Mein Herz hat eine Schwäche, sich verzweifelt an anderen Menschen zu orientieren. Geht es anderen gut, geht es mir gut. Klammeraffensyndrom.

Mein Herz ist unzufrieden, kleine Shopping-Tour im Internet. Morgen krieg ich mein Paket. Frustshopping.

Mein Herz will Unsicherheit mit möglichst vielen Likes heilen. Minderwertigkeitskomplex.

Fällt das alles weg, fühlt man sich minderwertig, unwichtig, ungeliebt, vergessen oder wird ärgerlich, zornig und manipulativ. Man hat Mechanismen entwickelt, mit denen man die eigenen Herzfehler verdrängt. Darum braucht es Krisen im Leben. Ich weiß, das will niemand hören. Doch eine Krise hat Offenbarungscharakter. Du musst die Krise nicht suchen. Keine Sorge. Die Krise findet dich. Doch wenn sie da ist, dann bitte schau dir mit Jesus dein Belastungs-EKG an.

Viele von uns setzen sich auf den Hometrainer für das EKG. Strampeln, als wären sie auf der *Tour de France*. Kippen schnaufend vom Trainingsgerät und betteln darum, dass die Belastung aufhört. Gehen frustriert nach Hause und schimpfen über die Belastung, die zu groß war und an allem Schmerz schuld ist. Ohne einen einzigen Blick mit dem Kardiologen auf das EKG geworfen zu haben.

Daraus entsteht eine Gesellschaft von Leidvermeidern, die genau dann, wenn das EKG aussagekräftige Daten auswerfen würde, abbricht und unverändert nach Hause geht.

Was in keines Menschen Herz gekommen ist, hat Gott denen bereitet, die Ihn lieben.

1. KORINTHER 2,9

Doch: *Mehr als auf alles achte auf dein Herz!* Bitte schau auf dein EKG. Es braucht etwas Übung, eines lesen zu können. Doch die Informationen daraus sind lebenswichtig.

Die Mittel der Herzensdiagnostik, die dir zur Verfügung stehen, sind Probleme aller Art, tiefe Beziehungen, eigene Kinder und – vor allem anderen – eine lebendige Partnerschaft mit Gott. Ein weiteres unverzichtbares Mittel der Herzdiagnostik ist Gottes Wort. Es gibt uns eine präzise Diagnose unseres Herzens. Ich nehme an, du hast eine Bibel. Lies sie so, als würde es um dein Leben gehen. Das tut es nämlich. Es geht um dein Herz, denn aus ihm entspringt die Quelle des Lebens.

Ich bin kein Freund von Leid. Doch ich habe meine panische Angst vor Leid verloren. Meistens. Okay, sagen wir oft. Vermutlich ist eher hin und wieder wahr. Also manchmal gelingt es eben schon. Dort, wo mich panische Angst vor Leid *nicht* lähmt, offenbart sich die Funktionalität meines Herzens. Hier kann ich eine gesunde Herzfunktion dankbar mit Jesus aus dem EKG lesen. Hier sehe ich Herzfehler schwarz auf weiß. Das EKG ermöglicht mir Einsicht, Umkehr, Erneuerung, Heilung und Veränderung.

Durch Leid offenbart

Wir müssen den Zugang zu Leid in unserem Leben finden, den Jesus hatte. Jesus war ein Mann der Schmerzen und mit Leiden vertraut.[16] Er kennt Schmerz. Er versteht deinen Schmerz. Er kennt deine Angst. Er fühlt dein Leid. Er sieht deine Situation. Er war selbst ganz Mensch mit allen Herausforderungen. Er hat selbst gelitten. Darum ist er ein so mitfühlender Retter für dich. »Jesus lernte, obwohl er Sohn war, an dem, was er litt, den Gehorsam« (Hebräer 5,8). Jesus selbst lernte in der Schule des Leids. Er nutze die Prüfungen als Trainingseinheiten: »Und Jesus nahm zu an Weisheit und Alter und Gunst bei Gott und den Menschen« (Lukas 2,52).

Absolvierte Trainingseinheiten bewirken Ausdauer. Ausdauer ist in der Bibel die Fähigkeit, in schwierigen Situationen nicht aufzugeben, sondern fest auf Gott zu vertrauen. »Die Ausdauer wiederum bewirkt, dass ihr vollkommen und vollendet seid und in nichts Mangel habt« (Jakobus 1,2-4). »Wenn ihr aber ausharrt, indem ihr Gutes tut und leidet, das ist Gnade bei Gott. Denn hierzu seid ihr berufen worden; denn auch Christus hat für euch gelitten und euch ein Beispiel hinterlassen, damit ihr seinen Fußspuren nachfolgt« (1. Petrus 2,20b-21).

Jesus hat uns nicht zu einem Leben der Gemütlichkeit berufen. Er hat dich berufen, ihm nachzufolgen: »Wenn jemand mir nachkommen will, verleugne er sich selbst und nehme sein Kreuz auf täglich und folge mir nach!« (Lukas 9,23). Jesus nachzufolgen ist das Großartigste und Schönste, was es auf dieser Erde zu erleben gibt. Doch es kostet alles. Tägliche Trainingseinheiten in Gehorsam und Leid. Diese Trainingseinheiten werden dich zu einem völlig neuen Menschen machen. Dafür ist es oft notwendig, deinen eigenen Willen zu verleugnen und zu beten: »Dein Wille soll geschehen!«

SAGT ZU DENEN, DIE EIN ÄNGSTLICHES HERZ HABEN: SEID STARK, FÜRCHTET EUCH NICHT. | JES 35,4

Zurück zu unserem Herzen. Was kommt aus deinem Herzen heraus, wenn es nicht so läuft, wie du es dir vorgestellt hast? Wenn alles anders wird als geplant? Wenn scheinbar alles schiefgeht? Mein Herz spuckt viel zu oft Frust, Hass, Beschuldigungen, Ärger, Bitterkeit, Unzufriedenheit oder Minderwert aus.

Leid oder Druck offenbart, was in deinem Herzen steckt.

Es war nicht meine Idee, dass wir uns über die schwierigen Zeiten in unserem Leben freuen sollen. Die Bibel sagt sogar, dass wir sie als ganz besonderen Grund zur Freude sehen sollen.[17] Wir müssen damit beginnen, Leid als Instrument und nicht als unseren Feind zu sehen. Es ist wie ein Schmelzofen für Gold und Silber.[18] Es bringt durch die Wärmeenergie die Schlacke, den Mist, den Dreck an die Oberfläche. Von der Oberfläche kann ihn der Goldschmied entfernen. Es bleibt reineres Gold übrig. Ein Läuterungsprozess.

Unser Herz braucht solche Prozesse. Die Bibel spricht von siebenmal geläutertem Silber.[19] Silber und Gold werden mehrmals geläutert, bis sie ganz rein werden. Ein Silberschmied wurde einmal gefragt, woran er erkennt, dass das Silber rein ist. Er antwortete: »Wenn ich mein Gesicht darin sehen kann.« Genau so macht es Gott mit deinem Herz.

Die größten Veränderungen in deinem Glaubensleben werden im Leid passieren, weit außerhalb deiner Komfortzone. Denn dort, wo das Leid die Zerbrochenheit unseres Herzens offenbart, können wir es formbar und flexibel in Gottes gute Hände legen. Solange du panische Angst vor Leid, Veränderung oder dem Ausmaß deines Herzfehlers hast, kann dein Herz nicht heilen.

Es ist Zeit, dich in Behandlung zu begeben. Es ist Zeit, dich mutig deinem Herzversagen zu stellen. Es ist Zeit, einen gesunden Herzrhythmus zu finden.

Das Ziel unseres Lebens auf der Erde ist, in der liebevollen Beziehung zu unserem Papa im Himmel einen gesunden, kräftigen Herzschlag zu entwickeln, der Gott widerspiegelt und ihm wohlgefällig ist. Eines der Mittel dazu ist Leid. Wir dürfen die Angst davor wegschmeißen.

ICH BETE DARUM, DASS GOTT – DER GOTT UNSERES HERRN JESUS CHRISTUS, DER VATER, DEM ALLE MACHT UND HERRLICHKEIT GEHÖRT – EUCH DEN GEIST DER WEISHEIT UND DER OFFENBARUNG GIBT, DAMIT IHR IHN IMMER BESSER KENNEN LERNT. ER ÖFFNE EUCH DIE AUGEN DES HERZENS, DAMIT IHR ERKENNT, WAS FÜR EINE HOFFNUNG GOTT EUCH GEGEBEN HAT, ALS ER EUCH BERIEF, WAS FÜR EIN REICHES UND WUNDERBARES ERBE ER FÜR DIE BEREITHÄLT, DIE ZU SEINEM HEILIGEN VOLK GEHÖREN. | EPH 1,17-18*

3 VATERHERZ

Als Kind habe ich es geliebt, in der Früh auf dem Bauch von meinem Papa zu liegen. Mein Ohr war dabei dicht an seine Brust gedrückt. Dort habe ich dem Herzschlag meines Papas gelauscht. Oft habe ich vor Staunen selbst die Luft angehalten, um den gleichmäßigen Herzrhythmus besser hören zu können.

Den kräftigen Herzschlag meines Papas zu hören, schuf einen Moment von absoluter Geborgenheit und Liebe. Ich wusste, mein Vater liebt mich. Er ist größer und stärker als ich. Aus meiner damaligen Perspektive konnte er alles und wusste alles.

Wir brauchen genau solche Momente, in denen wir den Herzschlag von Gottes Vaterherz hören.

Ich habe Gottes Herz lange nur aus der Perspektive des Kindes verstanden. Selbst Vater zu werden, hat meinen Horizont gesprengt. Wie ich meine Kinder sehe und über sie denke, hilft mir zu verstehen, wie Gott uns sieht. Ich stelle aber auch Tag für Tag fest, ein wie viel besserer Papa Gott tatsächlich ist.

GOTT IST GEWALTIG AN KRAFT DES HERZENS. | HI 36,5B

Wir können die gigantischen Dimensionen von Gottes Herzen mit unserem Herzen nur stückweise erfassen. Das Erkennen seines Herzens führt zur Heilung unseres Herzens.

Beeindruckenderweise ist das Herz Gottes trotz allem so einfach, dass es ein Kind begreifen kann. Um Gottes Herz zu verstehen, braucht es keine großartigen kognitiven Fähigkeiten, keinen überdurchschnittlichen IQ und kein theologisches Studium. Es braucht das vertrauende Herz eines Kindes: »Wenn ihr nicht umkehrt und werdet wie die Kinder, so werdet ihr keinesfalls in das Reich der Himmel hineinkommen« (Matthäus 18,3).

Es braucht eine Kehrtwendung in unserem Denken, sonst verpassen wir das Reich Gottes. Viel zu schnell verkopft unser Glaube oder »vertheologisiert«. Plötzlich wohnt unser Glaube nicht mehr in unserem Herzen, sondern in unserem Kopf. Wir brauchen für ein gesundes Herz aber nicht den Glauben eines Erwachsenen, sondern das Vertrauen eines Kindes.

Während ich diese Zeilen schreibe, weiß ich nicht, was du für eine Beziehung zu deinem eigenen Vater hattest oder hast. Vielleicht hast du einen tollen Vater, doch kein Vater ist perfekt! Vielleicht hast du ihn aber auch nie gekannt. Vielleicht hat er dich geschlagen und hart bestraft. Vielleicht hat er dir nie zugesprochen, dass er dich liebt. Vielleicht hat er überhaupt kaum Gefühle gezeigt. Vielleicht hatte er enorm hohe Ansprüche an dich und das hat ständig Druck auf dich ausgeübt. Vielleicht hast du nie körperliche Nähe und Geborgenheit bei deinem Vater gespürt. Jeder Mensch trägt eine weniger oder mehr schmerzende Vaterwunde in seinem Herzen mit sich herum.

Die »Vaterwunde« ist leider ein stehender Begriff in der Seelsorge. Ich finde es mutig von Gott, sich als ein Vater vorzustellen. Es sind die Väter, die öfter abhauen. Es gibt viel mehr Kinder, die ohne Vater aufwachsen. Darum sagt Gott auch von sich, dass er ein Vater für Waisen ist.[20] Uns Männern gelingt es oft weniger gut, Gefühle zu zeigen und unsere Liebe auszudrücken. Zu Müttern haben Kinder meistens einen leichteren und besseren Zugang. Man spricht ja auch nicht von einer »Mutterwunde«.

Ich denke, Gott fordert uns Männer ganz besonders heraus, um von ihm an seinem Vaterherzen zu lernen, was es bedeutet, Vater zu sein.

Was löst der Gedanke an deinen Vater tief in dir aus? Unsere Vaterwunde muss heilen, damit wir entdecken können, was Gott für ein genialer Papa ist. Er übersteigt alles. Egal, ob du fünf Jahre oder 35 Jahre lang sein Kind bist – du wirst an seiner Hand immer wieder über ihn staunen.

Wie heilt die Vaterwunde? Schließlich kann kein Mensch Gott vollkommen als Papa widerspiegeln. Es wird immer eine große Kluft geben zwischen menschlichen Vätern und Gott als Papa. Der Vergleich wird immer hinken, darum braucht es Heilung und Korrektur von unserem Gottesbild.

Reflektieren und loslassen

Zuerst ist es unerlässlich, das Vaterbild loszulassen, das von deiner Erfahrung geprägt ist. Loslassen kann ich nur, wenn ich beginne, mich mit dem Vaterbild auseinanderzusetzen, das irgendwo in mir schlummert. Fang an, über die Beziehung zu deinem Vater zu sprechen. Sprich mit deinem Partner, einem Freund, deinen Geschwistern, mit jemandem, dem du vertraust, und der ein offenes Ohr für dich hat. Ich weiß, es tut oft so weh, sich den Wunden der Vergangenheit zu stellen. Doch ich bete an dieser Stelle für dich, dass Gott dir den Mut schenkt, dich zu überwinden und dich deinen Verletzungen zu stellen.

Ich laufe zum Vater – Urban Life Worship

Wenn du dein Vaterbild nicht reflektierst und loslässt, dann wirst du es immer unbewusst in die Texte der Bibel hineintragen. Du wirst dort, wo Gott von sich als Vater oder von Erziehung spricht, deine eigenen Erfahrungen in den Text hineinlesen. Das passiert ganz automatisch, ist aber fatal. Du lebst dann mit einem Gottesbild, das von menschlichen Wesenszügen deformiert ist.

Das bewirkt oft, dass wir uns in einer Spirale von Druck und Angst Gott gegenüber bewegen. Ständig versuchen wir, Gott stolz auf uns zu machen. Je nachdem, wie genau die Vaterwunde schmerzt, wollen wir uns beweisen oder gesehen werden. Wir sehnen uns danach, unseren himmlischen Papa zu beeindrucken, um anerkannt zu werden, weil wir uns das so von unserem irdischen Vater gewünscht hätten.

Aus eigener Kraft, mit einem kaputten Herzen und entstelltem Gottesvaterbild können wir aber nicht so leben, wie Gott es will. Das Ergebnis: Wir versagen. So entsteht ein schlechtes Gewissen. Vielleicht auch noch die Angst vor einer Strafe und Zorn. Zusammen löst das alles noch mehr Druck aus und bewirkt schließlich, dass unser Herz ohne Heilung und von Gott entfernt bleibt.

Dear God – Cory Asbury

Angst und Druck können eine Vaterwunde nicht heilen. Doch Gottes Liebe kann in unseren Herzen ein gesundes Bild von Gott als Papa zeichnen. »Wo die Liebe regiert, hat die Angst keinen Platz; Gottes vollkommene Liebe vertreibt jede Angst. Angst hat man nämlich dann, wenn man mit einer Strafe rechnen muss. Wer sich also noch vor dem Gericht fürchtet, bei dem ist die Liebe noch nicht zum vollen Durchbruch gekommen« (1. Johannes 4,18; NGÜ). Dafür müssen wir umdenken! Umdenken beginnt mit Reflektieren und Loslassen. Der nächste Schritt ist Vergebung.

Vergeben

Du musst deinem Vater vergeben, für alles, was er falsch gemacht hat. Erst so kann ein gesundes Bild von Gott als Papa in uns entstehen, das unser Herz heilt. Vergebung bedeutet nicht, dass wir gutheißen, wo Menschen uns verletzt haben. Vergebung bedeutet, dass wir uns mit Gottes Hilfe dazu entscheiden, die Schuld von Menschen freizugeben, indem wir sie Gott übergeben. Vergebung bedeutet, eigene Vergeltungsmöglichkeiten aufgeben und Gott zu vertrauen, dass er die Verletzung heilen wird. Wir zerstören unser Herz, wenn wir das nicht tun. Schmerz über lange Zeiträume allein zu tragen, bringt oft Verbitterung hervor. Verbitterung zerstört dein Herz.

Vergebung bedeutet, dass wir die verletzende Schuld der anderen Menschen am Kreuz bei Jesus gegen Freiheit eintauschen. Der Tausch am Kreuz kann uns dabei helfen zu begreifen, was bei Vergebung eigentlich genau passiert: Es gibt eine Verurteilung – nämlich des Sünders, der an mir schuldig wurde – und ich übergebe das Urteil und den Strafvollzug an Jesus. Er wählt den Tod dafür. Er wird das Opfer, ich darf aufhören, Opfer von diesem Schmerz zu sein.

Das wirksamste Mittel, das Jesus uns schenkt, um unser Herz zu heilen, ist die Vergebung. Es ist eine göttliche Vollmacht, die Jesus mit uns teilt: »Wem ihr die Sünden vergebt, dem sind sie vergeben; wem ihr sie nicht vergebt, dem sind sie nicht vergeben« (Johannes 20,23). Die größte Vollmacht, die Gott uns Menschen verliehen hat, ist die Macht der Vergebung. Vergebung ist das Mächtigste, was du tun kannst auf dieser Erde. Gleichzeitig ist es auch das Heilsamste für dein Herz. So kannst du gesund mit Verletzungen umgehen und musst nicht mehr Opfer sein. Vergebung ist ein Prozess.

VERGEBT EINANDER, SO WIE AUCH GOTT EUCH DURCH CHRISTUS VERGEBEN HAT.
| EPH 4,32

Dann werden die verletzenden Worte und Situationen sehr wahrscheinlich plötzlich wieder in deinem Kopf auftauchen. Nicht immer wird die Person in einem Gespräch einsehen, was dich verletzt, oder ihr Verhalten verändern.

Möglicherweise ist dein Vater auch schon gestorben. Du kannst trotzdem vergeben und frei werden! Es ist das größte Geheimnis des Evangeliums, dass wir durch Jesus einen Weg gehen können, um Verletzungen und Schmerz, den Schuld auslöst, loszuwerden – ohne von Menschen abhängig zu sein. Wir sind nur noch abhängig von Jesus. Von seinem Tod, seiner Auferstehung und seinem neuen Leben.

WENN NUN DER SOHN EUCH FREI MACHEN WIRD, SO WERDET IHR WIRKLICH FREI SEIN. | JOH 8,36

Sollte dich jemand um Entschuldigung bitten, dann geh den Weg mit Jesus und sprich Vergebung bewusst aus. Fehlende Vergebung zerstört und belastet unsere Beziehungen. Beziehungslast ist Herzenslast.

Gott kann jede Beziehung heilen, aber nicht ohne unsere Bereitschaft, unser Opfersein oder das Verlangen, Rache zu üben, loszulassen. In dem Prozess der Vergebung wirst du immer wieder loslassen müssen. Verletzungen sind wie Klammeraffen, die sich bei jeder Gelegenheit wieder an deine Füße klammern wollen. Sie hindern dich, sie lähmen dich, sie zerstören dich. Doch Jesus hat seine Vollmacht zu vergeben mit dir geteilt. Nutze sie!

Neues Bild empfangen

Wie kommen wir dann zu einem gesunden Vaterbild? Vorhandenes Vaterbild reflektieren, altes Vaterbild loslassen, Vaterwunde durch Vergebung heilen lassen, ein neues Bild einprägen lassen.

SCHÜTTET EUER *Herz* VOR IHM AUS.

PSALM 62,9

In dem allen möchte Gott dir nahe sein. Er ist an deinem Herz interessiert, und das nicht erst, wenn es durch und durch geheilt, geläutert und geheiligt ist. Nein, gerade jetzt, so wie es jetzt ist. Er möchte dich schon jetzt begleiten und dir helfen.

Ich hatte in meinem Vater und meinem Großvater in vielem wunderbare Bilder, wie Gott als guter Papa ist. Obwohl ich diese Bilder hatte, in einer Gemeinde aufwuchs und jede Woche von Gott hörte, konnte mein Herz lange nicht glauben, wie gut Gott ist. Ich hatte tief in mir ein Bild von Gott, das Angst und Druck auslöste. Wie Gott als guter Papa wirklich ist, war entstellt und zerfressen von Lügen des Feindes, einem falschen Verständnis von Liebe und Gnade. Mir war nicht bewusst, wie sehr ich selbst darunter litt.

Gewagte Liebe –
Urban Life Worship

Doch Gott ging mir nach und nahm mich an der Hand. Er brachte Licht in die Finsternis, befreite mich von allen Lügen und malte mit den kräftigsten Farben seiner Liebe Stück für Stück ein neues Bild ins Herz. An der Hand von diesem guten Papa ist mein Herz froh und frei geworden. Der folgende Liedtext[21] begleitet mich dabei immer wieder:

> Du erleuchtest alle Schatten, erklimmst alle Berge, um mir nachzugehn.
> Du zerstörst alle Mauern, vertreibst alle Lügen, um mir nachzugehn.
> O wie endlos überwältigend, gewagt ist, wie du liebst.
> O du kämpfst für mich und spürst mich auf, lässt neunundneunzig stehn.
> Ich weiß genau, dass ich's nicht verdient hab, doch du gibst dich für mich hin.

Entdecken

Der nächste abenteuerliche Schritt ist es, diese Reise zu beginnen. Eine Reise, die niemals endet. Es ist die Reise zum Herz unseres ewigen Vaters im Himmel. Die Reise, den allmächtigen Gott als deinen Papa zu entdecken. Er verspricht: »Und sucht ihr mich, so werdet ihr mich finden, ja, fragt ihr mit eurem ganzen Herzen nach mir, so werde ich mich von euch finden lassen« (Jeremia 29,13). Er wünscht sich, dass du von Herzen suchst, fragst und entdeckst, wie er wirklich ist. Dafür musst du Bilder, die durch deinen eigenen Vater geprägt sind und die über viele Jahre durch unsere Kirchen vermittelt wurden, loslassen.

Gott kennt dein Leid, deinen Schmerz und deine Verletzung. »Nahe ist der Herr denen, die zerbrochenen Herzens sind« (Psalm 34,19). Du musst dein Herz nicht selbst heilen, bevor es gut genug für Gott ist. Er will dein zerbrochenes Herz heilen. Der Heilige Geist ist der Tröster. Er schwebt über dem Chaos deiner Verletzung wie über der Erde, als sie noch wüst und leer war. Bevor er sie gefüllt hat mit buntem Leben und Schönheit.

Wie Gottes Vaterherz ist, will entdeckt werden. Mach dich auf die Suche. Er wird sich von dir finden lassen. Denn: »Was kein Auge gesehen und kein Ohr gehört hat und in keines Menschen Herz gekommen ist, was Gott denen bereitet hat, die ihn lieben« (1. Korinther 2,9). Seine ehrliche Güte, sein durch und durch wohlwollendes Herz, übersteigt deine Vorstellungskraft. Es ist unaussprechlich. Nicht in Worte zu fassen.

Mich fasziniert der Entdeckerdrang und Forschergeist meiner Kinder. Lars, ein Jahr alt, steckt alles in den Mund, um Struktur und Form zu erforschen. Täglich entdeckt er etwas Neues. Seine Zehen. Seine Zunge. Leonie, vier Jahre alt, hat unzählige Fragen, und wenn sie keine Antworten bekommt, erfindet sie selbst die verrücktesten Erklärungen. Lukas, sechs Jahre alt, will Kristallfinder werden. Nicht Sucher, sondern Finder.

Wir müssen umdenken, wie Kinder werden. Wir verlieren als Erwachsene diesen Entdeckerdrang, diesen Forschergeist. Wenn wir keine Fragen mehr haben, dann können wir nichts mehr entdecken. Wenn wir nicht mehr suchen, dann können wir nichts mehr finden. Wer als Christ keine Fragen mehr hat, der hat Gott so limitiert und klein gemacht, dass er ihn mit seinem Verstand begreifen kann. Es ist an der Zeit, mit unserem Herzen in die uferlosen Weiten der Liebe Gottes einzutauchen! Wäre unser Herz ein Häferl, dann ist Gottes Liebe der Ozean. Unser Herz kann Gottes Liebe nicht ausschöpfen. Darum betet Paulus, dass wir alle Dimensionen seiner Liebe erkennen, obwohl das unsere Erkenntnis immer übersteigen wird. Seine Liebe sprengt alle menschlichen Dimensionen und übersteigt jede Vorstellungskraft.

Good Good Father – Chris Tomlin

Reflektieren. Loslassen. Vergeben. Empfangen. Entdecken.

DAS WIRD EUCH DAZU BEFÄHIGEN, DIE LIEBE CHRISTI IN ALLEN IHREN DIMENSIONEN ZU ERFASSEN – IN IHRER BREITE, IN IHRER LÄNGE, IN IHRER HÖHE UND IN IHRER TIEFE. JA, ICH BETE DARUM, DASS IHR SEINE LIEBE VERSTEHT, DIE DOCH WEIT ÜBER ALLES VERSTEHEN HINAUSREICHT, UND DASS IHR AUF DIESE WEISE MEHR UND MEHR MIT DER GANZEN FÜLLE DES LEBENS ERFÜLLT WERDET, DAS BEI GOTT ZU FINDEN IST. | EPH 3,18-19*

VERTRAUE AUF
DEN HERRN
*mit deinem
ganzen Herzen,*
NICHT AUF
DEINEN
VERSTAND.

SPRÜCHE 3,5

4 BARMHERZIG

Das Meer lässt mein Herz höherschlagen. Ich liebe es, Urlaub am Meer zu machen. Das sanfte Rollen der Wellen. Barfuß über die Steine gehen. Das Kreischen der Möwen und das Zirpen der Zikaden. Der Duft von wildem Currykraut, Salbei, Rosmarin und Pinien. Segelschiffe am Horizont. Die sanfte, salzige Brise, die vom Meer her weht.

An vielen Stränden ist man nicht allein. Ich habe Zeit, das Buch ist ausgelesen, das Handy ausgeschaltet im Apartment. Also beobachte ich Menschen. Ich beobachte Leute, die den ganzen Tag am Strand liegen, aber gar nicht ins Wasser gehen. Das ist mir so fremd, dass ich es überhaupt nicht nachvollziehen kann. Andere kühlen hin und wieder ihre Füße. Wieder andere gehen schwimmen und bewegen sich schwerelos im kühlen Nass. Und dann gibt es Leute wie mich, die es lieben, unter die Oberfläche abzutauchen.

Die Unterwasserwelt fasziniert mich, seit ich das erste Mal den Kopf unter Wasser gesteckt habe. Die meisten Leute schwimmen über eine einmalig beeindruckende, bunte Welt einfach hinweg und verpassen die Schönheit, die Gott unter Wasser erschaffen hat.

Ich atme tief ein. Halte die Luft an. Strecke die Hände nach unten. Mit ein paar Flossenschlägen tauche ich ab.

Ich spüre, wie sich mein Herzschlag verlangsamt und ich ganz ruhig werde. Ich halte mich schwerelos an einem Felsen fest und staune darüber, was mich umgibt: gelbe Seepferdchen, orange Trugkorallen, Muscheln, blau-orangene Fadenschnecken, grüne Seeigel, Kraken, Seehasen, gelb leuchtende Gorgonien, violette

Seeanemonen, Steckmuscheln, Felsengarnelen, Seespinnen – und es gibt noch so viel mehr zu entdecken.

Mit den 15 Metern, die ich beim Tauchen maximal erreiche, kenne ich nur einen Bruchteil von dem, was es im Ozean zu erforschen gibt. Doch ich habe schon viel mehr entdeckt als jemand, der nie ins Wasser geht oder über diese geheimnisvolle Welt hinwegschwimmt, ohne sie zu bemerken.

EINE WEITE DES HERZENS, WIE DER SAND, DER AM MEERESUFER LIEGT | 1 KÖN 5,9***

Die Unterwasserwelt steht allen offen, man muss nur eintauchen. So ähnlich ist es auch mit Gott. Sein Charakter ist wie das endlose Meer. Wir können immer noch tiefer eintauchen und immer noch mehr entdecken. Die Welt, die wir in ihm entdecken, ist farbenfroh und faszinierend. Doch manchmal fahren wir in unsere Kirchen und sitzen da und lassen uns berieseln. Wir tauchen nicht tiefer in das Wesen Gottes ein. Es ist so, wie am Meer gewesen zu sein, aber sich nicht darin bewegt zu haben.

Es gibt so viel mehr zu entdecken! Wir dürfen mehr und mehr in Gottes Charakter eintauchen. Erleben, wie wir uns schwerelos und frei bewegen. Erfahren, wie er uns von allen Seiten umgibt. Wahrnehmen, wie sich in ihm unser Herzschlag verlangsamt, und dabei Frieden finden.

Taucherbrille, Flossen, los geht es!

Auf den nächsten Seiten möchte ich mein Bestes geben, um mit der Bibel ein Stück tiefer in Gottes Charakter einzutauchen. Gemeinsam zu hören, wie sein Vaterherz schlägt.

Um Dimensionen besser

»Oder welcher Mensch ist unter euch, der, wenn sein Sohn ihn um ein Brot bittet, ihm einen Stein geben wird? Und wenn er um einen Fisch bittet, wird er ihm eine Schlange geben? Wenn nun ihr, die ihr böse seid, euren Kindern gute Gaben zu geben wisst, wie viel mehr wird euer Vater, der in den Himmeln ist, Gutes geben denen, die ihn bitten!« (Matthäus 7,9-11). Ich liebe es, meinen Kindern eine Freude zu machen. Wie viel mehr liebt es Gott, uns, seinen Kindern, Geschenke zu machen! Wie viel mehr ist er verschwenderisch und großzügig! Wie viel mehr schenkt er uns das Beste! Gott möchte alle Menschen in seine Familie adoptieren und sie reich beschenken.

Deeper Water – Hillsong United

Meine Tochter hat sich zu Ostern einen echten Rasenmähertraktor gewünscht. Sie hat lauthals behauptet, alle anderen Geschenke sind blöd und nur für Babys. Ich liebe sie. Ich will sie auch beschenken. Aber ich habe ihr keinen Traktor geschenkt. Nicht, weil ich es mir nicht leisten könnte, wenn ich wollte. Er wäre zu groß und zu gefährlich für sie und für andere. Sie kann einfach noch nicht damit umgehen. Wir haben keine Wiese und brauchen als Familie auch gar keinen Rasenmähertraktor.

Wir wünschen uns schnell Dinge von Gott, die uns und anderen einfach nicht guttun würden. Weil wir erst mal einen recht eingeschränkten Horizont haben – im Vergleich zu Gott. Die Enttäuschung ist oft groß, wenn wir dann etwas anderes bekommen. Wir dürfen lernen, Gott zu vertrauen und dankbar zu sein für alles, was er uns schenkt.

Als Vater möchte ich meine Kinder beschenken. Ich überlege mir abenteuerliche Ausflüge. Ich kaufe ihnen tolles Spielzeug. Ich erkläre ihnen die Welt. Ich lese ihnen spannende Geschichten vor. Ich bringe ihnen das Schnitzen bei, Fahrradfahren und Feuermachen.

Doch oft sind sie genau bei den Ausflügen Stubenhocker. Doch manchmal zerstören sie mutwillig das Spielzeug. Doch genau dann, wenn man ihnen etwas erklärt, wollen sie nichts oder etwas anderes wissen. Doch gerade während des Vorlesens quengeln sie so, dass sie die Pointe der Geschichte verpassen. Doch wenn man im Wald zum Schnitzenlernen ist, wollen sie lieber Fahrradfahren üben.

Das bringt mich leider sehr oft an die Grenzen meiner Geduld. Die Ablehnung oder Zerstörung von dem, was ich ihnen schenken möchte, verletzt und enttäuscht mich. All das weckt Ungeduld und Ärger in mir. Manchmal macht mich das richtig traurig und zornig.

Ich lerne so viel über mich selbst, wenn ich über meinen Alltag mit den Kids nachdenke. Ich bin ein Kind Gottes, er ist mein Vater. Und ich verhalte mich oft ähnlich. Gott plant die großartigsten Abenteuer mit mir, doch ich bleibe lieber in meiner Komfortzone sitzen. Gott beschenkt mich verschwenderisch, doch für vieles bin ich undankbar und zerstöre oder missbrauche es. Gott möchte mir Dinge erklären, doch ich verstopfe meine Ohren oder bin zu beschäftigt zuzuhören. Gott will durch sein Wort zu mir sprechen, doch ich bin so gestresst, dass ich überhöre, was Gott mir eigentlich sagen wollte. Gott plant, mich in einem bestimmten Bereich zu trainieren, doch genau diese Trainingseinheit will ich jetzt nicht.

Aber: Gott reagiert anders als Papa, als ich als Vater reagiere. Warum? Weil er Gott ist und ich ein Mensch bin. Mich überrascht die Enttäuschung, wenn meine guten Pläne abgelehnt werden und meine Geschenke zerstört werden. Das Überraschungsmoment weckt in mir das Gefühl, versagt zu haben, unfair behandelt zu werden und dass meine Liebe verachtet wird. Autsch, das tut weh – als Mensch.

Gott macht unser Verhalten auch traurig. Doch er flippt nicht aus, ist nicht beleidigt, reagiert nicht willkürlich aus der aktuellen Emotion oder straft uns aus der Verletzung. Gott hat es schon kommen sehen. Schon sehr, sehr lange. Vor deiner Geburt wusste er alles, was du falsch machen wirst, und jede Situation, in der du ihn enttäuschen wirst. Trotzdem hat er dich geschaffen und geliebt. Trotzdem hat er dir einen freien Willen gegeben. Trotzdem hat er seinen Sohn zur Vergebung für dich gesandt.

Bevor in deinem Leben ein einziger Fehler passierte, doch in dem Bewusstsein von jedem einzigen Fehler, den du machen wirst, hat Gott sich für dich entschieden. Gott ist von deinen Fehlern nicht überrascht. »Der Herr, der starke Gott, der barmherzig und gnädig ist, (ist) langsam zum Zorn und von großer Gnade und Treue« (2. Mose 34,6; SCHL). Seine Reaktion auf deine Fehler ist Barmherzigkeit, Geduld und Gnade. Es liegt einfach in seinem Wesen.

Barmherzigkeit ist ein spannender Begriff. Das hebräische Wort ist *rahamím*. Es ist sehr nahe verwandt mit dem Wort für »Mutterschoß« und »Inneres«. Es meint das tief im Inneren empfundene, liebevolle Mitleid von Eltern ihren Kindern gegenüber: »Wie sich ein Vater über Kinder erbarmt, so erbarmt sich der Herr über die, die ihn fürchten« (Psalm 103,13).

Du sollst leben

In der deutschen Sprache sind Furcht und Angst austauschbare Begriffe. Gottesfurcht meint aber nicht, dass wir Angst vor Gott haben sollen. »Furcht ist nicht in der Liebe, sondern die vollkommene Liebe treibt die Furcht aus, denn die Furcht hat mit Strafe zu tun. Wer sich aber fürchtet, ist nicht vollendet in der Liebe« (1. Johannes 4,18). Gott will nicht, dass du Angst vor irgendetwas hast und schon gar nicht vor ihm. Er will dich frei von aller Angst machen. Er ist innerlich bewegt über dich. Er ist dir gegenüber gnädig und geduldig. Angst passt nicht in die Realität von ihm als himmlischem Papa. Angst führt dazu, dass sich unser Herz verkrampft und verstellt. Ein Gott, der Liebe ist, und dem es in erster Linie um unser Herz geht, arbeitet nicht mit Angst. Seine Liebe vertreibt alle Angst.

Haben wir Angst vor Gott, ist das ein Indikator, dass wir nicht in der Liebe Gottes vollendet sind. Wo die Liebe Gottes in unserem Herzen zunimmt, lernen wir die Angst loszulassen. Wenn ich Angst in meinem Herzen entdecke, dann höre ich gleichzeitig die Einladung Gottes, noch tiefer in seine Liebe einzutauchen. Seine vollkommene Liebe heilt mein Herz – so lange, bis es eines Tages vollendet sein wird. Ein Herz voller Liebe, in dem die Angst ein Ende hat.

Mir begegnet bei Menschen, mit denen ich unterwegs bin, oft enorm viel Angst. Angst vor Gottes Zorn. Angst, ihm nicht zu genügen. Angst vor einer Strafe. Angst davor, kritisiert zu werden… Mir als Pastor hält das immer einen Spiegel vor. Scheinbar haben wir Menschen erfolgreich vermittelt, wie heilig Gott ist, aber wir haben nicht ausreichend ausdrücken können, wie groß das Herz unseres Papas ist.

Gottesfurcht bedeutet nicht, panische Angst vor Gott zu haben oder davor, Fehler zu machen. Gottesfurcht bedeutet, Ehrfurcht vor Gott zu haben. Schon wieder das Wort »Furcht«. Es bedeutet, Gott ganzheitlich zu respektieren und zu ehren, in dem tiefen Bewusstsein seiner Heiligkeit. Kindliches, bewunderndes Staunen über seinen Charakter. Wir dürfen an Gottes Hand neu das Staunen lernen. Wenn wir kindlich über sein Wesen staunen, dann erbarmt er sich über uns, wie ein Vater sich über seine Kinder erbarmt.

Gott hat ein Herz für alles, was arm, hilfsbedürftig, gebrochen und verloren ist. Und wir Menschen sind das. Jesus fordert seine Jünger auf: »Seid barmherzig, wie auch euer Vater barmherzig ist!« (Lukas 6,36). Wir können sein Wesen nur widerspiegeln, wenn wir selbst sein Wesen erleben. Je mehr wir mit Gott in einer Vertrauensbeziehung zusammenwachsen, umso mehr färbt sein Charakter auf uns ab. Haben wir als Gottes Repräsentanten ein desolates Bild von ihm als Papa, so zeigen wir dieser Welt ein verkümmertes Bild von seinem Wesen.

Also, tauchen wir noch tiefer ein in Gottes Barmherzigkeit. Ein abenteuerlicher Tauchgang in die tiefe Liebe Gottes im Alten Testament.

»Als Israel jung war, gewann ich es lieb, und aus Ägypten habe ich meinen Sohn gerufen. Sooft ich sie rief, gingen sie von meinem Angesicht weg. Und ich, ich lehrte Ephraim laufen – ich nahm sie immer wieder auf meine Arme, aber sie erkannten nicht, dass ich sie heilte. Mit menschlichen Tauen zog ich sie, mit Seilen der Liebe, und ich war für sie wie die, die ein kleines Kind an ihre Wange heben, ich neigte mich zu ihm hinab und gab ihm zu essen« (Hosea 11,1-5).

Auf den Wellen tanzen – Newsound Worship

Jeder von uns hat ein kaputtes Herz mit vielen egoistischen Begierden. Früher oder später verletzen wir Gott, weil wir uns selbst zum Gott unseres Lebens machen. Von aller Ewigkeit kennt Gott jeden einzelnen Tag von uns und jeden Fehler. Trotzdem verhält er sich uns gegenüber als der liebevollste Papa, den man sich wünschen kann. Er hat uns lieb. Er ruft uns. Er lehrt uns. Er nimmt uns in die Arme. Er heilt uns. Er zieht uns mit Seilen der Liebe. Er hebt uns an seine Wange. Er versorgt uns. Das ist Barmherzigkeit.

Es ist nie zu spät für eine glückliche Kindheit mit Gott. Genau so ein Papa möchte er für dich sein.

IHR HABT EINEN GEIST DER KINDSCHAFT EMPFANGEN, IN DEM WIR RUFEN: ABBA, LIEBER VATER! | RÖM 8,15

»An dem Tag, als du geboren wurdest, ist deine Nabelschnur nicht abgeschnitten worden; du bist auch nicht im Wasser gebadet worden zu deiner Reinigung; man hat dich nicht mit Salz abgerieben noch in Windeln gewickelt. Niemand hat mitleidig auf dich geblickt, dass er etwas Derartiges für dich getan und sich über dich erbarmt hätte, sondern du wurdest auf das Feld hinausgeworfen, so verachtet war dein Leben am Tag deiner Geburt. Da ging ich an dir vorüber und sah dich in deinem Blut zappeln und sprach zu dir, als du dalagst in deinem Blut: ›Du sollst leben!‹ Ja, zu dir in deinem Blut sprach ich: ›Du sollst leben!‹ Ich ließ dich zu vielen Tausenden werden wie das Gewächs des Feldes. Du bist herangewachsen und groß geworden und gelangtest zur schönsten Blüte. Deine Brüste wölbten sich, und dein Haar wuchs, aber du warst noch nackt und bloß. Als ich nun an dir vorüberging und dich sah, siehe, da war deine Zeit da, die Zeit der Liebe. Da breitete ich meine Decke über dich und bedeckte deine Blöße. Ich schwor dir auch und machte einen Bund mit dir und du wurdest mein« (Hesekiel 16,4-8; SCHL).

Verloren. Hilflos. Schmutzig. Verstoßen. Einsam. Mit einem bewegenden Bild über ein ausgesetztes Neugeborenes beschreibt Gott den Zustand unserer Verlorenheit. Diese Verlorenheit weckt sein Mitgefühl und er erbarmt sich über uns.

Natürlich erbarmt er sich in der Textstelle über sein Volk Israel. Aber wir sind ja gerade auf dem Tauchgang hinein in die Liebe Gottes, um seinen immer gleichbleibenden Charakter tiefer kennenzulernen. Und das wird an der Beziehung zwischen Gott und Israel sichtbar. Denn das Volk hat nichts zu seiner Rettung beigetragen. Gottes Barmherzigkeit ist die treibende Kraft.

In deiner persönlichen Verlorenheit, wo du nur noch in deinem Elend herumzappelst, spricht Gott: »Du sollst leben!«

Er nimmt uns auf. Er adoptiert uns in seine Familie. Er wirkt in uns Wachstum und Entwicklung. Er ist uns nicht nur ein genialer Papa, sondern er macht uns sogar zu Bundespartnern. Er begegnet uns auf Augenhöhe. Er macht uns zu seinem Eigentum.

»Da badete ich dich mit Wasser und wusch dein Blut von dir ab und salbte dich mit Öl. Ich bekleidete dich mit bunt gewirkten Kleidern und zog dir Schuhe aus Seekuhfellen an; ich legte dir weißes Leinen an und hüllte dich in Seide. Ich zierte dich mit köstlichem Schmuck; ich legte dir Spangen an die Arme und eine Kette um deinen Hals; ich legte einen Ring an deine Nase und Ringe an deine Ohren und setzte dir eine Ehrenkrone auf das Haupt. So warst du geschmückt mit Gold und Silber, und dein Kleid war aus weißem Leinen, aus Seide und Buntwirkerei. Du hast Weißbrot und Honig und Öl gegessen; und du wurdest überaus schön und brachtest es bis zur Königswürde. Und dein Ruhm verbreitete sich unter den Völkern wegen deiner Schönheit; denn sie war vollkommen durch meinen Schmuck, den ich dir angelegt hatte, spricht Gott, der Herr« (Hesekiel 16,9-14; SCHL).

Gott handelt in dieser Geschichte so intim an der jungen Frau, die für das Volk Gottes steht, das er erwählt hat. Genau so handelt er an uns. Auch uns hat er erwählt. Er ist der Gott des ganzen Universums und er hält die ganze Schöpfung. Doch er macht sich zu einem Diener und badet uns, salbt uns, bekleidet uns, schmückt uns.

In bunten Farben berichtet der Prophet, dass Gott uns das Feinste vom Feinsten gibt. Es sind die erlesensten Kleidungsstücke und der kostbarste Schmuck der damaligen Zeit. Er krönt alle, die zu ihm gehören, zu seinen königlichen Kindern, zu seinen Repräsentanten. Er macht aus einem Findelkind ein Königskind.

Die Geschichte zeigt einen barmherzigen, liebevollen, verschwenderisch großzügigen und herrlichen Papa, der sich unserer Verlorenheit annimmt und uns ein völlig neues Leben schenkt. Das liegt in seinem Wesen. Im Alten und im Neuen Testament handelt Gott so an Menschen.

Die Geschichte, die der Prophet Hesekiel erzählt, geht weiter. Nach diesem Ausschnitt fängt die junge Frau ein gottloses Leben an. Sie prostituiert sich und weicht von Gott ab. Trotz allem Guten, das Gott an ihr getan hat, lässt sie ihn fallen wie eine heiße Kartoffel. Sie verschwendet das Leben, das ihr geschenkt wurde.

Nineveh – Brooke Ligertwood

Der ganze Abschnitt ist gefüllt von der Großzügigkeit, die Gott seinem Volk gezeigt hat. Auch der Schmerz über den Missbrauch und die Ablehnung dieser Geschenke spielen eine Rolle. Besonders leidenschaftlich ist aber Gottes Einladung zur Umkehr. Er will sein Volk noch immer. Nach aller Ablehnung, Verletzung und Verachtung will Gott die junge Frau kompromisslos zurück. Sein Herz ändert sich nicht. Ist es einmal in Liebe hingegeben, bleibt es dabei. Er will die Beziehung noch immer.

Die Geschichte vom barmherzigen Papa

Im Neuen Testament erzählt Jesus mit dem Gleichnis vom verlorenen Sohn von der Papa-Liebe Gottes. Wie großzügig und verschwenderisch Gott beschenkt, obwohl er schon vorher weiß, dass sein Geschenk zerstört und verachtet werden wird. Wir Menschen würden irgendwann verbittert aufgeben. Doch Gott schüttet sein

Herz segensreich und großzügig über uns Menschen aus – wieder und wieder und wieder. Er ist frei von der Angst, verletzt und enttäuscht zu werden. Er gibt vorbehaltlos sein Allerallerbestes für dich. Das ist Barmherzigkeit. Genauso will er dich in seine Familie adoptieren und an seinem königlichen Reichtum und an seiner Schönheit teilhaben lassen. Eigentlich sollte die nächste Geschichte nicht das *Das Gleichnis vom verlorenen Sohn* heißen, sondern *Das Gleichnis vom barmherzigen Papa*.

Ich habe viel über dieses Gleichnis nachgedacht und ich entdecke immer wieder neue Details. Wie der Papa sich verhält, ist vom Anfang bis zum Ende einmalig. Es muss wirklich das Gottesbild der Zuhörer von Jesus völlig auf den Kopf gestellt haben. Ich bin fest davon überzeugt, dass diese Geschichte auch heute noch die Sprengkraft hat, ein verrostetes und verzerrtes Vaterbild von Gott völlig zu erneuern.

»Ein Mensch hatte zwei Söhne und der jüngere von ihnen sprach zu dem Vater: Vater, gib mir den Teil des Vermögens, der mir zufällt! Und er teilte ihnen die Habe. Und nach nicht vielen Tagen brachte der jüngere Sohn alles zusammen und reiste weg in ein fernes Land, und dort vergeudete er sein Vermögen, indem er verschwenderisch lebte« (Lukas 15,11-13).

Es beginnt damit, dass der Vater seinem Sohn das Erbe ausbezahlt. Der Sohn sagt praktisch: »Ich wünschte, du wärst endlich tot, damit ich dein Geld habe.« Der Vater zahlt ihm vorbehaltlos das ganze Erbe aus. Man könnte denken, dass es völlig naiv und dämlich ist. Doch schon in der Geschichte von Hesekiel haben wir gesehen, dass Gott verschwenderisch, vorbehaltlos und unlimitiert großzügig mit uns ist. Er gibt uns sein Allerbestes, unabhängig davon, ob wir es verdienen oder was wir daraus machen.

Nachdem er dem Sohn das Geld gegeben hat, lässt der Vater im Gleichnis seinen Sohn ziehen. Er zwingt den Sohn nicht, bei ihm zu bleiben. Er lässt ihn los. Was das mit einem Vaterherz macht, das Kind ziehen zu lassen in der Gewissheit, dass es den falschen Weg einschlägt? Doch Gott übt keinen Druck aus. Er droht nicht. Er manipuliert nicht. Er lässt den Sohn ziehen. Gott wünscht sich unsere freiwillige Liebe. Der Vater in der Geschichte hätte den Sohn irgendwie zwingen können, bei ihm zu bleiben. Dann wäre der Sohn geblieben, aber die Beziehung zwischen Vater und Sohn wäre gestorben.

Mehr als alles andere will Gott eine echte Beziehung zu dir. Darum zwingt er dich nicht, bei ihm zu bleiben. Er lässt dich gehen und ich kann mir vorstellen, dass das sein Herz bricht. Aber er liebt dich so sehr, dass er deinen freien Willen respektiert.

»Als er aber alles verzehrt hatte, kam eine gewaltige Hungersnot über jenes Land, und er selbst fing an, Mangel zu leiden. Und er ging hin und hängte sich an einen der Bürger jenes Landes, der schickte ihn auf seine Äcker, Schweine zu hüten. Und er begehrte seinen Bauch zu füllen mit den Schoten, die die Schweine fraßen; und niemand gab sie ihm. Als er aber zu sich kam, sprach er: ›Wie viele Tagelöhner meines Vaters haben Überfluss an Brot, ich aber komme hier um vor Hunger. Ich will mich aufmachen und zu meinem Vater gehen und will zu ihm sagen: Vater, ich habe gesündigt gegen den Himmel und vor dir; ich bin nicht mehr würdig, dein Sohn zu heißen! Mach mich wie einen deiner Tagelöhner!‹ Und er machte sich auf und ging zu seinem Vater« (Lukas 15,14-20).

Wie die junge Frau verschwendet der junge Mann alles, was er vom Vater geschenkt bekommen hat. Hoffnungslos, perspektivlos und allein sitzt er im Saustall seines Lebens. Da kommt er zu sich – wie ein böser Traum, aus dem man erwacht. Er erinnert sich an seinen Vater. An seinen barmherzigen Charakter. Selbst die Hilfsarbeiter, die nicht zum Haushalt zählen, haben Überfluss bei seinem Vater. Er bereitet eine Entschuldigung vor und macht sich auf den Weg.

Der Sohn vertraut auf die Barmherzigkeit des Vaters, sonst wäre er nie losgegangen. Zur Zeit Jesu war es normal, Familienmitglieder, die Schande über die Familie gebracht hatten, zu verbannen. Seinen Vater so anstandslos zu behandeln! Sein Erbe zu verschwenden und, wie wir später im Text noch erfahren, für Prostitution auszugeben! Schließlich als Schweinehirte zu enden. Viel größer könnte die Schande gar nicht sein. Eigentlich ist die Wiederaufnahme des Sohnes in die Familie undenkbar – aus menschlicher Sicht. Darum will er seinen Vater auch bitten, ihn zu einem seiner Tagelöhner zu machen.

Wie verhält sich der Vater? »Als er aber noch fern war, sah ihn sein Vater und wurde innerlich bewegt und lief hin und fiel ihm um seinen Hals und küsste ihn mehrfach. Der Sohn aber sprach zu ihm: ›Vater, ich habe gesündigt gegen den Himmel und vor dir; ich bin nicht mehr würdig, dein Sohn zu heißen‹« (Lukas 15,20-21).

Der Vater sieht seinen Sohn. Er hat die ganze Zeit über Ausschau gehalten und auf die Rückkehr seines Sohnes gewartet. Er hat gehofft, dass er zurückkommt. So wartet Gott sehnsüchtig und geduldig, dass du zu ihm umkehrst.

Als er ihn sieht, wird er innerlich bewegt. Es kommt keine Bitterkeit oder Verletzung in seinem Inneren auf. Er fängt nicht an, seine Strafpredigt mit allen Vorwürfen auf den Heimkehrer abzufeuern. Was sich in Gottes Innerem bewegt, ist seine Barmherzigkeit. Sein Herz für den Sohn. Das tiefe Mitleid über seine Situation und seine Armut. Ihn hält nichts mehr – er läuft dem Sohn entgegen.

Ein Familienoberhaupt im Vorderen Orient läuft nicht. Es ist ein Zeichen von Macht und Würde zu gehen. Doch der Vater läuft seinem Sohn entgegen. Gottes Barmherzigkeit ist so groß, dass sie uns auf dem Weg zurück zu ihm sogar noch entgegenläuft. Er umarmt seinen stinkenden Sohn herzlich und überhäuft ihn mit Küssen. Es bewegt mich, dass der Gott der ganzen Erde unseren Fehlern so begegnet. Das übertrifft alle menschliche Vaterschaft. Wie geht es dir mit der Vorstellung, dass Gott dich umarmt und küsst?

Der Sohn hält seine vorbereitete Rede. Doch der Vater geht in keiner Silbe darauf ein. Sein Herz leitet ihn und das fließt über vor Dankbarkeit, Freude, Liebe. »Der Vater aber sprach zu seinen Sklaven: ›Bringt schnell das beste Gewand heraus und zieht es ihm an und tut einen Ring an seine Hand und Sandalen an seine Füße; und bringt das gemästete Kalb her und schlachtet es, und lasst uns essen und fröhlich sein! Denn dieser mein Sohn war tot und ist wieder lebendig geworden, war verloren und ist gefunden worden.‹ Und sie fingen an, fröhlich zu sein« (Lukas 15,22-25).

So schnell wie möglich bedeckt der Vater Scham und Schuld des Sohnes. Er lässt aber nicht irgendein Gewand holen, sondern wieder schenkt er dem Sohn vorbehaltlos das Beste. Der Vater ist völlig frei von Bitterkeit und Verletzung. Er liebt den Sohn, als wäre die ganze Geschichte niemals passiert. Er gibt ihm einen Ring als Zeichen der Zugehörigkeit zur Familie. Statt ihn zu verbannen, nimmt er ihn liebevoll, großzügig, vorwurfslos und vorbehaltlos wieder auf.

Seit Jesus am Kreuz gestorben ist, steht deinen Fehlern Gottes Barmherzigkeit gegenüber. Die Barmherzigkeit des Vaters, den Jesus beschreibt, findet gar kein Ende. Sie gipfelt darin, dass der Vater eine riesige Party für den Sohn schmeißt. Er stellt öffentlich vor dem ganzen Haushalt den Ruf des Sohnes wieder her. Er feiert und zeigt seine Vergebung.

Gott ist ein barmherziger, fröhlicher, großzügiger Papa, und das ohne Einschränkung.

Immer derselbe

»Und er ließ mich den Hohen Priester Joschua sehen, der vor dem Engel des Herrn stand; und der Satan stand zu seiner Rechten, um ihn anzuklagen. Und der Herr sprach zum Satan: ›Der Herr wird dich bedrohen, Satan! Ja, der Herr, der Jerusalem erwählt hat, bedroht dich! Ist dieser nicht ein Holzscheit, das aus dem Feuer herausgerissen ist?‹ Und Joschua war mit schmutzigen Kleidern bekleidet und stand vor dem Engel. Und der Engel antwortete und sprach zu denen, die vor ihm standen: ›Nehmt ihm die schmutzigen Kleider ab!‹ Und zu ihm sprach er: ›Siehe, ich habe deine Schuld von dir weggenommen und bekleide dich mit Feierkleidern.‹ Und ich sprach: ›Man setze einen reinen Kopfbund auf sein Haupt!‹ Und sie setzten den reinen Kopfbund auf sein Haupt und zogen ihm reine Kleider an; und der Engel des Herrn stand dabei« (Sacharja 3,1-5).

Eine sehr spannende Szene aus der geistlichen Welt, in die uns Sacharja entführt. Joschua ist der geistliche Leiter des Volkes und leitet den Dienst im Tempel. Er steht vor dem Engel des Herrn, an dieser Stelle ist das Jesus.

Auf der Bildfläche erscheint Satan, um ihn anzuklagen. Joschua trägt ein schmutziges Gewand. Er ist unrein, sündig. Satan, der Ankläger, klagt ihn an.

Unser Feind will Diener Gottes zur Schnecke machen.

»Du bist nicht gut genug! Du bist ein Sünder! Du bist nicht würdig! Der Dienst ist nichts für dich! Du hast versagt! Du hast Gott enttäuscht! Du kannst das nicht! Du wirst dich niemals ändern! Du hast schon wieder alles falsch gemacht! Gott ist zornig auf dich! Er wird dich strafen! Das kann er dir nicht vergeben! Du bist ein Versager!«, so gellt die Anklage im Ohr.

Und dann erleben wir eine neue Dimension von Barmherzigkeit.

Die Barmherzigkeit ist so groß, dass sie sich gegen den Feind richtet und schützend vor Joschua stellt. Er weist den Feind in die Schranken und erinnert ihn daran, dass Gott ihn bedrohen wird. Mehr Worte hat Jesus für den Feind nicht übrig und damit wendet er sich in seiner ganzen Barmherzigkeit Joschua zu.

Gott war schon immer derselbe. Er war schon immer der barmherzige Vater. Sein Herz und sein Wesen sind schon immer absolut frei von Bitterkeit und vollkommen auf Liebe für uns Menschen ausgerichtet. Wir sehen das auch in dieser Beschreibung aus dem Alten Testament. Gott nimmt uns das schmutzige Gewand ab. Er spricht uns zu: »Ich habe deine Schuld von dir weggenommen!«

Unlimitierte Vergebung! Jesus spricht persönlich als Verteidiger vollmächtig und sofort wirksam Vergebung aus. Schon Jahrhunderte vor seiner irdischen Existenz sehen wir Jesus im hohepriesterlichen Dienst der Reinigung und Vergebung. Derselbe Gott mit demselben Anliegen.

Was tut und sagt Joschua in der Geschichte?

Nichts!

Gott verleiht uns ein Festgewand und einen reinen Kopfbund als Zeichen dafür, dass wir seine Priester sind.

ICH WILL. SEI GEREINIGT! | MT 8,2-3

Dieses persönliche, prophetische Bild muss so ermutigend für Joschua gewesen sein. Jesus ergreift seine Verteidigung. Genauso wie er Joschua vor 2500 Jahren verteidigt hat, so verteidigt er uns heute. Er hat sich nicht verändert. Die ganze Bibel offenbart unveränderlich das Verhalten Gottes uns Menschen gegenüber. Schon immer ist das der unveränderliche Charakter Gottes. Er ist barmherzig. Gott will dich nicht anklagen: »So wahr ich lebe – Spruch Gottes, des Herrn –, ich habe kein Gefallen am Tod des Schuldigen, sondern daran, dass ein Schuldiger sich abkehrt von seinem Weg und am Leben bleibt. Kehrt um, kehrt euch ab von euren bösen Wegen!« (Hesekiel 33,11; EÜ).

Gott will dich reinigen. Er will dich frei machen von allem Schmutz, von aller Scham. Er will dich reinigen von deinem schlechten Gewissen. Ein schlechtes Gewissen kommt niemals von Gott. Und dabei bleibt er nicht stehen: Sein Ziel mit der Reinigung ist immer die ganze Wiederherstellung von allem, was verloren ging. Identität. Würde. Berufung. Doch zuerst muss der Rest vom Saustall überwunden werden.

»Wir werden vor ihm unser Herz zur Ruhe bringen, dass, wenn das Herz uns verurteilt, Gott größer ist als unser Herz und alles kennt« (1. Johannes 3,19-21). Gott will das nagende schlechte Gewissen, das dich anklagt, zur Ruhe bringen. Er will dich freisprechen und reinigen: »Deshalb wollen wir mit ungeteilter Hingabe und voller Vertrauen und Zuversicht vor Gott treten. Wir sind ja in unserem Innersten mit dem Blut Jesu besprengt und dadurch von unserem schuldbeladenen Gewissen befreit; wir sind – bildlich gesprochen – am ganzen Körper mit reinem Wasser gewaschen« (Hebräer 10,22; NGÜ).

Der Dienst von Jesus wendet sich gegen unser schlechtes Gewissen, gegen jede Minderwertigkeit, gegen jede Lüge. Das schlechte Gewissen hält uns fern von Gott. Wir fühlen uns schuldig und unwürdig, ihm zu begegnen. Doch Jesus ist gekommen, um uns durch sein einmaliges Opfer für immer von unserem schlechten Gewissen zu reinigen. Das Opfer von Jesus war ausreichend für alle deine Schuld. Für dich bleibt kein Opfer und auch kein Opfersein mehr übrig. Du darfst es einfach dankbar annehmen. »Wie viel mehr wird das Blut des Christus, der sich selbst durch den ewigen Geist als Opfer ohne Fehler Gott dargebracht hat, euer Gewissen reinigen von toten Werken, damit ihr dem lebendigen Gott dient!« (Hebräer 9,14).

Gott will dein Gewissen reinigen. Er will dein Denken erneuern. Er will Wahrheit, entgegen den Lügen des Feindes, in deinem Kopf aussprechen. Aus einem Herz, das von einem schlechten Gewissen geplagt und von Angst gelähmt ist, können keine guten Früchte wachsen. Darum will Gott unser Herz erneuern.

Liebevoll umarmt

Jesus hat keine Angst vor unserer Unreinheit. Hatte er auch nicht, als er als Mensch hier auf der Erde war. Er, der das Wesen Gottes zu 100 Prozent widerspiegelt, begegnet einem aussichtslos kranken Menschen: »Und es kommt ein Aussätziger zu ihm, bittet ihn und kniet nieder und spricht zu ihm: ›Wenn du willst, kannst du mich reinigen.‹ Und er war innerlich bewegt und streckte seine Hand aus, rührte ihn an und spricht zu ihm: ›Ich will. Sei gereinigt!‹ Und sogleich wich der Aussatz von ihm, und er war gereinigt« (Markus 1,40-42).

Jesus ist wie Gott-Vater, absolut heilig und rein. Unreinheit ist mit seinem Wesen inkompatibel. Doch Jesus wird – wie der barmherzige Vater – innerlich bewegt über diesen unreinen Menschen.

Können wir das auf die Tafeln unserer Herzen gravieren? Jesus ist *innerlich bewegt* über deine Unreinheit und *will* dich reinigen. Ich werde nicht aufzählen, wie Jesus an dieser Stelle nicht auf Unreinheit reagiert, weil unser Kopf Negierungen so schlecht verarbeiten kann. Seine Reaktion in einem Wort: Barmherzigkeit. Ich habe mich in die liebevolle, mitfühlende, barmherzige, reinigende Art von Jesus, Menschen in ihrer Sündhaftigkeit zu begegnen, verliebt.

Wir müssen lernen, Sünde so zu begegnen, wie er es tut. Gott selbst, Vater, Sohn und Geist sind gemeinsam an deiner Reinigung beteiligt. Dafür schlägt sein göttliches Vaterherz.

Mit der nächsten Stelle können wir gemeinsam noch einmal deutlicher den fröhlichen Herzschlag Gottes hören: »Der Herr, dein Gott, ist in deiner Mitte, ein Held, der rettet; er freut sich über dich in Fröhlichkeit, er schweigt in seiner Liebe, er jauchzt über dich mit Jubel« (Zefanja 3,17).

Sein Herz schlägt dafür, uns zu retten. Uns zu erlösen von unserem defekten, schmerzenden Herzen. Er rettet. Er freut sich über dich, und zwar in göttlicher Fröhlichkeit. Er freut sich, wie ein Papa sich über seine Kinder freut. Sein Herz ist so voller Liebe, dass er sprachlos ist. Ich weiß nicht, wie gigantisch die Liebe sein muss, dass derjenige, der Sprache erfunden hat, keine Worte mehr findet.

Das hebräische Wort, das in unseren Übersetzungen meist mit »Jubel« wiedergegeben wird, bedeutet eigentlich »sich herumdrehen unter dem Einfluss einer intensiven Emotion«. Menschen, die keine Theologen sind, sagen auch »tanzen« dazu. Kannst du dir vorstellen, dass unser Papa sich von seinem himmlischen Thron erhebt, vor Freude tanzt und über dich jauchzt? Nicht so ein innerliches Jauchzen, wie wir es teilweise in unseren Gottesdiensten tun. Es ist ein lautes, siegreiches, freudiges Jauchzen wie bei einem Tor im Stadion.

Unser Papa im Himmel zeigt Gefühle. Er ist nicht stoisch, sondern emotional. Er ist voller Mitleid tief bewegt. Er freut sich über uns. Er weint. Er versucht auf jede erdenkliche Art, seiner Liebe zu uns Ausdruck zu verleihen.

Er ist bekümmert.

Er ist fröhlich.

Er jauchzt.

Er schwingt das Tanzbein.

Es gibt noch unzählige weitere Stellen, die uns Stücke von Gottes Vaterherz offenbaren.[22]

Er hat jedes Haar von dir gezählt.

Er hat gute Gedanken über dich, mehr als der Sand am Meer.
Er ist von Herzen dienend.
Er will mit seinem ganzen Herzen Gutes an dir tun.
Er sieht dich als kostbares Juwel.
Er hat jede einzelne Träne von dir aufgeschrieben.
Er wendet dir sein Herz zu.
Er ist gekommen, um dein Herz zu offenbaren.
Er will dir ein neues Herz schenken.
Und noch vieles mehr.

Die Dimensionen von Gottes Vaterherz, von seiner Güte, Barmherzigkeit, Liebe und Gnade zu beschreiben, ist unmöglich. Jeder Versuch geht im ewigen Echo seines liebevollen Herzschlags unter. Es gibt noch so viel mehr zu entdecken.

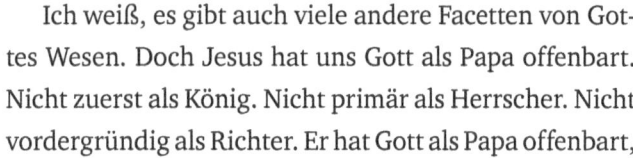

Fathers House – Benjamin Hastings

Ich weiß, es gibt auch viele andere Facetten von Gottes Wesen. Doch Jesus hat uns Gott als Papa offenbart. Nicht zuerst als König. Nicht primär als Herrscher. Nicht vordergründig als Richter. Er hat Gott als Papa offenbart, weil diese Enthüllung für unser Herz so notwendig ist. Und weil es uns zeigt, in welcher Reihenfolge Gott erkannt werden möchte.

In der liebevollen Umarmung unseres himmlischen Papas wird sein Herzschlag dein Herz heilen. Er ist ein guter Papa.

AUF IHN HAT MEIN HERZ *vertraut,* DAHER JUBELT MEIN HERZ.

PSALM 28,7

5 STEINHERZ

»Ich will aber nicht!« Mit trotziger Miene, ihren blonden Haaren und den strahlend blauen Augen steht Leonie vor mir. »Nein, ich will kein Engel sein!« Der Weihnachtsgottesdienst beginnt gleich. Die etwas älteren Hirten, Maria und ein Engel versuchen Leonie zu überreden.

»Nein, ich will aber nicht, sonst stampfe ich mit dem Fuß!«

Ich liebe meine Tochter. Noch einmal und so sanft wie möglich, aber inzwischen unter wachsendem Zeitdruck, versuche ich sie zu überreden, ihr wunderschönes weißes Gewand mit den Flügeln anzuziehen.

»Nein!«

Sie beginnt mit dem Fuß zu stampfen. Der kleine Engel, der leider keiner sein wollte und zornig mit dem Fuß stampft. Stur wie ein kleiner Esel. Schön wie eine Prinzessin.

Einige Augenblicke später, ohne offensichtlichen Grund, fällt die Sturheit von ihr ab. Die verschränkten Arme lösen sich. Das Gesicht hellt sich auf. Sie nimmt das Gewand und bittet Maria und einen anderen Engel, ihr beim Anziehen zu helfen.

Einige weitere Minuten später steht sie strahlend und singend auf der Bühne und verkündet den Hirten die frohe Botschaft: »Euch ist heute ein Retter geboren!«

Jesus rettet aus Zielverfehlung, Hass, Sucht, Zweifel, Bitterkeit, Depression, Angst und vielem mehr. Er rettet so lange, bis sich die Freiheit entfaltet, für die er uns geschaffen hat. Aber dem kostbaren Gewand und der Rolle, die er für uns in seinem Königreich vorgesehen hat, steht unsere Sturheit gegenüber. Ein stampfendes, trotziges Gotteskind. »Nein, ich will nicht.« Kommt dir das bekannt vor?

HEUTE, WENN IHR SEINE STIMME HÖRT, VERHÄRTET EURE HERZEN NICHT. | PS 95,8

Während Gottes Herz vollkommen dafür schlägt, uns zu retten, uns zu erneuern und eine wachsende Beziehung mit uns zu leben, spricht Gottes Wort von unserem Herzen als verhärtet, unbeschnitten, beschwert, hart, verstockt und steinern.

Sollte ein steinernes Herz überhaupt schlagen, dann schlägt es wohl im Ich-will-nicht-Beat.

Sei kein Esel

Ich hasse Streit und Konflikte. Grundsätzlich vermeide ich Konflikte so gut wie irgendwie möglich. Meine Frau tickt da genauso wie ich. Die ersten zwei Jahre unserer Ehe haben wir kein einziges Mal gestritten. Was aber überhaupt nicht bedeutet, dass es keine Konflikte gab. Wir haben die Konflikte einfach unterdrückt, um nicht zu streiten. Im Nachhinein betrachtet haben die Konflikte unter der Oberfläche gebrodelt, und es wäre viel besser gewesen, manches anzusprechen. Auch wenn man vielleicht einen Streit riskiert. Unser Herz hat sich in kleinen Schritten weiterentwickelt. Es gelingt uns heute öfter, Dinge auch mal direkt anzusprechen. Inzwischen streiten wir auch.

Kennst du das? Es hat einen Konflikt gegeben. Eigentlich fühlst du dich im Recht. Der andere ist überhaupt nicht einsichtig. Das Gefühl, nicht respektiert und geliebt zu werden, macht sich in deinem Herzen breit. Der damit verbundene Ärger. Die Sachen, die du gesagt hast, die du nicht gesagt hättest, wenn nur der andere … Und dann sollst du auch noch den ersten Schritt machen und dich versöhnen? Dabei willst du nicht.

Ich kenne das. Ich will lieber beleidigt sein. Ich will mich ins Auto setzen und wegfahren. Auf der Couch übernachten. Weiterdiskutieren und beweisen, wie sehr ich im Recht bin. Mir fallen alle Ereignisse der letzten Monate ein, wo sich meine Frau in meinen Augen falsch verhalten hat.

Mein Herz rast zwar, aber eigentlich verhärtet es sich. Gedanke für Gedanke, Vorwurf für Vorwurf, ausgesprochen oder nicht. Ich weiß, ich sollte auf sie zugehen. Ich will aber nicht. Sie hat angefangen! Ich will nicht! Und wenn sie sich dieses Mal nicht entschuldigt, dann stampfe ich mit dem Fuß!

Sei kein Esel! »Ich will dich lehren und dir den Weg zeigen, den du gehen sollst; ich berate dich, nie verliere ich dich aus den Augen. Sei nicht wie ein Pferd oder ein Maultier ohne Verstand! Mit Zaum und Zügel musst du sie bändigen, sonst folgen sie dir nicht! Wer Gott den Rücken kehrt, der schafft sich Not und Schmerzen. Wer jedoch dem Herrn vertraut, den wird Gottes Liebe umgeben« (Psalm 32,8-10; HFA). Ein verhärtetes Herz ist ein absoluter Beziehungskiller.

Ich denke, grundsätzlich plant niemand in seiner Jugend eines Tages mit einem verhärteten Herzen zu enden. Doch das eigentliche Problem ist, das unser Herz schon aus Stein ist, auch wenn wir jung sind.

Unser Herz ist das Gegenteil von Gottes Herz. Immer wieder stolpern wir über unser Herz aus Stein. Jede Situation deines Lebens hat einen Einfluss auf dein Herz. Wenn wir diesen Einfluss nicht mit Gottes Hilfe in eine gute Richtung lenken, dann verhärtet es sich unweigerlich mehr. Durch die ganze Bibel können wir dieses Problem beobachten. Menschen, stur wie Esel. Gott, der gute

Wege zeigt und sie führen will. Menschen, die ohne Verstand mit verhärtetem Herzen eigene Wege gehen. Nicht umkehren. Nicht lernen.

Gott will uns keine Zügel anlegen. Er ist der barmherzige Vater, durch und durch. Wenn wir ihm freiwillig folgen und vertrauen, ist das auch gar nicht notwendig. *Iah.* Doch viel zu oft lassen wir den sturen Esel raus. Ich kenne niemanden, der so viele sture Esel hat und so unfassbar geduldig ist wie Gott.

Gott liebt es, wenn wir ihm vertrauen und ihm freiwillig nachfolgen. Er liebt uns aber auch so sehr, dass er bereit ist, uns zu leiten, wenn wir noch nicht willig oder reif sind. Er hat ein Ja, uns zu trainieren und zu bändigen. Er geht die langen Wege, um unser Herz zu erobern.

Er liebt uns so sehr, dass er nicht zulassen will, dass wir unser Leben verschwenden. Auf der anderen Seite sehen wir aber auch, dass er uns nicht zwingt. Wir können unser Herz verhärten. Wir können uns weigern umzukehren. Wir können seinem Reden widerstreben. Das Ergebnis: Not und Schmerzen.

Du bist dafür gemacht, mit Gott in einer vertrauensvollen Liebesbeziehung zu leben. Wenn du diesen Plan verlässt, entstehen unweigerlich Schmerzen. Du bist einfach nicht dafür gemacht, ohne Gott zu leben. Alle Herzfehlfunktionen werden schlimmer, wenn du es versuchst. Selbst kannst du dich nicht heilen. Dein Herz bleibt hart.

Irgendwann wirst du einer der verbitterten Menschen, die mit hochrotem Kopf spielende Kinder aus dem Fenster anschreien. Selbst wenn sich das Herz aus Stein nicht so offensichtlich zeigt – das Fazit der Bibel ist, dass der Mensch immer, in jeder Beziehung, über sein eigenes Herz aus Stein stolpern wird.

WER ABER AUF DEN HERRN VERTRAUT, DEN UMGIBT ER MIT GNADE. | PS 32,10

Der Schlüssel ist dein Vertrauen. Vertrauen bedeutet eine aktiv gelebte Partnerschaft mit Gott. Dann umgibt uns seine Gnade. In anderen Übersetzungen steht hier das Wort »Liebe«. Gottes verschwenderische Liebe und seine beschenkende Gnade werden dein steinernes Herz erweichen. Gottes Liebe ist so groß, dass er bittere, verhärtete und sture Herzen weichliebt.

Burn – Brooke Ligertwood

Ein Steinherz ist eine seltene Sache in der Medizin. Dieser Zustand tritt beispielsweise nach wiederholt fehlgeschlagenen Wiederbelebungsversuchen ein. Das Herz verkrampft, wird steif und unbeweglich. Das Herz ist praktisch tot, aber es ist nicht leblos und schlaff, sondern hart und verkrampft. Ist dieser Zustand eingetreten, gibt es kaum noch eine Chance, das Herz wieder zum Schlagen zu bringen.

ICH, DER HERR, BIN DEIN ARZT. | 2 MO 15,26

Aus Gottes Perspektive ist ein Steinherz das häufigste Problem der Menschheit. Unser Herz ist stur, steif und unbeweglich. Wiederbelebungsversuche Gottes bleiben erfolglos. Das Herz verhärtet sich bis zu einem Punkt, wo es kaum mehr Möglichkeiten gibt, es zu heilen. Doch Gott ist kein gewöhnlicher Arzt. Er hat eine Möglichkeit, die keinem Mediziner einfach so zur Verfügung steht. Er kann uns ein völlig neues Herz schenken. Jederzeit ist er bereit, eine spontane Herztransplantation durchzuführen.

HABT IHR EURE HERZEN VERHÄRTET? BEGREIFT IHR NOCH NICHT? | MK 8,17

Alleinherrscher

Die erste Person, bei der die Bibel explizit von einem verstockten Herzen spricht, ist der Pharao.[23] Er will das Volk Gottes nicht ziehen lassen. In diesem Text können wir ein sehr spannendes Zusammenspiel beobachten:

Der Pharao, der sich selbst verhärtet.

Gott, der den Pharao verhärtet.

Und eine Dynamik der Umstände, die daraus entsteht.

Wir wollen uns hier nicht in einer theologischen Detaildiskussion verlieren. Schließlich geht es um dein Herz. Das ist unser Fokus.

Der Pharao wurde im Alten Ägypten als Gott verehrt. Aus menschlicher Perspektive hatte er grenzenlose Macht. Er gestaltete sein Leben nach eigenen Plänen. Er verwirklichte seine Vorstellungen. Er war kaum jemandem Rechenschaft schuldig. Ein mächtiger, göttlicher Alleinherrscher, der sich ein Monument für die Ewigkeit baute. Sein Name sollte nie mehr ausgelöscht werden und alle Zeiten überdauern. In seinem Lebenskonzept war grundsätzlich kein Platz für den König der Könige, den Herrn aller Herren und den Gott aller Götter.

Auch wenn niemand von uns nach seinem Tod veranlasst, dass sein Gehirn durch die Nase entfernt wird, steckt doch irgendwo in jedem von uns ein kleiner Pharao, ein Alleinherrscher. Höchstes Gut: Selbstbestimmung, Unabhängigkeit, Individualismus, Egoismus, Selbstständigkeit. Alles tief in uns verankert.

Die Tragödie liegt darin, dass wir uns, während wir unabhängig von Gott sein wollen, von anderen Dingen abhängig machen. Wir machen uns abhängig von einem regelmäßigen Einkommen, Versicherungen, Altersvorsorge, Statussymbolen, Anerkennung und von anderen Menschen. Wir suchen unsere Erfüllung in Sexualität, Erfolg, Familie, Gesundheit, Besitz und den verschiedensten Hobbys.

Niemals würde ich sagen, dass alle oben genannten Dinge schlecht sind. Es sind von Gott geschenkte Gaben, die wir mit Dankbarkeit nutzen und mit Freude genießen dürfen. Der springende Punkt ist, wie mein Herz all das gewichtet. Wenn der innere Pharao auf dem Thron sitzt, werde ich mich von ihnen abhängig machen. Ich klammere mich an Nichtigkeiten. An einen Hauch. Es ist moderner Götzendienst durch und durch.

Während ich mich abhängig mache von allem, was nichtig ist und keine Sicherheit gibt, erkläre ich mich unabhängig von Gott, der mir ewige Sicherheit verspricht und jeden Tag bei mir ist. Einfach, weil ich mein Herz nicht verändern lassen will.

Es ist nicht so, dass Gott uns im Dunkeln lässt: »Weicht nicht ab (von Gott) und folgt nicht den Nichtigkeiten nach, die nichts nützen und nicht retten können, weil sie nichtig sind!« (1. Samuel 12,21). Doch es zieht sich durch die ganze Bibel: der Mensch, der wieder und wieder und wieder sein Herz an Nichtigkeiten hängt. Ihnen nachfolgt. Sie zur Nummer eins in seinem Leben erklärt. Sein ganzes Sein vom Geschaffenen und nicht von seinem Schöpfer bestimmen lässt.

Die einzige Lösung, die hoffnungsvoll in manchen Stellen von Gottes Wort durchschimmert, ist ein völlig neues Herz: »Und ich werde euch ein neues Herz geben und einen neuen Geist in euer Inneres geben; und ich werde das steinerne Herz aus eurem Fleisch wegnehmen und euch ein fleischernes Herz geben« (Hesekiel 36,26).

Warum ist ein verstocktes Herz aus Stein so tragisch?

Es schlägt nicht. Es ist nicht ansprechbar. Die Enge unseres Herzens beeinflusst unser Denken und Handeln. Wir sind nicht frei. Du denkst vielleicht, du wärst es. Doch Freiheit ist nur in der totalen Abhängigkeit von Gott zu finden. Unabhängigkeit von Gott macht uns völlig abhängig von einem fehlerhaften Steinherz, zusammengeschnürt von Angst, zerfressen von Egoismus, gefangen in Minderwertigkeit, korrumpiert von Stolz, verloren in Einsamkeit.

Ein schwer kranker Herzpatient behauptet stur, sein Herz sei gesund und benötige keine Therapie. Der Patient läuft vor seinem Arzt davon und schenkt der Diagnose keinen Glauben. Er kennt ein Leben ohne kaputtes Herz gar nicht. Geht es mal bergauf, hat er Atemnot. Sein ständiger Begleiter ist Müdigkeit. Plötzliche Ausbrüche von kaltem Schweiß mit Herzrasen im Alltag. Beim Hinlegen oft Luftnot und Husten. Immer wieder spürbar: ein unregelmäßiger Herzrhythmus.

Der Patient ist schon so lange krank, dass er ein Leben ohne Einschränkungen durch seine Herzkrankheit nicht kennt. Arzt und Krankenhaus würden ihn einschränken und seine »Freiheit« nehmen. Er bemerkt gar nicht, dass sein kaputtes Herz ihn täglich einschränkt und ihm die Freiheit nimmt, die ihm so wichtig ist. Er verhärtet sein Herz gegen die Diagnose, gegen Arzt und Krankenhaus. Die guten Worte des Arztes, der bereit ist, sein eigenes Herz für die Transplantation zur Verfügung zu stellen, treffen auf ein verstocktes, steinernes, hartes, unbeschnittenes Herz: »Ich bin nicht krank, so schlimm ist es nicht! Ich brauche kein neues Herz.«

Create in me a clean heart – Keith Green

DA ERSTARB SEIN HERZ IN SEINEM INNERN, UND ER WURDE WIE EIN STEIN.
| 1 SAM 25,37***

Mit einem Herz aus Stein sind wir geistlich tot. Du denkst vielleicht, du lebst, aber in Wirklichkeit existierst du nur. Jesus ist gekommen, um uns Leben in Fülle zu geben. Er will dich beschenken. Das allergrößte Geschenk, das Jesus uns machen will, ist ein neues Herz. Wir bitten ihn oft um Gesundheit, dass wir kein Leid erleben, gutes

Wetter, Kraft für unsere Pläne, Erfolg, Schutz und vieles mehr. Es gibt ein Gebet, das Gott immer erhört.

ERSCHAFFE IN MIR EIN REINES HERZ, O GOTT, UND GIB MIR EINEN NEUEN, GEFESTIGTEN GEIST. | PS 51,12*

Wie der Schöpfer dieses Gebet erhört, entspricht oft nicht unseren Vorstellungen. Doch er fängt an, Stück für Stück ein neues Herz in uns zu formen. Wie am Anfang formt er aus Dreck ein Gegenüber, ein Abbild seiner Herrlichkeit. Gott sucht formbare Herzen.

Formbar

»Du bist unser Vater. Wir sind der Ton. Du bist unser Töpfer, und wir alle sind das Werk deiner Hände« (Jesaja 64,7).

Ist dein Herz formbar in Gottes Hand oder hart und veränderungsresistent? In welchem Bereich deines Lebens hörst du heute Gottes Ruf zur Veränderung? »Heute, wenn ihr seine Stimme hört, verhärtet eure Herzen nicht!« (Hebräer 4,7). Alles, was du bisher gelesen hast, bleibt schwarze Farbe auf weißem Papier, wenn du nicht formbar wirst für das, was er neu machen möchte.

GIB MIR EIN HÖRENDES HERZ. | 1 KÖN 3,9

Manchmal denken wir, unsere Lebensumstände seien die Ursache für die Fehlfunktionen unseres Herzens. Doch wir brauchen eben nicht in erster Linie mehr Zeit, mehr Geld, mehr Ruhe, weniger Probleme, weniger Sorgen, einen neuen Job, einen anderen Partner, weniger Stress, eine neue Gemeinde. In erster Linie brauchen wir ein neues Herz, weil es die Quelle des Lebens ist.

Dieses Volk hat ein STÖRRISCHES und WIDERSPENSTIGES Herz.

JEREMIA 5,23

Ein verstocktes Herz verhindert, dass du Gottes Wahrheit annehmen kannst. Ein verhärtetes Herz hindert dich, zu Gott umzukehren. Ein steinernes Herz behindert Beziehungen. Ein hartes Herz zerstört Mitgefühl. Ein unbeschnittenes Herz widerstrebt dem Heiligen Geist.[24] Ein verstocktes Herz bleibt in seiner eigenen »Wahrheit« stecken: »Sie verloren sich in sinnlosen Gedankengängen, und in ihren Herzen, denen jede Einsicht fehlte, wurde es finster. Weil sie sich für klug hielten, sind sie zu Narren geworden. ... Deshalb hat Gott sie den Begierden ihres Herzens überlassen« (Römer 1,21-24; NGÜ).

Woran erkenne ich ein verstocktes Herz?

Symptomatisch ist, denke ich, dass ein verstocktes Herz eine eingeschränkte Wahrnehmungsfähigkeit hat. Es hält sich selbst für klug und macht sich zum Maßstab. Es ist gefangen und isoliert in seiner hochmütigen oder auch kleinmütigen Selbstwahrnehmung. Es verschließt sich für Wahrnehmung von anderen – egal, ob sie vom Partner, von Freunden oder von Gott kommt. Mein Herz braucht Gottes Wahrheit als Schlüssel für meine Selbstwahrnehmung, sonst reime ich mir selbst etwas zusammen und verliere mich in sinnlosen Gedankengängen. Darum brauchen wir ein hörendes Herz. Ein Herz, das auf Gott hört, wird formbar in seiner Hand.

Ein Töpfer holt sich Ton, um ein Gefäß zu formen. Ein Teil des Tons ist formbar und weich. Ein anderer Teil des Tons ist hart und vertrocknet. Er beginnt den Ton zu formen. Doch es gelingt ihm kein Gefäß. Der trockene Ton verbindet sich nicht mit dem weichen Ton. Genau an diesen Stellen werden beim Brennen immer Risse entstehen. Der ganze Ton für ein Gefäß muss formbar und weich in der Hand des Töpfers sein. An welchen Stellen ist dein Ton noch klumpig? Bei welchen Themen bleibt dein Herz starr, wenn Gottes Wahrheit dich verändern will? Wo ist dir das, was du denkst, so wichtig, dass du es nicht gern bereitwillig aufgeben würdest? Schnapp dir ein Blatt Papier und halte fest, was dir einfällt.

Im ersten Kapitel habe ich schon einige Stolpersteine genannt, die eine Veränderung unseres Herzens verhindern. Meine Beobachtung ist, je öfter wir über solche Stolpersteine fallen, umso mehr wird unser Herz zu einem Stein. Sie bremsen uns nicht nur in dem Entwicklungsprozess aus, sondern bewirken das Gegenteil von Gottes Ziel mit unserem Herzen.

Ein versteinertes Herz ist kein Kavaliersdelikt, sondern ein Todesurteil. Ein Herz aus Stein ist geistlich nicht ansprechbar. Darum möchte ich noch einige weitere Stolpersteine nennen, die dein Herz verhärten und verhindern, dass es formbar wird. Wir hatten bereits Hochmut, Gemütlichkeit, Angst und Bitterkeit. Jetzt werfen wir noch einen Blick auf Ungehorsam, Frust, Ersatzbefriedigungssucht und Sorgen.

Stolperstein 1 | Ungehorsam

Gott hat uns die Verantwortung über unser Herz gegeben, damit wir sie in seinem Sinne ausüben. Doch so oft entscheiden wir uns bewusst dazu, nicht auf Gottes Stimme zu hören, entschließen uns, lieber unserem eigenen Willen zu folgen, und stampfen in die andere Richtung los. Je öfter und länger wir das tun, desto leiser wird die Stimme des Heiligen Geistes in uns. Langfristig kann das schnell zu einer geistlichen Taubheit führen. Gottes Warnungen, seine Umkehrrufe und sein Auftrag kommen dann nicht mehr zu unserem Herzen durch. Mit der Zeit fangen wir an, uns das alles irgendwie schönzureden. Unterm Strich: Das Herz verhärtet sich.

»Verschließt eure Herzen nicht, wie es eure Vorfahren getan haben; damals, als sie mich in der Wüste herausforderten und mir bittere Vorwürfe machten« (Psalm 95,8; HFA). Ich habe mich einmal bei einer Kanutour auf einer Insel verirrt. Es war keine Wüste, aber Einöde immerhin. Ich bin den Trampelpfaden auf der Insel gefolgt. Man muss dazu sagen, ich habe nicht den besten Orientierungssinn. Nach ein paar Mal Abbiegen war ich mitten in einem Dschungel aus Brennnesseln bis zur Schulter, Dornenhecken und vielen surrenden Mücken. Ich hörte eine Stimme in mir, dass ich umkehren sollte. Ich wollte aber nicht. Ich war fest davon überzeugt, dass ich irgendwie durch den Auwald auf die andere Seite von unserem Lagerplatz finden würde.

Die verschiedenen Trampelpfade wurden plötzlich zu Sackgassen und verloren sich im Gestrüpp. Doch ich war zu stolz zuzugeben, dass ich mich verirrt hatte. Ich war schon zu weit gegangen, um jetzt umzudrehen. Wer beim Militär war, verirrt sich nicht. Nach einer Stunde war ich ziemlich zerstochen und zerkratzt und stapfte noch immer barfuß durch mannshohe Brennnesseln. Ich konnte nicht einmal mehr den Fluss finden, den wir entlangfuhren. Ziemlich kleinlaut habe ich dann doch um Hilfe gebeten. Ich war endlich bereit umzukehren, doch mein innerer Kompass war so im Eimer, dass ich nicht einmal mehr wusste, wohin.

Nach einiger Zeit bin ich genau bei einem weißen Kreuz bei der Uferböschung auf den Fluss gestoßen. Ich konnte unseren Lagerplatz flussaufwärts nicht mehr sehen. Ich war mehrere Kilometer in die falsche Richtung gelaufen. Ich wollte den Fluss stromaufwärts zurück zu unserem Lagerplatz. Doch gegen die Strömung war nicht drin. Sie war zu stark. Die Uferböschung war zu verwachsen. Ich musste aufhören, in die falsche Richtung zu laufen, und umdrehen.

Gott erweist sich als treu, wenn wir unseren Ungehorsam aufgeben. Ich ging also los und so plötzlich, wie ich mich verirrt hatte, war ich auf der Wiese hinter unserem Lagerplatz. Ich war zerkratzt und zerstochen und hatte mir mehrere Dornen eingetreten. Doch ich war erleichtert, wieder im Lager zu sein. Mein Buddy war froh, dass er mich nicht als vermisst melden musste.

Ungehorsam und Stolz sind eine gefährliche Kombination. Ungehorsam lässt dich weglaufen. Stolz lässt dich länger in die falsche Richtung laufen. Ohne die Bereitschaft, deinen Ungehorsam aufzugeben, wird Gott in dir kein neues Herz schaffen.

Stolperstein 2 | Frust

In den letzten Wochen war ich so richtig frustriert. Nichts lief so, wie ich es mir wünschte. Es kostete alles viel zu viel Kraft. Es fühlte sich an, als würden alle Erwartungen permanent enttäuscht werden. Je frustrierter ich werde, desto mehr böse Absicht unterstelle ich den Menschen, die mich enttäuschen. Wie gesund meine Erwartungen sind, will ich mich gar nicht fragen. Der Frust ist gerade die Realität meines Lebens geworden.

An diesem Punkt kann ich die tatsächliche Realität nicht mehr sehen. *Alles, immer, nie...* meine momentane Gefühlslage verschleiert alles, was ich wahrnehmen kann. Ich sehe nicht mehr klar. Ich sehe nur den Frust.

Frust entsteht durch falsche Erwartungen und Minderwertigkeitsgefühle. Er schwappt auch über von anderen, die frustriert sind. Spannend ist die Anziehungskraft von Frust. Denn Frust und Frust gesellt sich gerne. Verzweifelt fängt mein Herz in solchen Zeiten an, Dinge in sich hineinzustopfen, um sich zu trösten und abzulenken. Einfach betäuben. Seit Tagen schlägt mein Herz aus dem Rhythmus. Ich habe mehr auf alles andere geachtet und auf alle anderen als auf mein Herz. Ich habe in das Leben von anderen Menschen gegossen, ohne selbst an der Quelle zu sein. Jetzt ist passiert, was passieren musste. Mein Herz ist verdurstet, vertrocknet, verkrustet und erschöpft.

»Wie ein Hirsch lechzt nach Wasserbächen, so lechzt meine Seele, o Gott, nach dir! Meine Seele dürstet nach Gott, nach dem lebendigen Gott: Wann werde ich kommen und vor Gottes Angesicht erscheinen?« (Psalm 42,2-3; SCHL). Ich liebe David. Er weiß ganz genau, was sein Herz braucht, und er artikuliert es. Gottesferne ist zutiefst frustrierend.

Du bist dafür gemacht, mit Gott in einer intimen Partnerschaft zu leben. Die Sehnsucht in dir ist Sehnsucht nach tiefer Gemeinschaft mit ihm. Nichts auf dieser Welt kann diese Sehnsucht stillen. Im Grunde ist es so: Dein Frust ist verpasstes Glück in seiner Nähe. Wann wirst du kommen und vor Gottes Angesicht erscheinen? »Fülle von Freuden ist vor deinem Angesicht« (Psalm 16,11).

Genauso, wie es eine Entscheidung ist, dem Frust mein Herz zu überlassen, ist es ein bewusster Schritt, Frust über Bord zu werfen. Frust versteinert dein Herz. Frust wird mehr, wenn du ihn mit Menschen teilst. Frust wird weniger, wenn du ihn im Vertrauen in Gottes Gegenwart niederlegst.

Mit dem Trinken ist es bei mir so eine Sache. Mein Körper meldet, dass etwas fehlt. Eigentlich bin ich durstig, aber mein Körper meldet Hunger. Ich esse und werde noch durstiger und esse dann noch mehr. Ähnlich geht es mir mit dem Herzen. Es fehlt etwas. Eigentlich ist mein Herz durstig nach Gott. Doch stattdessen werde ich hungrig nach allem Möglichen. Ich versuche die Leere zu füllen, den Frust zu stillen. Ich fange verzweifelt an, Dinge in mein Herz zu stopfen, und werde ständig nur noch hungriger. Das führt uns zum nächsten Stolperstein.

Stolperstein 3 | Ersatzbefriedigungssucht

Leere sucht Fülle. Unzufriedenheit sucht Befriedigung. Unsere Herzen, unsere Gesellschaft sind durstig nach Gott. Blaise Pascal sagte einmal: »Im Herzen eines jeden Menschen befindet sich ein von Gott geschaffenes Vakuum, das durch nichts Erschaffenes erfüllt werden kann als allein durch Gott, den Schöpfer, so wie er sich in Christus offenbart.«

Dieses Vakuum versuchen wir selbst verzweifelt zu füllen. Ich denke, dass ist es, was der Begriff Völlerei meint. Wir stopfen etwas in unsere innere Leere und versuchen voll zu werden, bleiben aber innerlich völlig leer. Wir probieren alles aus, was kurzfristige Befriedigung und Ablenkung schafft: Sex, Konsum, Essen, Alkohol, Unterhaltungsmedien.

Theoretisch wissen wir, dass all das keine langfristige Befriedigung schaffen kann. Doch womit sättigst du praktisch in deinem Alltag dein lechzendes Herz, wenn es frustriert und traurig ist? Immer wieder erschrecke ich darüber, wie schnell ich Gott ersetze. Ich suche Befriedigung irgendwo und irgendwie, doch eigentlich brauche ich Frieden von ihm.

Alles, was Befriedigung schafft, kann süchtig machen. Je öfter ich den Frieden mit meiner Selbstbefriedigung ersetze, umso mehr werde ich abhängig und umso extremere Mittel zur Befriedigung brauche ich.

Solange wir den Trost des Heiligen Geistes mit Cocktails ersetzen, unseren Frust mit Schokolade und Eis betäuben, unseren Stress mit der Entspannung aus Sexualität kompensieren, unsere Traurigkeit kurzfristig mit einem schnellen Onlineshopping wegschieben, unsere Unzufriedenheit mit einem spannenden Film oder Buch betäuben, unseren Hunger nach Liebe in Pornografie ersticken oder in Likes suchen, unsere innere Sinnlosigkeit in den sozialen Medien, in Hobbys oder Games ertränken – so lange wird unser

Herz die Versorgung verpassen, die Gott uns in jeder Lebenssituation schenken möchte. Das Leben in Fülle, von dem Jesus redet.

Ohne tiefen Frieden von Gott in einer wachsenden Partnerschaft mit ihm wirst du immer Ersatzbefriedigung suchen. Leere kann ich nur mit Fülle beenden. Dafür brauche ich auf der einen Seite die Bereitschaft, Ersatzbefriedigung loszulassen. Doch wichtiger ist: Ich brauche Fülle für mein leeres Herz. Sonst ersetze ich den einen Ersatz mit dem nächsten.

»Der Geist und die Braut sagen: Komm! Und wer es hört, spreche: Komm! Und wen dürstet, der komme! Wer da will, nehme Wasser des Lebens umsonst!« (Offenbarung 22,17). Jesus selbst lädt ein: »Wenn jemand dürstet, so komme er zu mir und trinke! Wer an mich glaubt, wie die Schrift gesagt hat, aus seinem Inneren werden Ströme lebendigen Wassers fließen« (Johannes 7,37-38).

Der Ersatzbefriedigungsextremismus unserer Zeit braucht nicht mehr Vorträge darüber, wie falsch, verwerflich und sündig alles ist, weil es nun einmal die einzige Befriedigung ist, die diese Welt ohne Jesus zu bieten hat. Diese Welt braucht die ganze Fülle, die in Jesus zu finden ist. Wir brauchen diese ganze Fülle. Wir brauchen mehr erfüllte Herzen, aus denen Ströme des lebendigen Wassers fließen. Wir brauchen eine Kirche, die sagt: »Komm! Nimm Wasser des Lebens umsonst! Mehr als alles achte auf dein Herz, denn aus ihm entspringt die Quelle des Lebens.«

Jesus selbst ist die Quelle. Dafür muss ich selbst gegrabene Ersatzbrunnen, die das Wasser nicht halten können, aufgeben. Ich ziehe mich aus der Hektik zurück. Ich lasse alles stehen und liegen. Fünfzehn Minuten gehen immer. Ich sperre mich an einem ruhigen Ort ein, und wenn es das Klo, der Abstellraum oder der Keller ist. Wenn meine Gedanken nicht zur Ruhe kommen oder ich den Lärm um mich nicht ausschalten kann, mache ich Musik an, die mir die Wahrheit Gottes vorsingt.

Manchmal singe ich auch selbst. *Create in me a clean heart, ooooh God, and renew a right spirit within me.*

Ich fühle mein Herz schlagen und versuche mich zu erinnern, seit wann ich so rastlos bin. Meistens stelle ich dabei fest, dass es irgendwann so stressig wurde, dass ich an allen Tankstellen vorbeigefahren bin, aber weiterhin mit 150 km/h weitergerast bin. Jetzt ist der Tank leer. Ich bin frustriert und schiebe mein Lebensauto irgendwo in der Hitze herum, strample mich ab, um das Tempo halten zu können.

Gott ist meine Tankstelle. Er ist der Sprit, den ich für mein tägliches Leben brauche. Ohne Gottes Nähe bleibe ich liegen und mein Herz geht zugrunde. Keine Quelle des Lebens, die in das Leben von anderen Menschen fließt. Eher eine Quelle von Unzufriedenheit, Selbstsucht, Zweifel und schlechten Entscheidungen.

Damit dein Herz grünen und blühen kann, musst du es mit Gottes Nähe gießen. Dein Herz braucht Qualitätszeit mit seinem Schöpfer. Wie das für dich aussieht, weiß ich nicht. Ich kann dir nicht einmal sagen, wie es für mich aussieht, weil es immer anders ist. Manchmal ein Psalm, der wie Balsam auf die Seele ist, ein Lobpreislied, eine Predigt, Stille, Gottes Wort, eine Vision, ein selbst geschriebenes Gedicht, Gedanken mit einem Blatt Papier in Gottes Nähe zu ordnen, Gebete aufzuschreiben, auf Gottes Reden zu warten, Gottes Schöpfung zu bestaunen. Es gibt so viele Möglichkeiten.

Qualitätszeit mit Gott darf bunt, aufregend, kreativ sein und eine persönliche Note haben. Qualitätszeit mit Gott verändert alles: unser Herz, unsere Perspektive, unsere Wahrnehmung. Sie verändert dich. Es ist, als würde man das eigene Herz mit einem unregelmäßigen, kranken Beat an Gottes Herz anschließen. Sein Herzrhythmus voller Wahrheit, Liebe, Frieden und Freude heilt unseren Herzschlag. Qualitätszeit mit Gott wird dich mehr und mehr von jeglicher Ersatzbefriedigung frei machen. Dann bist du frei, das Gute im Leben zu genießen, ohne eine ungesunde Abhängigkeit davon zu haben. Du bist aber auch frei, auf schöne Dinge zu verzichten und ohne sie zufrieden zu sein. »Und der Friede Gottes, der allen Verstand übersteigt, wird eure Herzen und eure Gedanken bewahren in Christus Jesus« (Philipper 4,7).

Stolperstein 4 | Sorgen

In unserer Welt gibt es viele Gründe, um sich Sorgen zu machen. Dieses Sorgenmachen kann zu einer Denkstruktur werden. Es bereitet uns schlaflose Nächte. Überfällt uns in Momenten, die schön und entspannend sein könnten. Wenn wir es zulassen, übernehmen Sorgen die Herrschaft über uns. In einem Gleichnis sagt Jesus, dass die Sorgen dieser Welt sein Wort in unserem Herzen überwuchern können. An einer anderen Stelle heißt es: »Habt aber acht auf euch selbst, dass eure Herzen nicht beschwert werden durch Rausch und Trunkenheit und Sorgen des Lebens« (Lukas 21,34; SCHL).

Sorgen beschweren unser Herz. Sie lenken uns von Gottes Güte, seinen Verheißungen und unserem eigentlichen Auftrag ab. Die Auswirkung davon auf unser Herz liegt auf der Hand. Wir sind besorgt und können für nichts anderes mehr sorgen. Sorgen sind ein bisschen wie Alkohol. Sie vernebeln uns die Sinne. Sie verleiten zu schlechten Entscheidungen. Sie können uns süchtig machen. Sie betäuben uns und bewirken, dass wir nicht wir selbst sind. Sie beschweren unser Herz, aber lösen keine Probleme.

Ich beobachte oft, dass gerade Menschen, die so achtsam und feinfühlig mit allen anderen umgehen, mit sich selbst fahrlässig und grob sind. Die Bibel gibt mehrere Antworten, wie wir auf unser Herz achten können. Wir achten auf unser Herz, wenn wir es sorgenfrei halten.

Sich keine Sorgen zu machen, soll aber nicht noch eine zusätzliche Sorge sein! »Nicht durch Macht und nicht durch Kraft, sondern durch meinen Geist, spricht der Herr der Heerscharen«(Sacharja 4,6). Nicht durch deine Macht wirst du frei von Sorgen. Nicht aus eigener Kraft wirst du frei von Sorgen. Sondern durch den Geist Gottes:

WO ABER DER GEIST DES HERRN IST, DA IST FREIHEIT. | 2 KOR 3,17

GOTT HAT UNS NICHT EINEN GEIST DER VERZAGTHEIT GEGEBEN, SONDERN DEN GEIST DER KRAFT UND DER LIEBE UND DER BESONNENHEIT. | 2 TIM 1,7

UND JESUS SPRICHT ZU UNS: KOMMT HER ZU MIR, ALLE IHR MÜHSELIGEN UND BELADENEN! UND ICH WERDE EUCH RUHE GEBEN. | MT 11,28

Es ist eine persönliche Einladung von Jesus an dich, auf seine Versorgung zu vertrauen. Jesus ist unser Versorger, er möchte es auch für dich und deinen Alltag sein. Darum heißt es: »Alle eure Sorge werft auf ihn; denn er sorgt für euch« (1. Petrus 5,7; SCHL). In seiner Nähe werden alle Sorgen still.

Wenn du deine Sorgen noch lauter hörst als dein Vertrauen, dann braucht dein Vertrauen Nahrung. Ein Ende des Sorgens tritt durch den Heiligen Geist mit der Rundumerneuerung unseres Denkens ein. Sorgen versteinern unser Herz.

Das Ende der Flucht

Eine wichtige Hauptaussage der Bibel ist folgende: Das menschliche Herz ist kaputt, störrisch, widerspenstig und ein neues Herz ist die einzige Lösung.

Weisheit des Tages: Je länger wir stur von Gott weglaufen, umso weiter ist der Weg zurück.

Der Weg, zu ihm umzukehren, ist immer leicht. Denn Jesus ist auf die Welt gekommen und hat mit seinem Leben dafür bezahlt, damit dieser Weg für uns so leicht wie möglich ist.

»Kehrt um zu mir mit eurem ganzen Herzen« (Joel 2,12). Die Konsequenzen unserer Fehler lösen sich nicht alle in Luft auf, nachdem wir umgekehrt sind. Es ist ein völlig unlogisches und aussichtsloses Unterfangen, bei Gott stur zu sein. Du wirst immer den Kürzeren ziehen. Als ob es ihn beeindrucken würde, wenn wir ein paar Monate die beleidigte Leberwurst spielen und denken, wenn wir ohne ihn leben, sind wir besser dran. Er existiert seit der Ewigkeit und hat Raum, Zeit und Materie erfunden, damit du dich zurechtfinden kannst. Er hat dich gemacht, dich mit dem Ziel erschaffen, mit ihm in ewiger Gemeinschaft zu leben. Diese Art von intimer Partnerschaft will er mit dir auf der Erde beginnen und bis in alle Ewigkeit fortsetzen. Gott ändert seine Ziele nicht.

Es ist natürlich möglich, nach eigenen Zielen zu leben. Keine Frage. Die allermeisten Menschen leben nach der eigenen Agenda ihrer Herzen. Doch zu dem Leben im Überfluss, zu dem Leben, das in Ewigkeit bleibt, gelangst du so nicht. Gott hat dir und mir die Ewigkeit ins Herz gelegt.[25] Nur dass wir Menschen dieses geheimnisvolle Werk, das Gott getan hat, nicht wirklich ergründen können. Schon gar nicht vom Anfang bis zum Ende. Es übersteigt unsere Vorstellungskraft.

Was aber bleibt, ist eine Ahnung davon, dass es mehr geben muss. Davon redet unser Herz. Hör mal hin! Nur die ganze Ewigkeit, die Unendlichkeit, die in Gott liegt, kann unser Herz vollkommen ausfüllen und es zur Ruhe bringen. Vollkommenheit ist ein Zustand, den wir mit Gott genießen und der sich lebenslang entfaltet. Der Ort, wo Gott seine Vollkommenheit entfaltet und sie in jeden Bereich unseres Lebens hineinprägt, ist unser Herz.

»Unverkennbar seid ihr ein Brief Christi, ausgefertigt durch unseren Dienst, geschrieben nicht mit Tinte, sondern mit dem Geist des lebendigen Gottes, nicht auf Tafeln aus Stein, sondern – wie auf Tafeln – in Herzen von Fleisch« (2. Korinther 3,3; EÜ). Sein Plan ist es, dein Herz zu einem Brief zu machen, der sein eigenes, göttliches, vollkommenes, ewiges Wesen für andere Menschen widerspiegelt.

Du kannst die ganze Bibel auswendig können. Du kannst dich an jede Regel halten, die man in Gemeinden für wichtig hält. Du kannst in theologischen Diskussionen recht behalten. Du kannst mehr wissen als alle anderen. Du kannst auf Fehler mit dem Finger zeigen. Du kannst präzise zwischen Richtig und Falsch unterscheiden. Und trotzdem wird es Gott immer zuerst um dein Herz gehen.

Wenn dein Herz eine Steintafel bleibt, kann es vielleicht die 10 Gebote widerspiegeln. Doch nur ein Herz aus Fleisch und Blut wird den Liebesbrief tragen, den der Heilige Geist Wort für Wort auf unsere Herzen schreibt.

Vor Gott wegzulaufen ist ein aussichtsloses Unterfangen. Das darf ich aus eigener Erfahrung sagen, es ist Zeitverschwendung. Du denkst vielleicht: »Ich kann dieser schwierigen Situation entkommen.« Doch wenn du denkst, es geht nicht mehr, dann kommt von irgendwo ein Walfisch her. Schwuppdiwupp bist du dort, wo Gott dich haben wollte, und er hat noch immer den gleichen Auftrag.

Oft schmunzeln wir ja über Jona, oder? Was für ein Prophet, der denkt, er könne vor Gott weglaufen! *Hihi.* Zum Glück passiert uns das nicht. Klar …

Mich spricht an, wie brillant Gott Jona führt. Schlussendlich geht es Gott bei der ganzen Aktion genauso um das Herz von Jona wie um die Rettung der Stadt. Jona soll nicht einfach den Auftrag in Ninive erfüllen. Gott will sein Herz verändern. Dem ärgerlichen, sturen, verhärteten Herz von Jona stellt Gott seine grenzenlose Barmherzigkeit gegenüber.

In jedem von uns steckt dieser zornige, ungehorsame, beleidigte »Jona«. Mir geht es oft so, dass ich die nächste Trainingseinheit für mein Herz schon am Horizont kommen sehe. Fast alles kann mit Gott zu einer Trainingseinheit werden. Meine erste Reaktion? Herzflattern. »Gott, ich will nicht. Es passt gerade nicht. Bitte sende, wen du willst, nur nicht mich.« Ich ziehe die Handbremse. Gehe vom Gas. Sehe voller Grauen, dass die Situation trotzdem unausweichlich näher kommt.

Panik kann so riesig werden, dass wir unser Vertrauen über Bord werfen. Ergebnis: Wir handeln völlig irrational. Wir versuchen die Situation ohne Gott zu bewältigen. Oder wir laufen vor Gott weg, der mit offenen Armen dasteht und uns helfen will. Der Lerneffekt minimiert sich fast auf null und das Ganze geht von vorne los.

Von Vertrauen und Veränderung

Gott ist nicht lösungsorientiert. Er will also nicht einfach deine Situation bessermachen und deine Probleme lösen. Gott ist beziehungsorientiert. Würde es ihm nur darum gehen, dass Menschen perfekt funktionieren, dann würde er uns einfach ein neues Herz einbauen und damit perfekt funktionierende Menschen generieren. Problem gelöst. Gottes Ziel ist aber eine vertraute, lebensdurchdringende Beziehung zu dir. Er ist beziehungsorientiert.

Der Inbegriff der Beziehung zu Gott ist Vertrauen. Öfter wird das Wort, das sich in unserer Bibel hinter diesem Begriff versteckt, mit Glauben übersetzt. In meinem Sprachgebrauch *glaube* ich, dass es morgen regnet, aber ich *vertraue* darauf, dass meine Frau mich liebt und nicht schreiend davonläuft, obwohl ich schwierig bin. Aus diesem Grund spreche ich lieber von Vertrauen.

Vertrauen ist ein Wort, das eine Beziehung anzeigt. Vertrauen ist das Ergebnis einer gesunden Beziehung. Ich vertraue meiner Frau jetzt noch mehr als am Anfang unserer Beziehung. Ich habe erfahren, dass sie vertrauenswürdig ist, darum begegne ich ihr mit Vertrauen, und das lässt unsere Beziehung immer weiterwachsen. Wenn etwas wächst, dann verändert es sich. Vertrauen ermöglicht Veränderung.

Wenn wir uns auf die Vertrauensbeziehung mit Gott fokussieren, dann verändert sich unser Herz sozusagen automatisch. Wie kann ich in meinem Vertrauen zunehmen? Das verrückte Leben auf dieser Erde ist perfekt dafür geeignet. Es steckt voller Trainingsmöglichkeiten, um in meiner Vertrauensbeziehung zu Gott zu wachsen.

Persönlich fühlt es sich für mich so an, als würde sich mein Herz nur im Schneckentempo verändern. Meistens geht mir alles viel zu langsam und ich will endlich Ergebnisse sehen. Doch vertrauen lernen ist ein Prozess und braucht Zeit. Manche quittieren vorschnell den Dienst in Gottes Armee, aus Ungeduld oder weil sie das erhoffte Glück nicht gefunden haben. Doch was ist Glück?

GOTT NAHE ZU SEIN IST MEIN GANZES GLÜCK! | PS 73,28[26]

NUR BEI DIR FINDE ICH MEIN GANZES GLÜCK! | PS 16,2*

Glück finden wir in Gottes Nähe. Wir sind Gott dann am nächsten, wenn wir vertrauensvoll an Gottes Hand durch das finstere Tal gehen. Du hast so ein Glück, wenn du aus den Trainingseinheiten von Gott lernst und dein Herz von seiner Liebe prägen lässt.

Glück finden wir auf der Reise zu Gottes Vaterherz. Doch sobald wir das Glück an sich festhalten wollen und von Gott trennen, bleiben wir stehen. Es kommt zum Entwicklungsstillstand. Jesus ist der Weg, der Anfang und das Ziel. In ihm werden wir mit vertrauendem Herzen auf jedem Wegabschnitt unser ganzes Glück finden.

Ein Herz aus Stein kann das Glück nicht wahrnehmen, das Gott für uns vorbereitet hat. Glücklich ist, wer seine Sturheit aufgibt und Gott vertraut! Lasst uns gemeinsam zu Gott sagen: »Du kannst meine aktuelle Situation als Trainingseinheit für mein Herz verwenden. Ich habe Angst. Doch ich werde nicht weglaufen. Ich halte mich an dir fest. Du wirst die ganze Zeit über bei mir sein. Ich entschließe mich, dir zu vertrauen. Dein Wille geschehe! Ich schenke dir mein Herz. Du darfst es formen. Hilf mir zu erkennen, was du verändern willst. Schaffe in mir ein williges, neues Herz.«

Fighting for my heart – Songs From The Soil

Meine Erfahrung ist, dass ich mit einem Ja im Herzen schneller durch die Trainingseinheit durch bin. Außer es ist ein Prozess zu meinem Lieblingsthema »Geduld«. Zusätzlich ist der Lerneffekt gigantisch. Mein Glaube wächst ständig. Mein Herz wird Gott Schritt für Schritt ähnlicher. Ich liebe diese Reise. Es ist mein Ziel, niemals zu der Generation zu gehören, die stur und hartherzig in der Wüste im Kreis gegangen ist. Ich will im versprochenen Land ankommen, mit Gott gemeinsam.

Heute, wenn ihr seine Stimme hört, verhärtet eure Herzen nicht! Wir dürfen lernen, unsere pubertäre, rebellische Phase Gott gegenüber ans Kreuz zu nageln. Und beten: »Dein Wille geschehe und nicht meiner.«

Was bedeutet es, täglich sein Kreuz auf sich zu nehmen? Der alte Mensch, mit seinem alten Willen, muss täglich sterben und der neue Mensch rundum erneuert werden. Dann entsteht wahrer Gottesdienst: »Ich ermahne und ermutige euch nun, Geschwister, angesichts der Erbarmungen Gottes, eure Körper darzustellen als lebendiges, heiliges, Gott wohlgefälliges Opfer zur Verfügung zu stellen, was euer logischer Gottesdienst ist. Und lasst euch nicht in eine Form dieses Weltsystems pressen, sondern lasst euch von innen heraus (wie durch eine Metamorphose) verwandeln durch die Rundumerneuerung des Verstandes (und der Denkmuster), damit ihr prüfen mögt, was der Wille Gottes ist, der gute und wohlgefällige und vollkommene« (Römer 12,1-2).[27]

Das Zentrum des Denkens ist das Herz. Hier zieht Jesus mit seinem heiligen Geist ein. Hier setzt die umfassende Erneuerung an, die sich dann in unserem ganzen Leben manifestiert. Der Weg zu einem neuen Herzen ist die Umkehr. »Denn der Herr wird sich wieder über dich freuen zum Guten, wie er sich über deine Väter gefreut hat, wenn du der Stimme des Herrn, deines Gottes, gehorchst, um seine Gebote und seine Ordnungen zu halten, die in diesem Buch des Gesetzes aufgeschrieben sind, wenn du zum Herrn, deinem Gott, umkehrst mit deinem ganzen Herzen und mit deiner ganzen Seele« (5. Mose 30,9-10).

Umkehr bedeutet Veränderung. Die Änderung meiner Lebensrichtung. Ohne Veränderung meines Herzens ist mein Glaube ein oberflächliches Theater. Verändert sich mein Herz, dann verändert sich damit mein Denken und mein Handeln.

Umkehr bedeutet, mein Herzversagen offenzulegen. Zuzugeben, dass mein Herz defekt ist. Traurig und betroffen darüber zu sein, wie kaputt mein Herz ist. Gott um Vergebung zu bitten. Fröhlich und ausgelassen darüber zu sein, dass Gottes Gnade so unermesslich grenzenlos ist. Gott um Veränderung zu bitten. Dankbar und vertrauensvoll Gott das neue Herz schaffen zu lassen und sich selbst gehorsam an dem Prozess zu beteiligen. Meine Herzveränderung offensichtlich zu machen. Zu zeigen, dass mein Herz neu ist.

KEHRT UM, WENDET EUCH AB VON ALLEM UNRECHT, DAS IHR GETAN HABT, DAMIT IHR EUCH NICHT WEITER IN SCHULD VERSTRICKT! WERFT ALLES BÖSE VON EUCH AB! ÄNDERT EUCH VON GRUND AUF, JA, ERNEUERT EUER HERZ UND EUREN GEIST! WARUM WOLLT IHR STERBEN, IHR ISRAELITEN? MIR MACHT ES DOCH KEINE FREUDE, WENN EIN GOTTLOSER STERBEN MUSS. DARAUF GEBE ICH, GOTT, DER HERR, MEIN WORT. KEHRT UM VON EUREN FALSCHEN WEGEN, DANN WERDET IHR LEBEN! | EZ 18,30-32****

ZERREIßT EUER ~~Herz~~ NICHT EURE KLEIDER, UND KEHRT UM!

JOEL 2,13

6 HERZSTILLSTAND

Ich bin siebzehn Jahre alt. Ich stehe beim Bahnübergang auf meinem Schulweg vor der Schranke und warte, dass der Zug kommt. Endlich hört man den Güterzug herandonnern. Kurz bevor der Zug den Bahnübergang erreicht, steht ein Mann neben einer Hauswand auf. Er läuft auf den Schienen dem Zug entgegen. Bis ins Mark erschütternd gellt das Signalhorn des Zuges und die Bremsen quietschen ohrenbetäubend.

Mir bleibt das Herz stehen.

Der Prellbock trifft den Brustkorb des Mannes. Wie eine Puppe wird er durch die Luft geschleudert und bleibt leblos auf dem zweiten Gleis liegen. Der lange Güterzug kommt erst nach dem Bahnübergang zu stehen.

Mein Herz erwacht aus der Schockstarre. Es beginnt zu rasen, meine Beine und meine Hände zittern. Ein Beobachter läuft zu dem leblosen Körper. Jemand ruft die Rettung. Ich gehe mit meinen Schulkollegen nach Hause, wortlos.

Ein paar Jahre später, ich bin inzwischen beim Militär, besuche ich einen Freund. Wir machen eine kleine Wanderung zu einer Ruine. Durch das Tal läuft eine Bahnstrecke mit etlichen kleinen, ungeregelten Bahnübergängen. Bei jedem Übergang ertönt grell das Signalhorn des Zuges. Mein Herz bleibt zuerst stehen, dann beginnt es zu rasen.

Ich weiß in meinem Kopf, ich brauche keine Angst zu haben. Ich bin mehrere Hundert Meter von dem Zug entfernt. Doch ich habe Angst. Jedes Mal beschleunigt sich mein Puls, meine Hände werden nass, mir wird schlecht. Ich kann das Signalhorn von

Zügen, anderen Einsatzfahrzeugen und Hupen nach wie vor nicht ausstehen. Doch mein Herz hat gelernt, dass nicht grundsätzlich etwas Schlimmes passiert, wenn ein Signalhorn ertönt.

Ich sehne mich nach einem Ort, der völlig frei von jeder Angst ist. Keine Angst vor Verletzungen in Beziehungen. Keine Angst vor Enttäuschungen und Fehlern. Keine Angst zu scheitern oder nicht geliebt zu werden. Keine Angst vor Menschen. Keine Angst, verlassen und vergessen zu werden. Keine Angst mehr, zu kurz zu kommen oder sich unerwidert zu verschenken. Keine Angst mehr vor Krankheit und Tod. Keine Angst mehr, nicht genug zu haben. Keine Angst mehr vor einer Strafe und davor, ausgelacht zu werden. Keine Angst mehr, nicht dazuzugehören oder Anerkennung zu verlieren. Keine Angst mehr vor Krieg oder Hunger.

Ein Ort ohne Angst

Ich weiß nicht, ob du dir vorstellen kannst, wie diese Menschheit wäre, wenn sie keine Angst hätte.

> **WO DIE LIEBE REGIERT, HAT DIE ANGST KEINEN PLATZ; GOTTES VOLLKOMMENE LIEBE VERTREIBT JEDE ANGST. | 1 JOH 4,18***

Gott hat am Anfang genau so einen Ort geschaffen. Einen Ort ohne Angst, wo sich Gott und Mensch als Gegenüber ohne Hindernisse begegnen können. Doch durch die Zielverfehlung des Menschen ist die Angst in diese Welt gekommen.

Seit damals regiert sie in dieser Welt. Sie leitet oder lähmt Menschen in ihrer Sklaverei. Jesus ist gekommen, um Furcht in Freiheit zu verwandeln und Angst mit Liebe zu stillen.

Wir sind nicht wir selbst, wenn wir Angst haben. An dem Tag, an dem wir uns für eine Liebesbeziehung mit Jesus entscheiden, beginnt er mit uns einen Weg aus dem Gefängnis der Angst in die Freiheit. Frei von Angst zu werden ist ein Prozess – wie alles andere auf dem Weg mit Gott. Es ist ein Prozess, damit unsere Beziehung zu Jesus stetig wächst. Bis wir eines Tages an dem herrlichen Ort ankommen, den Jesus für uns vorbereitet. Ein Ort ohne Angst, der Ort, an dem Gottes vollkommene Liebe regiert. »Denn der Geist Gottes, den ihr empfangen habt, führt euch nicht in eine neue Sklaverei, in der ihr wieder Angst haben müsstet. Er hat euch vielmehr zu Gottes Söhnen und Töchtern gemacht. Jetzt können wir zu Gott kommen und zu ihm sagen: ›Abba, lieber Vater!‹« (Römer 8,15; HFA).

Du bist nicht du, wenn du ängstlich bist. Du wurdest für die Freiheit erschaffen, nicht für die Angst.

Gott ruft nach Adam am Abend, nachdem er vom Baum der Erkenntnis gegessen hat, obwohl er das nicht sollte: »Wo bist du?« Adam antwortet: »Ich hörte deine Stimme im Garten, und ich fürchtete mich, weil ich nackt bin, und ich versteckte mich« (1. Mose 3,9-10).

Die erste Reaktion des Menschen, nachdem er sich von Gott abgewandt hat, ist Scham. Voreinander und Angst vor Gott. Angst verhindert, dass wir Gott nahekommen wollen.

Angst vor Gott kommt aus den Zweifeln des Feindes, dass Gott nicht gut sei. Doch Gott macht sich auf die Suche nach dem Menschen. Er ist gut! Gott geht dem Menschen nach und ruft ihn. Es ist kein akzeptabler Zustand für Gott, dass der Mensch, den er erschaffen hat, in Angst lebt. Durch die ganze Bibel zieht sich Gottes Wunsch, beengte Herzen völlig frei von Angst zu machen.[28]

Gott sagte zu Abraham: »Fürchte dich nicht!«

Zu Hagar: »Fürchte dich nicht!«

Zu Isaak: »Fürchte dich nicht!«

Zu Josua: »Fürchte dich nicht!«
Zu David: »Fürchte dich nicht!«
Zu Hiskia: »Fürchte dich nicht!«
Zu Jeremia: »Fürchte dich nicht!«
Zu Daniel: »Fürchte dich nicht!«
Zu Zacharias: »Fürchte dich nicht!«
Zu Maria: »Fürchte dich nicht!«
Zu Josef: »Fürchte dich nicht!«
Zu den Hirten: »Fürchtet euch nicht!«
Zu Petrus: »Fürchte dich nicht!«
Zu seinen Jüngern: »Fürchtet euch nicht!«
Zu Jairus: »Fürchte dich nicht!«
Zu den Frauen am Grab: »Fürchtet euch nicht!«
Zu Paulus: »Fürchte dich nicht!«
Zu Johannes: »Fürchte dich nicht!«
Zu seiner Gemeinde: »Fürchte dich nicht!«

Und so, wie er es zu all diesen Menschen gesagt hat, spricht er heute zu dir: »Fürchte dich nicht, denn ich habe dich erlöst!« Du bist nicht du, wenn du ängstlich bist.

FÜRCHTE DICH NICHT, DENN ICH HABE DICH ERLÖST! ICH HABE DICH BEI DEINEM NAMEN GERUFEN, DU BIST MEIN! | JES 43,1

ICH WERDE DICH NICHT AUFGEBEN UND DICH NICHT VERLASSEN. SEI MUTIG UND SEI STARK. | JOS 1,5-6

Viele Jahre lebte ich in dem Glauben, keine Angst zu haben. Eine weitverbreitete männliche Fehleinschätzung. Ich war einfach zu stark und zu männlich für Angst. »Hörst du mich, Gefahr? Ich lach dir ins Gesicht! Hahahaha.«

Keine Angst, vom Zehn-Meter-Turm oder von Klippen zu springen. Keine Angst, allein im Wald zu übernachten. Keine Angst, ohne Sauerstoff durch enge Höhlen zu tauchen. Keine Angst, ohne Sicherung zu klettern.

Im Rückblick erkenne ich mit Schrecken, wie viel Angst ich gehabt habe. Angst, vor Menschen zu sprechen. Angst zu versagen. Angst, abgelehnt zu werden. Angst, Menschen zu verlieren. Angst vor Konflikten. Angst davor, dass meine Fehler ans Licht kommen. Angst davor, verletzt zu werden. Angst davor, Gott zu enttäuschen. Angst davor, mich zu blamieren. Angst vor einer Strafe.

Angst vor der Angst.

Von Angst frei zu werden, ist ein Lernprozess, in dem unsere Beziehung zu Gott wächst. Die Angst wird kleiner und unser Vertrauen auf Gott wird größer. Je mehr Angst du jetzt noch hast, umso größer ist das Wachstumspotenzial in deiner Beziehung zu Gott.

Frei und mutig

Angst ist die größte Waffe des Feindes. Es gibt verschiedene Reaktionen auf Angst: Flucht, Angriff, Angststarre. Doch in jedem Fall ist Angst immer ein schlechter Antrieb zum Handeln. Und in jedem Fall ist es Gottes Sehnsucht, dass wir frei von Angst und von allen ihren Auswirkungen auf unser Leben sind. Frei von dem Angstgefängnis, in das uns der Feind einpferchen möchte.

»Da bleibt einem das Herz stehen«, sagen wir, wenn wir erschrecken. Angst lähmt. Angst führt zum Stillstand. Angst lähmt den Heilungsprozess, den Gott für unsere Herzen geplant hat. Die panischen Gedanken rauben uns die Perspektive und wir können keinen Schritt mehr vorwärts machen. Stattdessen ziehen wir uns in unsere Welt aus Angst zurück.

Angst ist kein guter Motor. Ja, sie treibt uns auch mal vor sich her und manchen von uns gelingt die Flucht nach vorne im Angriff. Wie ein Tier in die Enge getrieben, das in Panik Kräfte entwickelt und seine Bedränger überwindet. Bis die Angst uns wieder einholt.

Andere führen ein Leben auf der Flucht. Immer wieder scheucht sie die Angst auf und sie fliehen vor ihrer Berufung, vor Verantwortung oder vor Veränderung in ihrem Leben.

Angst ist nicht der Antrieb, den Gott für dein Leben geplant hat. Der Antrieb, den Gott uns geschenkt hat, ist seine unveränderliche Liebe.

Du bist nicht du, wenn du ängstlich bist.

SIEHE, GOTT IST MEINE RETTUNG, ICH BIN VOLLER VERTRAUEN UND FÜRCHTE MICH NICHT. | JES 12,2

Angst ist die Abwesenheit von Vertrauen in Gottes liebevolles Wesen. Wenn wir voller Vertrauen sind, dann fürchten wir uns nicht. Wir müssen unser Vertrauen füttern, damit die Angst in unseren Herzen verhungert.

Angst ist die Abwesenheit von Freiheit, also Sklaverei. Du wurdest durch Gottes Geist für die Freiheit und nicht für die Sklaverei geboren. Die Tragik ist oft: Der Feind belügt uns so gekonnt über Gottes Charakter, dass Gott, der uns von Angst frei machen will, noch mehr Angst bei uns auslöst. Doch Gottes Geist will uns in die Freiheit führen: »Denn Gott hat uns keinen Geist der Ängstlichkeit gegeben, sondern den Geist der Kraft, der Liebe und der Besonnenheit« (2. Timotheus 1,7; NGÜ).

Es gibt in älteren deutschen Übersetzungen der Bibel einen Schlüsselbegriff, der uns in der Apostelgeschichte immer wieder begegnet: Freimütigkeit.[29] Das deutsche Wort setzt sich aus den Wörtern »frei« und »mutig« zusammen. Mut kommt vom althochdeutschen *muot* und meint die Gesinnung, die Kraft des Wollens, des Empfindens und Denkens, das Gemüt und auch die Seele.

Die Männer und Frauen in der Apostelgeschichte hatten durch Gottes Geist eine freie Gesinnung. Der Ort, an dem sie denken, empfinden, wollen und entscheiden, war frei von Angst. Inspiriert von der freimütigen Rede von Petrus entstand durch das Wirken von Gottes Geist eine freimütige Gemeinschaft. Ihre Herzen waren frei und mutig. Das wirkte sich auf alle Bereiche ihres Zusammenlebens aus.

Gott mein Fels – Outbreakband

»Was das Leben der Christen prägt, waren die Lehre, in der die Apostel sie unterwiesen, ihr Zusammenhalt in gegenseitiger Liebe und Hilfsbereitschaft, das Mahl des Herrn und das Gebet. Jedermann in Jerusalem war von einer tiefen Ehrfurcht vor Gott ergriffen, und durch die Apostel geschahen zahlreiche Wunder und viele außergewöhnliche Dinge. Alle, die an Jesus glaubten, hielten fest zusammen und teilten alles miteinander, was sie besaßen. Sie verkauften sogar Grundstücke und sonstigen Besitz und verteilten den Erlös entsprechend den jeweiligen Bedürfnissen an alle, die in Not waren. Einmütig und mit großer Treue kamen sie Tag für Tag im Tempel zusammen. Außerdem trafen sie sich täglich in ihren Häusern, um miteinander zu essen und das Mahl des Herrn zu feiern, und ihre Zusammenkünfte waren von überschwänglicher Freude und aufrichtiger Herzlichkeit geprägt. Sie priesen Gott bei allem, was sie taten, und standen beim ganzen Volk in hohem Ansehen. Und jeden Tag rettete der Herr weitere Menschen, sodass die Gemeinde immer größer wurde« (Apostelgeschichte 2,42-47; NGÜ). Paradiesisch, oder?

Gott ist derselbe. Er hat sich nicht verändert. Er hat dieselben Ziele mit uns wie mit der ersten Gemeinde. Er will auch dich mit Heiligem Geist erfüllen und deinem Herzen Freimütigkeit schenken. »Und als sie gebetet hatten, bewegte sich die Stätte, wo sie versammelt waren; und sie wurden alle mit dem Heiligen Geist erfüllt und redeten das Wort Gottes mit Freimütigkeit« (Apostelgeschichte 4,3).

Dieselben Jünger, die kurz vorher während der Kreuzigung aus Angst panisch geflüchtet waren, Jesus verleugnet haben und sich hinter verschlossenen Türen getroffen haben, erzählen plötzlich frei und mutig, ohne einen Hauch von Angst öffentlich von Jesus. Was ist passiert?

Die Jünger wurden mit Heiligem Geist erfüllt und die Angst hatte keinen Platz mehr. Der Heilige Geist ist der absolute Gamechanger in einem angsterfüllten Herz. Angst ist die Hürde, die zwischen dir und deiner von Gott geplanten Zukunft steht.

Eine Frage der Perspektive

Es ist zwecklos, die Angst zu ignorieren. Denn ignorierte oder unterdrückte Angst ist keine überwundene Angst. Doch mit deinem Gott überspringst du Mauern![30] Die Kraft des Überwindens liegt nicht in dir, sondern in Gott.

- »Jünglinge ermüden und ermatten, und junge Männer straucheln und stürzen. Aber die auf den Herrn hoffen, gewinnen neue Kraft; sie heben die Schwingen empor wie die Adler, sie laufen und ermatten nicht, sie gehen und ermüden nicht« (Jesaja 40,31-32). Wer voller Hoffnung und voller Vertrauen ist, in dem hat Angst keinen Platz. Vertrauen befreit uns aus dem Würgegriff der Angst. Die Hoffnung gibt uns eine Adlerperspektive. Die Hoffnung löst

meinen angsterfüllten Blick von meinen Sorgen und Problemen und erfüllt mich mit neuer Perspektive. Im vertrauensvollen Weitergehen mit Gott gewinne ich neue Kraft, um die Angst zu überwinden.
- »Wer wird uns scheiden von der Liebe Christi? Bedrängnis oder Angst oder Verfolgung oder Hungersnot oder Blöße oder Gefahr oder Schwert? … Aber in diesem allen sind wir mehr als Überwinder durch den, der uns geliebt hat« (Römer 8,35.37). Mut ist Angst, die mit Gottes Hilfe überwunden wurde. Du bist Überwinder durch den, der dich geliebt hat. Die Zeit der Angst ist abgelaufen.

Oft warten wir darauf, dass wir keine Angst mehr spüren, um endlich loslegen zu können. Angst zu überwinden heißt nicht, ängstlich abzuwarten, bis ich plötzlich frei werde. Die gesamte rettende Kraft liegt bei Gott und du kannst dem nichts hinzufügen. Aber Gott spricht zu dir: »Fürchte dich nicht! Ich bin mit dir.« So wie er es vor dir zu ganzen Generationen gesagt hat. Es liegt an dir, im Vertrauen vorwärtszugehen und die Verheißung zu erben. Aus der Angst in das Land, das der Herr, dein Gott, dir zeigen wird. Auf seinem Weg wirst du Schritt für Schritt Mut gewinnen und Angst überwinden. Du gewinnst Mut auf dem Weg.

MEINEN FRIEDEN GEBE ICH EUCH … EUER HERZ ERSCHRECKE NICHT UND VERZAGE NICHT! | JOH 14,27***

Gott gibt uns nicht einfach einen Rucksack voller Mut, bevor wir unsere Reise starten. Der Mut wächst auf dem Weg. Die ersten Schritte sind immer ein bewusstes Überwinden von Angst. Je öfter wir überwinden, umso mehr Mut gewinnen wir. »Wer überwindet, dem werde ich zu essen geben von dem Baum des Lebens, welcher im Paradies Gottes ist« (Offenbarung 2,7).

Meine Tochter Leonie hat Angst vor großen Hunden. Sieht sie einen Hund, der mit seinem Besitzer auf uns zukommt, läuft sie sofort in meine Nähe. Sie greift nach meiner Hand und sagt: »Papa, ich hab Angst!« Je näher der Hund kommt, umso fester drückt sie meine Hand. Nachdem der Hund an uns vorbeispaziert ist, braucht es noch einen kleinen Moment, bis Leonie meine Hand loslässt und wieder fröhlich herumspringt.

Kinder sprechen ihre Angst aus und suchen instinktiv die Nähe zu ihren Eltern. Irgendwann als Jugendliche hören wir meist auf, unsere Angst zu verbalisieren. Die Angst zieht in den Untergrund und wir geben uns lieber mutig. Statt Nähe zu einer wichtigen Bezugsperson zu suchen, isolieren wir uns. Aber Jesus rät uns zu etwas anderem: »Wenn ihr euch nicht ändert und so werdet wie die Kinder, kommt ihr ganz sicher nicht in Gottes himmlisches Reich« (Matthäus 18,3; HFA).

Als Leonie noch kleiner war und erst einige Wörter sagen konnte, blieb sie immer stehen, sobald sie einen Hund sah. Große panische Kinderaugen, die ängstlich auf den näher kommenden Hund starrten. Oft hatte ich den Hund noch gar nicht bemerkt und war weitergegangen. Also ging ich zurück und nahm sie auf den Arm und ging mit ihr an dem Hund vorbei.

Angst ist eine Frage der Perspektive. Ich nehme Leonie auf den Arm und plötzlich hat sie eine neue Perspektive. Der Hund ist nicht mehr so groß. Der Papa ist spürbar und näher. David schreibt in den Psalmen: »Denn du bist für mich zu einer Zuflucht geworden, zum starken Turm, der mich schützt vor dem Feind. Ich möchte in deinem Heiligtum wohnen für alle Ewigkeit, mich bergen unter deinen schützenden Flügeln« (Psalm 61,4-5; NGÜ). Ich bin mir nicht sicher, ob das die Sätze sind, die man von seinem Anführer im Krieg hören möchte. Er hat Angst und möchte sich wie ein kleines Küken am liebsten unter Gottes Flügeln verkriechen. Doch David tut etwas enorm Männliches, Königliches und Vertrauensvolles: Er verbalisiert seine Angst im Gespräch mit Gott. Das macht ihn zu einem Mann nach Gottes Herzen.

Das können wir von David lernen: Um frei von Angst zu werden, ist die Frage nicht, wovor du Angst hast. Die Frage ist, welche Perspektive du hast. Es gibt als Christ keinen Grund, Angst zu haben. Ich wiederhole: Als geliebtes Kind Gottes gibt es keinen Grund Angst zu haben.

Mut entsteht aus Perspektive. Angst kommt vom Feind. Immer! Es ist derselbe Goliat der Angst, der Gottes Volk verspottet und sich als Riese vor uns aufbaut, so, dass wir kampflos die Waffen sinken lassen. Aus militärischer Sicht war jeder besser geeignet als der Hirtenjunge David, um gegen Goliat zu kämpfen. Aber dieser junge Mann hatte Perspektive: »Du kommst zu mir mit Schwert, Lanze und Kurzschwert. Ich aber komme zu dir mit dem Namen des Herrn der Heerscharen, des Gottes der Schlachtreihen Israels, den du verhöhnt hast. Heute wird der Herr dich in meine Hand ausliefern, und ich werde dich erschlagen und dir den Kopf abhauen« (1. Samuel 17,45-46).

No longer Slaves – Bethel Music

David hat eine göttliche Perspektive. Eine Perspektive, die Mut schafft. Eine Perspektive, die allen Versuchen der Angst, Herzensraum zu gewinnen, widersteht. Eine Perspektive, die Angst zerschmettert und triumphiert.

Wir lesen nichts davon, dass David eine besondere göttliche Eingebung erhielt, um gegen den Riesen der Angst zu kämpfen. Er kommt. Er sieht. Er siegt. Er weiß, dass Angst nicht von Gott ist. Er hat eine göttliche Perspektive, die alle anderen nicht haben.

Sein Herz ist verankert in Gott, darum ist sein Herz voll von Gottes Perspektive. »So überwand David mit der Schleuder und mit dem Stein den Philister, und er traf den Philister und tötete ihn« (1. Samuel 17,50).

Angstkiller

Was ist deine Perspektive? Wer oder was ist dein Goliat? Wie viele Tage oder Monate oder Jahre sind es bei dir, die du handlungsunfähig, vor Angst zitternd abwartest? Du brauchst die Perspektive auf Gottes Größe und Nähe, um deinen Goliat siegreich zu überwinden!

Die Perspektive von König David wuchs aus seinem aktiven Gebetsleben. Die 73 Lieder von David im Buch der Psalmen zeugen von einer sehr aktiven, authentischen Kommunikation mit Gott in jeder Lebenslage. Wer siegen will wie David, muss beten und anbeten wie er. Auch wenn ihm dazwischen die vertrauensvolle Perspektive verloren ging, gewann er sie wieder in der Anbetung Gottes.

In vielen Psalmen können wir beobachten, dass David oder der Autor des Psalms beim singenden Beten zu Gott eine neue Perspektive gewinnen. Aus Angst wächst Mut. Aus Hoffnungslosigkeit Zuversicht. Das ist die Kraft von gesungenem Gebet. Wir singen viel zu wenig, wenn wir ängstlich sind. Gesungenes Gebet hat die Kraft, unsere Perspektive augenblicklich zu verändern. Lobpreis hat eine zutiefst therapeutische Kraft.

Auch Jesus hatte Angst. Und auch Jesus sang. Im Garten Gethsemane singt Jesus Psalmen, vermutlich die Psalmen 146 bis 150. Am Kreuz durchlebt und betet Jesus den Psalm 22. Gott hat Musik so erschaffen, dass sie Kraft hat. Wir dienen einem zutiefst musikalischen Gott.

SEIN HERZ
GEWANN
Mut
IN DEN
WEGEN
DES HERRN.

2. CHRONIK 17,6

Und Jesus singt nicht nur. Er weint. Jesus ist ein mitfühlender Hohepriester. Er kann Situationen nachvollziehen, in denen du Angst hast. Er verurteilt dich nicht für deine Angst. Sein Herz schlägt dafür, dein Herz von jeder Angst zu befreien. »Seid stark und euer Herz fasse Mut, alle, die ihr auf den Herrn harrt« (Psalm 31,25). Freiheit entsteht nur in der vollkommenen Abhängigkeit von Gott. Solange unser Herz von Angst versklavt ist, schlägt Gottes Herz rettend, liebend, heilend dafür, uns Freiheit zu schenken.

Wir haben davon gehört, dass Gott vertrauenswürdig ist. Gerade außerhalb unserer Komfortzone zeigt sich, wie sehr wir das wirklich glauben. Jede neue Situation birgt das Potenzial, dass du ganz praktisch erlebst, dass du Gott völlig vertrauen kannst. Du kannst erfahren, wie er dich an der Hand nimmt und in seiner Nähe der Mut wächst, den nächsten Schritt durch die Angst zu gehen. Endstation: Freimütigkeit.

Gottes Ziel ist dein Wachstum, nicht dein Komfort. Wachstum passiert dort, wo wir uns vertrauensvoll abhängig von ihm machen und unser Herz freigeben,

Hallelujah Anyway – Rend Collective

dass er es formen und prägen darf. Bräuchte er deine Freigabe, deine Einwilligung? Nein. »Wir sind der Ton, und er ist unser Töpfer« (Jesaja 64,7). Er ist unser Gott. Doch er nennt uns Freunde, nicht mehr Sklaven (Johannes 15,15). Er kam, um eine Familie zu gründen. Nicht eine hierarchische Organisation. Sein Fokus ist Beziehung. Er möchte eine echte Partnerschaft.

Angst muss in der Gegenwart unseres allmächtigen, liebevollen Vaters verstummen. Perspektive gewinnen wir dort, wo wir unseren Blick von unseren Ängsten lösen, das Vertrauen wählen und auf Gott schauen.

**ICH SUCHTE DEN HERRN, UND ER ANT-WORTETE MIR; UND AUS ALLEN MEINEN ÄNGSTEN RETTETE ER MICH. SIE BLICKTEN AUF IHN UND STRAHLTEN, UND IHR ANGESICHT WIRD NICHT BESCHÄMT.
| PS 35,5-6**

**ICH BIN ZUR RUHE GEKOMMEN, MEIN HERZ IST ZUFRIEDEN UND STILL. WIE EIN KLEINES KIND IN DEN ARMEN SEINER MUTTER, SO RUHIG UND GEBORGEN BIN ICH BEI DIR!
| PS 131,2******

Denkmuster Angst

Werfen wir gemeinsam noch einen genaueren Blick darauf, wie Angst funktioniert und wie wir in diesem geistlichen Kampf siegreich sein können.

Angst trampelt Pfade in unserem Denken. Wenn die Angst wieder ausgelöst wird, werden aus Pfaden Wege. Mit der Zeit werden aus Wegen Straßen und mit der Gewohnheit aus Straßen Autobahnen. Es entsteht ein ganzes Netzwerk aus Gedankenmustern, die von Angst bestimmt sind. Gottes Ziel ist es, jeden Weg, den die Angst jemals in deinem Denken gegangen ist, zu zerstören. Er will deine Freiheit. Er möchte neue Wege und Straßen und Autobahnen in deinem Denken anlegen. Straßen, durch die seine Liebe, seine Freiheit und sein Segen einen direkten Weg in dein Herz finden.

»Bahnt dem Herrn einen Weg durch die Wüste! Baut eine Straße durch die Steppe für unseren Gott!« (Jesaja 40,3; HFA).

Diese Gedankenmuster brauchen eine Erneuerung. Alte Gedankengebäude, die sich gegen Gottes Denken erheben, müssen zerstört werden. Neues Denken muss gepflanzt und kultiviert werden, bis daraus die köstliche Frucht des Geistes wächst.

Die Erneuerung unseres Denkens ist wie ein Krieg, den wir Schlacht für Schlacht gewinnen. Nur in Partnerschaft mit dem Heiligen Geist können wir im inneren Krieg um unsere Freiheit siegreich sein. Als guter König schickt Gott uns mit Waffen und Ausbildung in den Krieg: »Denn die Waffen unseres Kampfes sind nicht fleischlich, sondern mächtig für Gott zur Zerstörung von Festungen; so zerstören wir Gedankengebäude und jede Höhe, die sich gegen die Erkenntnis Gottes erhebt, und nehmen jeden Gedanken gefangen unter den Gehorsam Christi« (2. Korinther 10,4-5).

Als ich sechzehn Jahre alt war, wollte ich Soldat werden. Mir gefiel das Heldenhafte, Mutige, die Vorstellung, das eigene Leben für eine höhere Sache zu opfern und Unterdrückte zu befreien. Kein Wunder, dass ich mich später so in Jesus verliebt habe. Ein Freund von mir, der bereits beim Bundesheer war, versorgte mich mit Literatur, die Waffen und Ausrüstung erklärte. Ich las alles mehrmals durch, bevor ich einrückte.

Dann war es so weit. Ich hatte von der Ausrüstung gelesen, Teile auswendig gelernt, Videos gesehen, wie andere sie einsetzten, und wusste, wie sie aussah. In meiner ersten Woche als Soldat stellte ich fest: Ich konnte überhaupt nicht damit umgehen. Weder mit den Schuhen noch mit dem Helm noch mit der Kampfweste oder dem Rucksack, nicht zu sprechen von den Waffen. Ich musste damit üben, Handgriffe immer wieder trainieren und die Ausrüstung so lange verwenden, bis ich ein funktionstüchtiger Soldat war. Klingt idyllischer, als es war. Krieg zu lernen ist nichts Schönes, und ich bin dankbar, dass ich nie in einem Krieg war.

GEPRIESEN SEI DER HERR, MEIN FELS, DER MEINE HÄNDE UNTERWEIST ZUM KAMPF, MEINE FINGER ZUM KRIEG. | PS 144,1

Wir können in der Bibel von der Ausrüstung lesen, die wir von Gott für den Kampf, der in unserem Inneren abgeht, bekommen haben. Wir können sie auswendig lernen und in der Gemeinde beobachten, wie andere sie verwenden. Doch das macht uns nicht zu Soldaten, die auf einen Krieg vorbereitet sind. Die Waffenrüstung für den geistlichen Krieg einzusetzen, in dem du und ich stehen, können wir nur mit dem Herrn der Heerscharen gemeinsam in den Schlachten des Alltags lernen.

»Er lehrt meine Hände das Kämpfen und meine Arme spannen den ehernen Bogen. Und du gabst mir den Schild deines Heils, und deine Rechte stützte mich, und deine Herabneigung machte mich groß. Du schaffst Raum meinen Schritten unter mir, und meine Knöchel haben nicht gewankt. Meinen Feinden jagte ich nach und erreichte sie, und ich kehrte nicht um, bis ich sie aufgerieben hatte. Ich zerschmetterte sie, dass sie nicht mehr aufstehen konnten; sie fielen unter meine Füße. Und du umgürtetest mich mit Kraft zum Kampf, beugtest unter mich, die gegen mich aufstanden. Meine Feinde aber, du hast sie vor mir in die Flucht geschlagen, und meine Hasser, ich habe sie vernichtet« (Psalm 18,35-41).

Gott gibt uns den Sieg über unsere Feinde. Unsere Feinde sind nicht Menschen, denn die sollen wir lieben. Unsere Feinde sind zerstörerische Gedanken, Minderwert, Angst und vieles mehr. Diese Feinde wollen wir wie David vernichten und in die Flucht schlagen. Dafür steht uns eine geistliche Waffenrüstung zur Verfügung, weil es ein geistlicher Kampf und kein Kampf gegen Menschen ist.

Für diesen Krieg trainiert dich Gott. Er zeigt dir, wie die Waffen richtig einzusetzen sind. Es ist der Krieg um deine Freiheit im Herzen. Denn: Ist dein Herz frei, bist du frei.

In diesem Krieg, der um dein Herz, die Quelle des Lebens, tobt, stützt Gott dich, räumt Hindernisse für dich aus dem Weg und gibt dir die Kraft, die du brauchst.[31]

»Lasst euch vom Herrn Kraft geben, lasst euch stärken durch seine gewaltige Macht! Legt die Rüstung an, die Gott für euch bereithält; ergreift alle seine Waffen! Damit werdet ihr in der Lage sein, den heimtückischen Angriffen des Teufels standzuhalten. Denn unser Kampf richtet sich nicht gegen Wesen von Fleisch und Blut, sondern gegen die Mächte und Gewalten der Finsternis, die über die Erde herrschen, gegen das Heer der Geister in der unsichtbaren Welt, die hinter allem Bösen stehen. Deshalb greift zu allen Waffen, die Gott für euch bereithält! Wenn dann der Tag kommt, an dem die Mächte des Bösen angreifen, seid ihr gerüstet und könnt euch ihnen entgegenstellen. Ihr werdet erfolgreich kämpfen und am Ende als Sieger dastehen. Stellt euch also entschlossen zum Kampf auf! Bindet den Gürtel der Wahrheit um eure Hüften, legt den Brustpanzer der Gerechtigkeit an und tragt an den Füßen das Schuhwerk der Bereitschaft, das Evangelium des Friedens zu verbreiten. Zusätzlich zu all dem ergreift den Schild des Glaubens, mit dem ihr jeden Brandpfeil unschädlich machen könnt, den der Böse gegen euch abschießt. Setzt den Helm der Rettung auf und greift zu dem Schwert, das der Heilige Geist euch gibt; dieses Schwert ist das Wort Gottes. Wendet euch, vom Heiligen Geist geleitet, immer und überall mit Bitten und Flehen an Gott. Lasst dabei in eurer Wachsamkeit nicht nach, sondern tretet mit Ausdauer und Beharrlichkeit für alle ein, die zu Gottes heiligem Volk gehören« (Epheser 6,10-18; NGÜ).

Warum schlägt Gott diese Schlacht nicht einfach siegreich ohne uns, dass sich die Freiheit augenblicklich manifestiert? Weil Gottes

Ziel eine wachsende, tiefe Vertrauensbeziehung zu uns ist. Er will mit dir gemeinsam siegreich sein. Niemand kann diese Schlacht mit Gott gegen die Angst für dich schlagen.

Es ist keine Sünde, Angst zu haben, doch es ist nicht deine Berufung, kampflos in Angst zu leben. Du wurdest dafür befreit, in Freiheit zu leben.

Du bist nicht du, wenn du ängstlich bist.

»Sprenge du die Fesseln, die mir das Herz zusammenschnüren, lass mich frei werden von allem, was mir jetzt noch Angst macht« (Psalm 25,17; NGÜ) – das ist ein Gebet nach Gottes Willen. Wenn du dieses Gebet betest, dann wirst du am nächsten Tag nicht gleich angstfrei aufwachen. Gott wird dich in einen für dich persönlich zusammengestellten Trainingsplan hineinnehmen. Er wird dich entsprechend der Kraft, die er dir zur Verfügung stellt, mit Angst konfrontieren und dich lehren zu überwinden.

Jesus Christus ist der Sieger

Ich stelle mir das ungefähr so vor: Wir sind in einer Schule des Geistes und lernen dort, gegen böse Kräfte zu kämpfen. Im Unterricht lernen wir mit unserem Lehrer, gegen einen Irrwicht zu kämpfen. Ein Irrwicht hat keine eigene Gestalt, sondern nimmt die Gestalt von dem an, was wir am allermeisten fürchten. Der Lehrer öffnet die Kiste. Der Irrwicht tritt uns gegenüber und kämpft mit uns. Sieht der Lehrer, dass der Schüler im Kampf unterliegt und von der Angst überwältigt wird, greift er ein und sperrt den Irrwicht zurück in die Kiste. So trainieren die Schüler immer wieder mit ihrem Lehrer, bis sie sich siegreich ihren größten Ängsten stellen können.

Der Sieg gehört dir allein – Urban Life Worship

Der Teufel ist genau so ein Irrwicht. Er verwandelt sich in alles, was wir am meisten fürchten, und will uns damit lähmen und versklaven. Jesus ist in jeder der Trainingseinheiten mit dem »Irrwicht« dabei. Er möchte, dass wir gegen unsere größten Ängste siegreich kämpfen lernen – mit seinen Waffen und seinen Möglichkeiten. Wir müssen in der Praxis üben, die geistlichen Waffen einzusetzen. In diesen Trainingseinheiten wachsen das Ausmaß unserer Freiheit und die Vertrauensbeziehung zu unserem Trainer.

Frei von Angst zu werden ist eine Reise mit unserem besten Freund und Coach Jesus. Er lehrt uns, siegreich in dem Land zu stehen, das er schon eingenommen hat. Wir lernen von ihm, seinen Sieg in unserem Herzen und in allen Bereichen, die er uns anvertraut, durchzusetzen. Nein, Angst hat nicht das letzte Wort. Jesus hat schon gesiegt.

Jesus ist der Herr der Heerscharen. »Und ich sah den Himmel geöffnet, und siehe, ein weißes Pferd, und der darauf saß, heißt Treu und Wahrhaftig, und er richtet und führt Krieg in Gerechtigkeit. Seine Augen aber sind eine Feuerflamme, und auf seinem Haupt sind viele Diademe, und er trägt einen Namen geschrieben, den niemand kennt als nur er selbst; und er ist bekleidet mit einem in Blut getauchten Gewand, und sein Name heißt: Das Wort Gottes. Und die Truppen, die im Himmel sind, folgten ihm auf weißen Pferden, bekleidet mit weißer, reiner Leinwand. Und aus seinem Mund geht ein scharfes Schwert hervor, damit er mit ihm die Nationen schlägt; und er wird sie hüten mit eisernem Stab, und er tritt die Kelter des Weines des Grimmes des Zornes Gottes, des Allmächtigen. Und er trägt auf seinem Gewand und an seiner Hüfte einen Namen geschrieben: König der Könige und Herr der Herren« (Offenbarung 19,11-16).

Es ist genau dieser in der Offenbarung beschriebene, siegreiche Herr der Heerscharen, der in jeder Schlacht mit uns ist und durch sein Wort alle feindlichen Truppen vernichtet. Er ist der gute Hirte, doch im Kampf gegen die Feinde seiner Schafe ist sein Stab eisern und sein Zorn glühend. Gottes Wort, das Schwert des Geistes, ist die einzige von Paulus genannte Angriffswaffe.

Ich habe ein großes Schwert in meinem Büro, das mich stets daran erinnert: Gottes Wort in Verbindung mit meinem Vertrauen ist die mächtigste, wirksamste Waffe gegen den Feind.

Was können wir von unserem königlichen Oberbefehlshaber lernen?

Nach seiner Taufe wird Jesus vom Geist in die Wüste geführt, um dort vom Feind versucht zu werden.[32] Der Geist leitet uns nicht aus dem Kampfgeschehen heraus, sondern bewusst in den geistlichen Kampf hinein. Der Teufel greift die Identität von Jesus an. Jesus greift zum »Schwert« und schlägt der Lüge mit einem Streich den Kopf ab. *Es steht geschrieben ...* Dreimal gebraucht Jesus vollmächtig das Wort Gottes. Der Feind ist geschlagen und lässt von Jesus ab. »Ordnet euch daher Gott unter! Und dem Teufel widersteht, dann wird er von euch ablassen und fliehen« (Jakobus 4,7; NGÜ). Ordne dich Gott als Herrn der Heerscharen unter. Er ist ein Kriegsheld. Widerstehe dem Feind mit den Waffen, die Gott dir gibt, und er wird geschlagen fliehen.

Nur in Verbindung mit einem Herzen, das Vertrauen gelernt hat, entfaltet Gottes Wort seine siegreiche Kraft.

Mein Herz hat oft Angst und viele schlechte Gedanken. Ich brauche jemanden, der alle Ängste und Gedanken kritisch auf ihre Berechtigung hinterfragt. Ich brauche Hilfe beim Aussortieren. Manche Gedanken würde ich am liebsten aus meinem Herzen herausschneiden. Auch das geht mit dem Wort Gottes: »Das Wort Gottes ist lebendig und wirksam und schärfer als jedes zweischneidige Schwert und durchdringend bis zur Scheidung von Seele und

Geist, sowohl der Gelenke als auch des Markes, und ein Richter der Gedanken und Gesinnungen des Herzens« (Hebräer 4,12).

Gottes Wort will unsere Gedanken ganz präzise wie ein Skalpell trennen. Das Wort für »Richter« ist im Griechischen *kritikos*. Gottes Wort ist der Kritiker meines Herzens.

Veränderung in unserem Leben fängt mit einer Veränderung unserer Gedanken, im Herzen, an. Wir lernen umzudenken, dann lernen wir, neu zu denken, und schließlich lernen wir, frei zu denken. Sehr präzise trennt sein Wort mächtig und heilsam zwischen falschen Denkmustern und einem Denken, das Gottes Wesen entspricht.

Jesus revolutioniert das Fehlerverständnis seiner Zeit. Sünde beginnt in unseren Gedanken, in unserem Herzen. Das Zentrum unseres Denkens braucht eine liebevolle, kritische Stimme, die alle Gedanken der Angst, der Minderwertigkeit, des Zweifels vollmächtig aus unseren Herzen schneidet, damit es frei ist, all das Gute zu denken und fassen, das Gott ihm schenken möchte.

Du bist nicht du, wenn du ängstlich bist.

»Darum seid nicht gleichförmig dieser Welt, sondern werdet verwandelt durch die Erneuerung des Sinnes, dass ihr prüft, was der Wille Gottes ist: das Gute und Wohlgefällige und Vollkommene« (Römer 12,2). Gott will nicht oberflächlich unser Handeln heilen, um perfekt funktionierende Menschen zu haben. Er will in einer tiefen Beziehung unser Innerstes heilen, unser Herz, unser Denken.

Er sehnt sich nach der Freiheit deines Herzens. Und er hat dich deshalb mit allen Waffen ausgestattet, die du brauchst, um diese Schlachten siegreich zu schlagen.

Sprich deine Angst aus, wenn sie da ist. Singe betend aus ganzem Herzen, wenn du ängstlich bist. Lass dich vertrauensvoll von

Gottes Geist leiten, auch wenn die Angst zuerst mehr und nicht weniger wird. Erlebe, wie überwundene Angst zu Mut wird. Ziehe das Schwert des Geistes und lege die ganze Waffenrüstung an. Kämpfe nicht allein. Gib nicht auf, wenn du eine Schlacht verlierst. Vertraue Jesus, dem guten Hirten und Heerführer.

Die Bibel spricht an einer Stelle von einem Löwenherz.[33] Das meint das Herz eines tapferen Helden, das nicht verzagt ist. Gott möchte in dir ein Löwenherz formen. »Sagt zu denen, die ein ängstliches Herz haben: Seid stark, fürchtet euch nicht« (Jesaja 35,4).

»Der Friede Gottes, der allen Verstand übersteigt, wird eure Herzen und eure Gedanken bewahren in Christus Jesus« (Philipper 4,7). Fürchte dich nicht vor Veränderung. Fürchte dich nicht vor Gottes Berufung. Fürchte dich nicht, deine gottgegebenen Träume zu leben. Fürchte dich nicht, für Gerechtigkeit zu kämpfen. Fürchte dich nicht, diese Welt zu verändern. Fürchte dich nicht davor, was Menschen denken könnten. Fürchte dich nicht davor, was alles schiefgehen könnte. Fürchte dich nicht loszulassen. Fürchte dich nicht vor Leid. Fürchte dich nicht, verletzt zu werden. Fürchte dich nicht zu lieben. Fürchte dich nicht.

HABE ICH DIR NICHT GEBOTEN: SEI STARK UND MUTIG? ERSCHRICK NICHT UND FÜRCHTE DICH NICHT! DENN MIT DIR IST DER HERR, DEIN GOTT, WO IMMER DU GEHST. | JOS 1,9

DER FRIEDE
GOTTES WIRD
EURE Herzen
UND EURE
Gedanken
BEWAHREN.

PHILIPPER 4,7

7 HERZSCHMERZ

»Deine kleine Nichte ist schon bei Jesus.«
Ich lasse das Handy fassungslos sinken. Die Umgebungsgeräusche verschwimmen. Sie werden von meinem immer lauteren Herzschlag überlagert. Der Herzrhythmus dröhnt wie ein Hammerschlag durch meinen ganzen Körper. Mit jedem Schlag durchströmt mich eine neue Welle Schmerz und Traurigkeit. Ich werde meine kleine Nichte erst im Himmel kennenlernen dürfen. Völlig überraschend. Ich merke, wie mir Tränen in die Augen steigen. Mein Herz bricht. Der Gedanke daran, wie es meiner Schwester jetzt geht. Die ganze Vorfreude, die Hoffnung darauf, ein Kind zu bekommen, weggewischt. Jedes liebevoll ausgewählte Kleidungsstück wird Schmerz und Trauer auslösen. Der Kinderwagen wird leer bleiben. Die schön gestaltete Wickelecke unbenutzt. Ich muss schlucken.

Die Umgebungsgeräusche überlagern meine Gedanken und holen mich in die Gegenwart zurück. Ich sitze mit acht fröhlichen Jugendlichen bei der FaceTime mit Gott auf einem christlichen Pfingstcamp. Ich schlucke noch mal. Atme einmal durch.

Später am Abend liege ich in meinem Zimmer und der Schmerz holt mich ein. Meine Augen füllen sich mit Tränen und ich schluchze in mein Kissen. Ich frage mich, wie viel Schmerz, Verlust und Leid mein Herz noch ertragen kann. Meine Gedanken laufen in zahlreiche Sackgassen und versuchen dem Schmerz irgendwie zu entgehen. Herzschmerz.

Ich schalte Musik an. *In my mother's womb You formed me with Your hands. Known and loved by You before I took a breath.* Also keine

Ablenkung. Ich nehme die Hand von Jesus und tauche vertrauensvoll in den Schmerz und den Zerbruch ein. Mein Herz schreit: *Nein!* Doch inzwischen weiß ich: An seiner Hand werde ich wieder aus dem Schmerz auftauchen. »Nahe ist der Herr denen, die zerbrochenen Herzens sind« (Psalm 34,14).

> You make all things work together for my future and for my good.
> You make all things work together for Your glory and for Your name.
> There's a healing light just beyond the clouds.
> Though I've walked through fire I see clearly now.
> I know nothing has been wasted no failure or mistake.
> You're an artist and a potter I'm the canvas and the clay.[34]

Ich bin froh, dass ich gelernt habe, zu trauern und Schmerz zuzulassen. Es fühlt sich im Moment nicht toll an, doch es macht mein Herz weich und formbar. Dort, wo ich Gott die Scherben meines Lebens gebe, beginnt er auf erstaunlich kunstvolle Weise etwas völlig Neues zu erschaffen.

Canvas and Clay – Pat Barrett

Ohne Zerbruch entsteht nichts Neues. Unser Leben in einer Welt, die von Sünde zerfressen ist, beinhaltet Schmerz, Tod und Leid. All das bringt unser Herz an seinen Knackpunkt. Unser Herz aus Stein zerbricht, wenn uns Lebenskrisen wie ein Hammer treffen. Eine der erstaunlichsten Eigenschaften Gottes ist für mich, wie er Asche in Schönheit verwandeln kann. Eine Krise taut unser Herz auf, weil wir uns dem, was es an Emotionen auslöst, dann meist nicht mehr entziehen können. Lebenskrisen sind eine Herzintensivbehandlung, machen unser Herz formbar. Darum verspricht Gott, dass er uns in diesen Zeiten besonders nahe ist.

Krisen haben Offenbarungscharakter. Sie offenbaren, was in meinem Herzen verborgen ist. Meine tiefsten Ängste, Sorgen, mein

Bild von Gott, mein Bild von mir, wunde Punkte, blinde Flecken – das alles und noch viel mehr findet seinen Weg in meine Wahrnehmung. Eine Krise kostet uns oft so viel Kraft, dass wir keine Verdrängungsenergie mehr übrig haben. Plötzlich kommt alles an die Oberfläche, was vorher zwar vorhanden, doch unterdrückt war. Unter normalen Bedingungen ist genug Kraft übrig, um alles zu verdrängen, was eigentlich Heilung braucht. Verdrängung heilt nicht, sondern verbittert. In den kleinen und großen Krisen des Lebens bricht alles durch, was tief im Herzen steckt.

Diese Art von Offenbarung kann für uns schmerzhaft, beängstigend und deprimierend sein. Und sie führt uns leider viel zu oft in die Isolation. Doch wir gehen an der Hand unseres liebevollen Papas durchs Leben, der die Macht hat, Asche in Schönheit zu verwandeln. Er möchte uns eine neue Perspektive für Leid und Schmerz in unserem Leben geben.

Nähe und Trost

Paulus, Petrus und Jakobus schreiben von dieser neuen, positiven Perspektive auf Schmerz. Es klingt realitätsfremd, doch es zeugt von einer tiefen vertrauensvollen, trost- und kraftspendenden Beziehung zu Jesus in allen Höhen und Tiefen des Lebens.

Ich weiß, diese Zeilen im tiefen Leid und in Enttäuschung zu lesen, verbessert das Durcheinander in unserer Gefühlswelt nicht im ersten Augenblick, doch es gibt uns einen Ausblick. Es beantwortet nicht die Warum-Frage. Es macht Verletzung nicht weniger schmerzhaft. Es ändert nicht auf wundersame Weise deine Situation.

Verschiedene Autoren der Bibel ringen mit der Frage des Leids und eigentlich finden sie keine befriedigenden Lösungen. Während die Frage nach dem Warum offenbleibt, verspricht uns Gott

Zuflucht, Trost und Heilung in seiner Nähe. Perspektive im Leid kann nur dort wachsen, wo wir auf Gott schauen und seine Nähe zulassen.

Im Leid sind deine Gefühle völlig durcheinander. Es fühlt sich so an, als wäre Gott Lichtjahre von dir entfernt. Es fühlt sich so an, als könnte dich niemand verstehen. Es fühlt sich so an, als würde es nie enden. Es fühlt sich so an, als würde man lebendig sterben und vom Leid verschlungen werden. Doch das ist der Punkt: *Es fühlt sich so an* ... Gefühle eines leidenden Herzens sind schlechte Ratgeber.

Schauen wir mal auf Jesus.

»Er war verachtet und von den Menschen verlassen, ein Mann der Schmerzen und mit Leiden vertraut. ... Unsere Leiden – er hat sie getragen, und unsere Schmerzen – er hat sie auf sich geladen« (Jesaja 53,3-4). Er ist der König der Könige, der wunderbare Ratgeber, der starke Gott, der Friedefürst, der Löwe aus dem Stamm Juda, Anfang und Ende, Herr der Heerscharen, doch er ist auch ein Mann der Schmerzen und mit Leiden vertraut.

Jesus ist mit deinem Schmerz und mit deinem Leiden vertraut. Er versteht es nicht nur. Er ist damit *vertraut*. »Er hat in den Tagen seines irdischen Lebens Bitten und Flehen mit lautem Schreien und mit Tränen vor Gott gebracht« (Hebräer 5,7).

Jesus hat sehr viele Gesichter von Leid in seinem kurzen Leben auf der Erde erfahren. Das Leid, als Flüchtlingskind in einem anderen Land aufzuwachsen. Das nicht Verstandenwerden von seinen Eltern als Teenager. Der frühe Tod seines irdischen Vaters Josef und die harte körperliche Arbeit, um die Familie zu ernähren. Familienmitglieder, die ihn für verrückt hielten. Die wiederholten Mordanschläge. Die besondere Ablehnung in seiner Heimat. Der Hass und die Ablehnung seiner Botschaft. Als Mann, dem die Frauen zu Füßen lagen, niemals zu heiraten. Außerdem Hunger, Durst, Müdigkeit und lange Reisen zu Fuß.

Er erlebte Zeiten der Versuchung. Er wurde abgelehnt und verspottet. Er machte sich von der finanziellen Unterstützung von anderen abhängig. Seine Schüler verstanden vieles nicht von dem, was er ihnen sagte. Er hatte tiefes Mitleid mit anderen Menschen. Die Leiter des Volkes wollten ihn töten. Sie versuchten seinen Ruf zu zerstören. Sie führten seine Wunder auf dämonische Kräfte zurück. Sie versuchten ihn ständig in seinen Predigten zu fangen. Er erlebte den gewaltsamen Tod seines Verwandten Johannes und den Tod seines guten Freundes Lazarus. Er brach in Tränen aus.

Seine besten Freunde haben ihn in seinen schwersten Stunden verraten, verlassen und verleugnet. Er wurde gefoltert, gedemütigt und gekreuzigt. Er wurde als einzige Person völlig von Gott verlassen. Er nahm freiwillig Leiden und Schmerzen von anderen auf sich. Und schon nach seiner ersten Predigt wollte man ihn umbringen – zum Inhalt der Rede kommen wir gleich.

Vertraue ihm. Er versteht dein Leid. Er ist mit Leid vertraut. Und mehr noch: Darin ist er ein vollmächtiger Tröster. Diese Jesaja-Prophezeiung deutet Jesus bei einer Predigt in Nazareth auf sich: »Der Geist des Herrn, Herrn, ist auf mir; denn der Herr hat mich gesalbt. Er hat mich gesandt, den Elenden frohe Botschaft zu bringen, zu verbinden, die gebrochenen Herzens sind, Freilassung auszurufen den Gefangenen und Öffnung des Kerkers den Gebundenen, auszurufen das Gnadenjahr des Herrn und den Tag der Rache für unsern Gott, zu trösten alle Trauernden, den Trauernden Zions Frieden, ihnen Kopfschmuck statt Asche zu geben, Freudenöl statt Trauer, ein Ruhmesgewand statt eines verzagten Geistes, damit sie Terebinthen der Gerechtigkeit genannt werden, eine Pflanzung des Herrn, dass er sich durch sie verherrlicht« (Jesaja 61,1-3; Lukas 4,18-19).

Jesus wurde vom Geist Gottes gesalbt, um zerbrochene Herzen zu verbinden. Jesus wurde gesandt, um Trauernde zu trösten. Der

Geist ist auf Jesus, um Asche, Trauer und Verzagtheit in unserem Leben zu verwandeln, so verherrlicht er sich in uns.

Nachdem Jesus die Textstelle aus Jesaja gelesen hatte, sagte er: »Heute ist diese Schrift vor euren Ohren erfüllt« (Lukas 4,21). Kein Wunder, dass die Leute sich beschwert haben! Es gab noch immer zerbrochene Herzen, Trauer, Asche und Verzagtheit. Bis heute finden wir das alles in unserem Leben. Was soll da jetzt erfüllt sein?

Seit damals gibt es jemanden, der zerbrochene Herzen verbindet, Trauernde tröstet, Asche und Verzagtheit verwandelt. Die Beziehung mit dem lebendigen Gott ist die Erfüllung der Verheißung. Durch Jesus ist unsere Beziehung zu Gott hergestellt. Gott tröstet, wie es kein Mensch jemals tun könnte. Er kennt dein Herz. Er hat dich erschaffen, er weiß besser als jeder andere Mensch, was du brauchst. Er ist der *parakletos*, der Fürsprecher, Helfer, Beistand und Tröster. »Der Beistand aber, der Heilige Geist, den der Vater senden wird in meinem Namen, der wird euch alles lehren und euch an alles erinnern, was ich euch gesagt habe. Frieden lasse ich euch, meinen Frieden gebe ich euch; nicht wie die Welt gibt, gebe ich euch. Euer Herz werde nicht bestürzt, sei auch nicht furchtsam« (Johannes 14,26-27).

Kaputtes Glas – Jael Haar

Das Wort *parakletos* bedeutet: der zur Unterstützung an die Seite Gerufene, Helfer, Tröster, Beistand, Fürsprecher, Verteidiger. Das entsprechende Verb *parakaleo* bedeutet: zusprechen, aufrichten, gut zureden, trösten, ermahnen oder ermutigen. Der Heilige Geist ist der Tröster. Du brauchst Trost? Dann rufe nach dem Tröster.

ICH ABER HABE FÜR DICH GEBETET, DASS DEIN GLAUBE NICHT AUFHÖRT. | LK 22,32

Wir müssen aufhören, von Menschen den Trost zu erwarten, den nur Gott uns geben kann. Ich will nicht entschuldigen, dass wir als

Christen oft leider ausgesprochen schlechte Tröster sind. Vielleicht liegt das daran, dass wir selbst schlecht darin sind, Gottes Trost zu empfangen, und darum keinen Trost weiterzugeben haben. Wir müssen vom Tröster trösten lernen. Jedes Leid ist zumindest eine Möglichkeit, Gottes Trost zu erfahren und so fähig zu werden, Gottes Trost an andere Menschen weiterzugeben.

»Gepriesen sei Gott, der Vater unseres Herrn Jesus Christus! Denn er ist ein Vater, der sich erbarmt, und ein Gott, der auf jede erdenkliche Weise tröstet und ermutigt. In allen unseren Nöten kommt er uns mit Trost und Ermutigung zu Hilfe, und deshalb können wir dann auch anderen Mut machen, die sich ebenfalls in irgendeiner Not befinden: Wir geben ihnen den Trost und die Ermutigung weiter, die wir selbst von Gott bekommen. Genauso nämlich, wie wir in ganz besonderem Maß an den Leiden von Christus teilhaben, erleben wir durch Christus auch Trost und Ermutigung in ganz besonderem Maß« (2. Korinther 1,3-5; NGÜ).

Andere Menschen können ein kleines Trostpflaster sein, doch der Heilige Geist ist Quelle und Ursprung allen Trostes. Sein Wesen, seine Person, sein Charakter trösten. Die erste Quelle unseres Trostes muss der Heilige Geist sein. Ein besonderes Maß an Leid gibt die Gelegenheit auf ein besonderes Maß an Trost und Ermutigung.

Was den Schmerz lindert

Leid ist das schmerzvolle Erleben, dass mein Herz an den Umständen meines Lebens zerbricht. Doch dieses Zerbrechen macht mein Herz weich und formbar. Als würde die harte Schale durch das Leid zerbrechen.

Ich bin mir sicher, dass Gott das Leid nicht verursacht. Leid ist Teil einer Welt unter der Herrschaft der Sünde. Gott könnte jede leidvolle Situation aus unserem Leben entfernen. Doch manchmal verändert Gott deine Situation nicht, weil er dein Herz ändern will.

Ich hatte als Teenager den tiefen Wunsch, so zu werden wie Jesus. Es war mir nicht bewusst, dass dazu auch eine Vertrautheit mit Leid gehört. Ich habe nicht übermäßig gelitten, doch ich habe viele Gesichter von Leid erfahren. Der plötzliche frühe Tod meines Opas. Die Hilflosigkeit angesichts von Krankheit in meiner Familie. Das gebrochene Herz nach einer Beziehung. Das Mitleid im Leid von Menschen, die man liebt. Das Verlassen der eigenen Heimat. Das Verlieren und Loslassen von Menschen. Das monatelang schreiende eigene Baby. Die Enttäuschungen und Verletzungen von Christen. Die massive Hirnblutung meines Vaters. Der Tod meiner Nichte. Die vielen Konflikte in der Gemeinde.

Das Tragische dabei ist: All mein persönliches Leid weiter aufzuzählen wird dein Leid nicht lindern. Ich möchte mich aber mit deinem Leid solidarisieren und dich um dein Vertrauen bitten. Ich bin vertraut mit Leid. Wirklich. Ich weiß, wie es ist, zu leiden. Die Tage, an denen ich an diesem Kapitel schreibe, überrollt mich immer wieder eine neue Welle von Leid und Schmerz.

Leid hat viele Gesichter, und doch funktioniert es immer gleich. Wir fragen uns: »Warum gerade ich? Wo ist Gottes Segen? Wie lange noch?« Wir haben Angst, unter dem Leid und dem Schmerz zu zerbrechen. Wir fühlen uns allein und unverstanden. Wir sind untröstlich. Wir sind dem Leben ausgeliefert. Wir denken, dass es nie mehr enden wird. Wir entwickeln einen Tunnelblick und unser Leben in vielen bunten Farben verschwimmt hinter einer grauen Nebelwand. Wir verlieren die Perspektive und die Hoffnung. Wir beten und wünschen, dass sich die Situation ändert, was allzu oft nicht auf wundersame Weise augenblicklich passiert. Wir vergleichen uns mit Menschen, die weniger leiden, und empfinden das Leben als ungerecht.

Er heilt, die zerbrochenen Herzens sind, er verbindet ihre Wunden.

PSALM 147,3

Leider bin ich meistens untröstlich, wenn ich leide.

Wir sehnen uns nach Trost, und mit dieser Sehnsucht ziehen wir von Haus zu Haus. Doch meistens kommen wir enttäuscht und frustriert zurück. Ja, sehen unser Selbstmitleid eher noch bestätigt: *Niemand versteht mich. Niemand hat mich getröstet.* Was ist Trost eigentlich genau?

Trost ist Schmerzlinderung.

Nur, was soll die Schmerzen einer Mutter lindern, die ihr Kind verloren hat? Was soll die Schmerzen lindern von jemandem, der nach einem Unfall querschnittsgelähmt ist? Was soll jemanden trösten, der die Liebe seines Lebens verloren hat? Was soll jemanden ermutigen, der alles verloren hat? Was soll jemandem Trost spenden, der todkrank ist? Was soll jemandem helfen, der die Krise seines Lebens erlebt. Was willst du sagen, was dieses Leid lindern könnte?

Es gibt nichts zu sagen. Aber man kann einfach da sein. Mitfühlen. Mitweinen. Mitzweifeln. Sich dem Schmerz des anderen öffnen, anstatt ihn oberflächlich wegzuwischen.

Als externer Beobachter stehen wir dem Leid eines anderen hilflos gegenüber. Denn man kennt Leid und doch wird sich der andere immer unverstanden fühlen. Wir können Menschen nur in ihrem Leid voller Liebe wahrnehmen und annehmen. Wir können die Situation nicht verändern und sollten nicht versuchen sie herunterzuspielen. Jedes Leid ist für die Person, die es erfährt, real, so klein oder so groß es in unseren Augen auch sein mag.

Trost bedeutet nicht Ablenkung mit Schönem, auch nicht »Es wird schon wieder!«, Relativieren mit schlimmeren Szenarien oder ein gut gemeintes »Freue dich allezeit!«. Trost ist, sich dem Leid des anderen so hilflos, sprachlos, machtlos hinzugeben, wie wir dem Leid gegenüberstehen. Trost ist, zu vermitteln, dass man da ist und dableibt, so wie Gott da ist und dableibt.

Du wirst in deinem Leben verschiedenen Gesichtern von Leid begegnen. Das Leid löst meist ein sehr ähnliches Chaos in unseren Herzen aus, mit ähnlichen Gedankenmustern und Ängsten. Dein Herz schmerzt und du sehnst dich nach Trost. Diesen Trost findest du immer bei Gott. »Die Opfer Gottes sind ein zerbrochener Geist; ein zerbrochenes und zerschlagenes Herz wirst du, Gott, nicht verachten« (Psalm 51,19). Was sind die Opfer, die Geschenke, die Gott sich von uns wünscht? Ein zerbrochenes Herz reicht. Der König aller Könige, der auf alles in unserem Leben Anspruch hätte, wünscht sich, dass wir ihm unser zerbrochenes Herz schenken.

Vertraust du mir?

Im Leid ist unser Herz voller Wunden, wie in rostigen Stacheldraht eingewickelt. Jeder Schlag schmerzt. Das Herz pulsiert und drückt sich fester in den Draht. Jesus nimmt das Herz in seine Hände und sieht es liebevoll an: »Vertraust du mir?«

Das Herz fängt schneller an zu schlagen. »Vertraust du mir? Ich meine es gut mit dir.«

Jesus haucht das Herz an und fängt an, den Draht zu entfernen. Es ist schmerzhaft und das Herz wird durch das Auswickeln herumgedreht. Doch dadurch wird es frei. Das Herz wird heil. Das Herz wird neu.

Es ist, als würde Gott sagen: »Ich bin dein Gott. Vertraust du mir trotzdem? Vertraust du mir auch trotz deines Leides? Vertraust du mir, auch wenn du nicht alles verstehst? Vertraust du mir, dass ich dich nicht aufgeben und nicht verlassen werde, auch wenn deine Gefühle und Umstände vielleicht das Gegenteil behaupten? Vertraust du mir, dass dir, weil ich dich liebe, alle Dinge zum Besten dienen können? Vertraust du mir, dass ich einen Ort für dich vorbereite, an dem es keinen Tod, keinen Schmerz und keine Krankheit mehr geben wird und ich jede Träne abwischen werde? Mein Kind, erhebe dein Haupt und lass uns gemeinsam weitergehen.«

Du siehst die Wunden und heilst mein Herz
Beugst dich in meine Not herab und trocknest meine Tränen ab
O wie wunderbar bist du
In mir wächst dein Lob, steigt wie auf Flügeln auf
Und es gleitet hin zu deinem Herzen, Herr
O wie wunderbar bist du![35]

Du siehst die Wunden – Danny Plett

Ich würde gerne behaupten, dass ich meistens angesichts von Schmerz und Leid mutige Siegeslieder singe. Ich würde gerne erzählen, dass ich mich an den Triumph von Jesus erinnere und wie gut, schön und groß er ist. Ich würde gerne berichten, wie ich mit dem Schild des Glaubens das Leid des Lebens abwehre. Den feindlichen Riesen mit einem Schwertschlag töte und dann den Armeen des Feindes zurufe: »Ist das wirklich alles?«, so wie Achilles im Kampf gegen Boagrius im Film Troja.

Doch die Realität ist: An einem guten Tag singe ich das Lied oben und heule wie ein Schlosshund dazu. Ich möchte Leid und Schmerz am liebsten abwehren und von meinem Herzen fernhalten. Doch Leid ist Teil von meinem Leben. Auch diese Zeiten kann ich voller Vertrauen aus Gottes Hand nehmen. Und das ist erst mal gar nicht so leicht. Doch Leid beinhaltet immer die Möglichkeit, mein Herz zerbrochen und formbar in Gottes gute Hände zu legen und zu erleben, wie er es neu macht.

Der Moment, in dem Gott dein Herz verändert, wird anders sein, als du es dir wünschst. Denn meistens ist es kein Moment. Wie bei Saul.[36] Das bringt zwar gleich ein Ergebnis, aber keine tiefe Beziehung. Nicht nachhaltig. Gott ist beziehungsorientiert.

Er verändert dein Herz fortlaufend in Prozessen bis zu dem Tag, an dem du diesen Planeten verlässt oder dich nicht mehr weiter formen lässt – das heißt, bis du zulässt, dass Bitterkeit dein Herz verhärtet.

Manchmal gibt es in dieser fortlaufenden Veränderung einen Quantensprung. Die Zeit ist für Gott nebensächlich. Er hat genug davon. Die wachsende Beziehung zu dir ist die Hauptsache.

LEIDET JEMAND UNTER EUCH? ER BETE.
| JAK 5,13

Leid ohne Gott wird zu Bitterkeit und Frust. Leid ohne Gott zerstört unser Herz. Suche Gottes Nähe im Leid. Je mehr du leidest, umso mehr Zeit in seiner Nähe brauchst du.

Ein Schlüssel, den ich immer wieder in meiner Gefängniszelle mitten im Leid finden durfte, ist Lobpreismusik und das Buch der Psalmen. Es gibt viele Lieder, die Gottes Charakter preisen und biblische Wahrheiten verkünden. Das ist gut und richtig. Im Leid sprechen mich persönlich Lieder mehr an, die ich als gesungene, emotionale Gebete bezeichnen würde. Ich habe immer wieder erlebt, dass christliche Lieder mich aufheben, ermutigen und trösten. Ein Lied kann schon der Gamechanger für deinen Tag sein. Wenn du selbst nicht singen kannst, weil deine Stimme im Leid erstickt, dann lass dir von den vielen Lobpreismusikern dienen. Höre christliche Musik in den schlaflosen Nächten. Sprich mit Gott, auch wenn es sich plump und unpassend anfühlt. Lies in Gottes Wort. Schau dir Predigten an und entscheide dich gegen den Serienmarathon mit Eis. Such die Gemeinschaft mit anderen Christen, auch wenn sie unbeholfen mit deinem Leid umgehen. Such dir professionelle Hilfe. Lass für dich beten. Komm in Gottes Nähe.

Das alles verändert die leidvolle Situation nicht. Es gibt kein Sofort-Heilmittel. Doch Gott nahzukommen und dich für Trost zu öffnen, kann deine Perspektive erneuern. Dein Leid braucht göttliche Perspektive.

Ich möchte dich einladen, dass wir uns jetzt in unserem unterschiedlichen Leid dieser Perspektive zuwenden.

»Und er hat in den Tagen seines irdischen Lebens Bitten und Flehen mit lautem Schreien und mit Tränen vor den gebracht, der ihn aus dem Tod erretten konnte; ... So hat er, obwohl er der Sohn war, doch an dem, was er litt, Gehorsam gelernt« (Hebräer 5,7-8). Leid ist ein kraftvolles Lernfeld. Nie in meinem Leben habe ich so viel gelernt wie in den Tagen, die voll von Schmerz und Leid waren. Nichts hat mein Herz formbarer für Gottes gute Hände gemacht. Es gibt nichts, was meine Beziehung zu Gott so schnell tiefer und stärker hat werden lassen.

Leid ist ein wertvolles Lernfeld. Ich möchte Leid nicht glorifizieren. Ich möchte festhalten, dass Leid Teil unseres Lebens ist. Jedem von uns begegnet Leid. Mit verschiedenen Gesichtern, aber Leid bleibt Leid. Und doch möchte ich die Gemeinschaft seiner Leiden erkennen.[37] Ich möchte Leid nicht mehr aus Furcht vermeiden. Oder aus lauter Panik vor Schmerzen verpassen, wie Gott mein Herz neu macht. Ich möchte Leid im Vertrauen wie Jesus aus Gottes Hand annehmen und darin lernen.

»Und weil er selbst gelitten hat und Versuchungen ausgesetzt war, kann er denen helfen, die ebenfalls Versuchungen ausgesetzt sind« (Hebräer 2,18; NGÜ). Es gibt niemanden, der dich besser im Leid auf dieser Erde versteht als Jesus. Aus all den Erfahrungen, an denen er selbst gelernt hat, möchte er dir jetzt helfen.

Mehr als alles andere auf dein Herz zu achten, bedeutet nicht, es vor allem Leid zu verteidigen. Das klappt leider sowieso nicht.

Auf dein Herz zu achten bedeutet, im Leid genau hinzusehen, was dein Herz im Schmerz macht. Es bedeutet zu sehen, was Gott noch formen, heilen und erneuern möchte. Es bedeutet, Leid anzunehmen und Gott die Scherben zu geben. Auf dein Herz zu achten bedeutet, eine neue Perspektive auf Leid zu gewinnen.

Dein Leid muss kein Ort der Vernichtung sein, sondern kann ein Ort des Wachstums sein. Das hängt von deiner Perspektive ab.

Das Ziel vor Augen

Wir brauchen eine göttliche Perspektive im Leid. Diese Perspektive kann niemand für dich einnehmen. Du musst sie für dich finden und wählen. Denn im Leid kannst du sie vermutlich von niemand anderem als von dir selbst annehmen. Es ist spannend, dass Paulus, Petrus und Jakobus einstimmig in ihrer Perspektive im Leid sind.

Starten wir mit Paulus: »Jetzt freue ich mich in den Leiden für euch« (Kolosser 1,24). Paulus freut sich im Leid. Ohne sein Leiden im Gefängnis hätten wir heute keinen Epheser-, Kolosser-, Philipper- und Philemonbrief. Auch das Lukasevangelium und die Apostelgeschichte würden uns vermutlich fehlen. Ob Paulus wusste, dass er dort im Hausarrest Weltliteratur schreibt? Ich denke nicht. Er hat Gott im Leid vertraut, ohne alles zu verstehen. Er hatte Trost vom Tröster und so wuchs im Leid eine freudige, hoffnungsvolle Perspektive. Das ist die Kraft unseres Glaubens. Freude im Leid.

Wenn unsere Herzen bezüglich Leid nicht umdenken, dann verpassen wir das Wachstum.

Petrus schreibt an eine verfolgte, leidende Gemeinde mit vielen Sorgen und Problemen. Wir finden bei ihm dieselbe Perspektive, die sogar noch weit über das Wort »Freude« hinausgeht: »Darin jubelt ihr, die ihr jetzt eine kleine Zeit, wenn es nötig ist, in mancherlei Versuchungen betrübt worden seid, damit die Bewährung eures Glaubens viel kostbarer befunden wird als die des vergänglichen Goldes, das durch Feuer erprobt wird, zu Lob und Herrlichkeit und Ehre in der Offenbarung Jesu Christi; den ihr liebt, obgleich ihr ihn nicht gesehen habt; an den ihr glaubt, obwohl ihr ihn jetzt nicht seht, über den ihr mit unaussprechlicher und verherrlichter Freude jubelt; und so erlangt ihr das Ziel eures Glaubens: die Rettung der Seelen« (1. Petrus 1,6-9).

Als mein Vater zwei Monate im Wachkoma lag und nicht mehr aufgewacht ist, habe ich viel über diese Verse nachgedacht. Man möchte das im Leid, in der Trübsal, nicht hören, ich weiß. Doch ohne Perspektive gibt es kein Wachstum im Leid. Mit der richtigen Perspektive kann Leid eine Zeit in unserem Leben sein, die viel wertvoller als Gold ist.

Das Wort im Griechischen für »jubeln« bedeutet auch »vor Freude hüpfen«. Petrus spricht hier also wirklich von einer überdurchschnittlichen Freude, die sich im Leid in unserem Leben zeigen kann. Diese Freude wächst aus Perspektive. Petrus stellt fest: Es gibt mancherlei Situationen, die uns betrüben. Kommt die Situation vom Feind, ist es eine Versuchung, die Gott auf eine kurze Zeit begrenzt. Kommt die Situation von Gott, ist es eine Prüfung, und sie ist nötig.

Das griechische Wort an dieser Stelle bedeutet »Versuchung« und »Prüfung«. Den Unterschied macht, woher sie kommt. Doch egal, woher sie kommt, sie trifft auf unser Herz.

Wie sollten wir drauf reagieren?

Jesus lieben. Jesus glauben. Über Jesus jubeln.

Die aktiv gelebte Beziehung zum Tröster ist der Trost im Leid. Wenn unser Herz so auf Leid reagiert, wenn es in Beziehung mit dem Beistand tritt, dann ist es für Jesus Lob, Herrlichkeit und Ehre. Unsere Reaktion ist eine Offenbarung seines Wesens. Sie macht für alle sichtbar, dass Jesus Christus Freude, Hoffnung, Liebe, Perspektive und Wachstum mitten im Leid schenkt.

Der Bewährungsprozess unserer Vertrauensbeziehung mit Jesus mitten im Leid ist kostbarer als Gold. Leid bringt Gold hervor. In diesem Trainingsprozess wächst unsere Vertrauensbeziehung. Durch das Training unseres Vertrauens erreichen wir das Ziel unseres Glaubens: die Rettung der Seele. Das Ziel unseres Glaubens ist eine erlöste, gesunde Seele. Der Hebräer würde sagen, ein erlöstes, gesundes, neues Herz. Ein Herz, das so erlöst fähig ist, ganz und gar Gott zu lieben.

Leid läutert unser Herz wie Feuer das Gold. Die Hitze von Leid bringt die Schlacke unserer Herzen an die Oberfläche. Dort kann sie der »Goldschmied« entfernen und es bleibt reines Gold übrig.

Leid ist ein Lernfeld.

Leid ist eine Wachstumsmöglichkeit.

Leid ist die Gelegenheit, Trost und Ermutigung von Gott in besonderem Maß zu erfahren.

Leid bringt dich Gottes Ziel, ein neues Herz zu haben, näher.

»Haltet es für lauter Freude, meine Geschwister, wenn ihr in mancherlei Versuchungen geratet, indem ihr erkennt, dass die Bewährung eures Glaubens Ausharren bewirkt. Das Ausharren aber soll ein vollkommenes Werk haben, damit ihr vollkommen und vollendet seid und in nichts Mangel habt« (Jakobus 1,2-3). Gottes Ziel mit deinem Leben ist Vollkommenheit und Vollendung, nicht Mangel. Im Leid fühlt sich das überhaupt nicht so an, genau darum brauchen wir göttliche Perspektive. Wir müssen erkennen, dass die Trainingseinheiten unseres Vertrauens Ausdauer bewirken. Ein ausdauerndes Vertrauen bringt in allen Bereichen des Glaubens vollkommene Früchte.

Das macht Leid nicht angenehm, doch es gibt mir einen Grund zur Freude. Gott verspricht, dass er uns in dieser Zeit besonders nahe ist und wir seinen Trost und seine Ermutigung im besonderen Maße erleben können. Es reinigt mein Herz und macht es formbar. Im Leid bin ich mit Jesus verbunden. Mit dieser Perspektive freue ich mich im Leid. »Denn ich denke, dass die Leiden der jetzigen Zeit nicht ins Gewicht fallen gegenüber der zukünftigen Herrlichkeit, die an uns offenbart werden soll« (Römer 8,18). Ich freue mich nicht über das Leid. Ich freue mich über meine Perspektive im Leid. »Ein fröhliches Herz macht den Körper gesund; aber ein trauriges Gemüt macht kraftlos und krank« (Sprüche 17,22; HFA). Ich höre im Leid immer die Frage: »Vertraust du mir trotzdem?«

Whole Heart – Hillsong United

Das Leid in dieser Welt zerbricht unser Herz. Dort, wo wir selbst oft zu stur, zu beschäftigt, zu stolz, zu verhärtet, zu versteinert sind, zerschmettert das Leid unser Herz aus Stein. Wenn wir Gott den Scherbenhaufen schenken und uns von ihm trösten lassen, dann beginnt er, ein ganz neues Herz in uns zu formen.

FÜRCHTE DICH NICHT VOR DEM, WAS DU LEIDEN WIRST! | OFFB 2,10

8 SPENDERHERZ

Der Lichtmast im alten verfallenen Stadion schaukelt bedenklich, während ich die Leiter hinaufklettere. Das Metall fühlt sich kalt in meinen Händen an. Der Wind heult mir um die Ohren. Die Verzweiflung treibt mich höher. Tief atmend stehe ich schließlich oben und halte mich am Geländer fest.

Mein Herz pocht wild.

Eine Böe bringt den Metallturm zum Schwanken. Ich schaue über das Lichtermeer der Stadt. Ich bin wieder an dem Punkt, wo ich aufgeben will. So habe ich mir meine Arbeit im Reich Gottes nicht vorgestellt. Ständig nörgelt jemand. Mein Herz ist zerrissen von unterschiedlichen Vorstellungen. Vor lauter Erwartungen fühle ich mich handlungsunfähig. Sobald ich die eine Erwartung erfülle, enttäusche ich eine andere. Dauerhafte Disharmonie statt Gleichklang.

Ich fühle mich unverstanden und ausgenutzt. Streit mit den Leuten, mit denen man eigentlich zusammenarbeiten sollte. Ich wünsche mir echte Freundschaften. Doch ich fühle mich als Mülldeponie für alle Sorgen, Beschwerden und Probleme.

Meine Finger krallen sich in das kalte Metallgeländer. Ich kann diese Menschen nicht mehr lieben. Ich will keinen Tag mehr länger hier sein. Wenn ich das noch ein Jahr mache, dann ist mein Herz endgültig kaputt. So habe ich mir das alles einfach nicht vorgestellt. Ich fühle mich unaussprechlich einsam. Mein Herz schlägt voller Zorn und Schmerz. So kann es unmöglich weitergehen. Mein Herz schmerzt und spuckt nur noch Verletztheit und Hass aus. Mein krankes Herz macht mich und mein Umfeld kaputt. Ich kann ohne ein neues Herz nicht weitermachen. Es muss sich etwas ändern, jetzt! Ich seufze Richtung Himmel und schaue in die funkelnden Sterne. Ich brauche eine Veränderung tief in mir drinnen.

ERSCHAFFE IN MIR EIN REINES HERZ, GOTT, UND GIB MIR EINEN NEUEN, GEFESTIGTEN GEIST. | PS 51,12*

Ich hebe meine Hände in den Wind und spreche ein kurzes, einfaches Gebet. In diesem Moment fühlt es sich an, als würde ein tonnenschwerer Stein von meinem Herzen fallen. Wie eine warme prickelnde Flüssigkeit durchströmen mich ein tiefer Frieden und eine neue Liebe.

Ich kann es schlecht beschreiben, was in dieser Minute auf dem Turm passiert ist. Es war eine plötzliche Erneuerung meines Herzens. Keine Vollkommenheit, aber es wurde nie mehr wie vorher. Meine Situation war beim Herunterklettern noch immer gleich. Doch mein Herzschlag war völlig verändert.

Mein Herz war plötzlich übernatürlich leistungsfähig und gesünder, als es jemals war. Es fiel mir leicht zu vergeben und zu lieben. Es war leichter, Gottes Stimme zu hören. Meine Begabungen wuchsen kraftvoll. An Versuchungen konnte ich leichter vorbeigehen. Ich war viel freier. Bei Stimmungsschwankungen stürzte ich nicht mehr ins Bodenlose. Ich las die Bibel mit neuer Leidenschaft. Ich konnte die Lügen des Feindes leichter erkennen und bekämpfen. Ich hatte wieder eine riesige Freude daran zu predigen. Es sprudelte geradezu unaufhaltsam aus mir heraus. Ich war nicht mehr ich. Es war etwas völlig Neues entstanden. Gott hatte mich großzügig und unverdient mit einer Erneuerung in vielen Bereichen meines Herzens beschenkt.

Ein neues Herz kann Gnade genießen, ohne sie als selbstverständlich auszunutzen.

Ein neues Herz kann aus Freiheit annehmen und selbstlos schenken.

Ein neues Herz ist frei, seinen Nächsten zu lieben.

Ein neues Herz hat Frieden im Sturm.

Ein neues Herz kann vergeben und Verletzungen loslassen.

Ein neues Herz ist der Ort, an dem vollkommene, göttliche Liebe wächst und blüht.

Ein neues Herz lässt uns Gottes Wesen vorurteilsfrei erfahren.

Ein neues Herz kann Liebe empfangen.

Ein neues Herz ist formbar.

Ein neues Herz sucht Erneuerung und liebt Veränderung.

Aus einem neuen Herzen fließen Quellen des lebendigen Wassers, auch an dürren Orten.

Ein neues Herz verschenkt und hängt sich ganz an Gott.

Ein neues Herz ruht in den Händen eines starken Erlösers.

Ein neues Herz ist treu und ausdauernd.

Ein neues Herz kann sich anvertrauen.

Ein neues Herz kann seine eigenen Bedürfnisse denen von anderen unterordnen.

Ein neues Herz ist erwartungslos großzügig.

Ein neues Herz steht zu Fehlern und bittet um Vergebung.

Aus einem neuen Herzen wächst eine neue Identität.

Ein neues Herz geht den ersten Schritt.

Ein neues Herz ist gnädig und barmherzig.

Ein neues Herz liebt es, Gottes Willen zu tun.

Ein neues Herz erkennt eigene Fehler.

Ein neues Herz sprudelt über vor Dankbarkeit.

Ein neues Herz ermöglicht eine völlig neue Art von Lebensqualität, Kraft, Beziehung zu Gott und zu anderen Menschen.

Ein neues Herz kann sich ganz hingeben.

Ein neues Herz macht uns zu einem völlig neuen Menschen. »Wenn jemand in Christus ist, so ist er eine neue Schöpfung; das Alte ist vergangen, siehe, Neues ist geworden« (2. Korinther 5,17). Unser Herz ist das Zentrum der geistlichen Erneuerung in unserm Leben. Das Novum beginnt, wenn jemand in Christus ist. Durch Jesus werden wir zu einer neuen Kreatur. Mit Jesus sind wir gänzlich neue Menschen. Jesus selbst sagt: »Ihr müsst von Neuem geboren werden« (Johannes 3,3). Es entsteht ein völlig neues Leben.

Zerrissen zwischen Alt und Neu

Dieses geistliche Geschehen ist mit menschlichen Worten nicht ausreichend zu beschreiben, noch kann es mit dem Verstand erfasst werden. Die Taufe soll uns erlebnispädagogisch dabei helfen, mit dem ganzen Körper zu erleben, was in einem Augenblick in unserem Herzen passiert.

Paulus erklärt diese Verwandlung so: »Durch die Taufe sind wir mit Christus gestorben und sind daher auch mit ihm begraben worden. Weil nun aber Christus durch die unvergleichlich herrliche Macht des Vaters von den Toten auferstanden ist, ist auch unser Leben neu geworden, und das bedeutet: Wir sollen jetzt ein neues Leben führen. Denn wenn sein Tod gewissermaßen unser Tod geworden ist und wir auf diese Weise mit ihm eins geworden sind, dann werden wir auch im Hinblick auf seine Auferstehung mit ihm eins sein. Was wir verstehen müssen, ist dies: Der Mensch, der wir waren, als wir noch ohne Christus lebten, ist mit ihm gekreuzigt worden, damit unser sündiges Wesen unwirksam gemacht wird und wir nicht länger der Sünde dienen. Denn wer gestorben ist, ist vom Herrschaftsanspruch der Sünde befreit« (Römer 6,4-7; NGÜ).

Unser Herz ist so defekt, dass wir ein Spenderherz benötigen. Ein völlig neues, gesundes Herz. Jesus ist gekommen, um uns ein neues Herz zu schenken. Er starb, um dir ein neues Herz zu verleihen. Viele Menschen, die eine Beziehung mit Jesus eingehen, erleben besonders in der ersten Zeit, wie dieses neue Herz in ihnen zu schlagen beginnt. Der Himmel ist blauer. Die Wiesen sind grüner. Die Blumen sind bunter. Man möchte die ganze Welt umarmen. Man fühlt sich unaufhaltsam.

Golgatha – Urban Life Worship

Das Herz reagiert in so vielen Situationen auf gute Art und Weise neu. Der Unterschied zu vorher macht uns dankbar und erfüllt uns mit Freude. Das Denken, das Handeln, das Wollen und Fühlen – alles ist mit dem Herzen neu geworden. Sichtbarer Fortschritt ist schön und befriedigend. Doch Gott ist nicht leistungsorientiert, sondern beziehungsorientiert.

Wir haben zwar mit einem Mal ein neues Herz und einen neuen Geist. Doch mit der Zeit stellen wir fest, dass vieles ein Vorgeschmack eines neuen Herzens war. Denn ein neues Herz entfaltet sich in einer lebenslangen Beziehung zu Gott.

Ich möchte es mit einer Ehe vergleichen. Als ich vor inzwischen rund einem Jahrzehnt unterschrieben habe, eine Ehe mit meiner Frau Ruth einzugehen, hatte ich rückblickend keine Ahnung. Keine Ahnung, was Ehe eigentlich bedeutet. Keine Ahnung, wer ich bin. Keine Ahnung, wer meine Frau ist. Keine Ahnung, wie man eine gelingende Beziehung führt. Ich war absolut ahnungslos. Ich bin heute noch immer an vielen Stellen ahnungslos, aber ich habe mehr Ahnung als vorher. Wir sind zusammengewachsen und kennen uns viel besser als am Anfang.

Auf dem Papier sind wir heute gleich verheiratet wie damals. Also für den Staat gibt es keinen Unterschied. Wir sind nicht *mehr* verheiratet als vorher. Doch unsere Beziehung ist in der Zwischenzeit gewachsen und hat sich entwickelt. Sie wurde in Herausforderungen trainiert. In Konflikten haben wir uns besser kennengelernt. Es ist noch immer dieselbe Ehe, aber nicht mehr die gleiche Beziehung.

Wir bekommen von Gott ein neues Herz, wenn wir seinen Sohn Jesus als unseren Retter annehmen. Der Heilige Geist erfüllt uns und beginnt, Ordnung in unser chaotisches Herz mit allen Verletzungen, Fehlern und Krankheiten zu bringen. In unserem Status vor Gott haben wir ab diesem Zeitpunkt ein neues Herz. Es ist gerecht, heilig, ansprechbar und formbar. An jedem weiteren Tag unseres Lebens geht es dann darum, dass wir unser Herz durch die Beziehung mit Jesus Gott ähnlicher formen lassen. Der Heilige Geist stellt Schritt für Schritt unsere verlorene Ebenbildlichkeit wieder her. Je mehr wir uns auf Schritt und Tritt vom Heiligen Geist leiten lassen, desto mehr entfaltet sich die Neuheit unseres Herzens und fließt in unser Tun.

Die Auswirkung eines neuen Herzens ist so gigantisch, dass ein alter Mensch in einen völlig neuen Menschen verwandelt wird. Paulus zeichnet diesen Kontrast so kräftig wie möglich.

Er beschreibt Menschen mit einem kaputten Herzen so: »Ihre Gedanken sind auf nichtige Dinge gerichtet, ihr Verstand ist wie mit Blindheit geschlagen, und sie haben keinen Anteil an dem Leben, das Gott schenkt. Denn in ihrem tiefsten Inneren herrscht eine Unwissenheit, die daher kommt, dass sich ihr Herz gegenüber Gott verschlossen hat« (Epheser 4,17-18; NGÜ). Ein Herz, das sich Gott gegenüber verschlossen hat, bleibt ein kaputtes Herz. Ein kaputtes Herz wird von dem fehlenden Wissen über Gott und die eigene Identität beherrscht. Ein kaputtes Herz verpasst das Leben, das Gott schenken will. Es ist blind und hat einen egozentrischen, kurzsichtigen Lebensfokus. Kaputtes Herz ist gleich kaputter Mensch.

Erschaffe mir, Gott, ein reines Herz.

PSALM 51,12

In den Gegensatz dazu stellt er den neuen Menschen, der durch das Vertrauen auf Jesus Christus ein neues Lebensfundament bekommen hat: die Wahrheit. Was ist damit gemeint? Der neue Mensch soll nicht mehr so weiterleben, wie der alte Mensch gelebt hat: »Dann wurdet ihr aber auch gelehrt, nicht mehr so weiterzuleben, wie ihr bis dahin gelebt habt, sondern den alten Menschen abzulegen, der seinen trügerischen Begierden nachgibt und sich damit selbst ins Verderben stürzt. Und ihr wurdet gelehrt, euch in eurem Geist und in eurem Denken erneuern zu lassen und den neuen Menschen anzuziehen, der nach Gottes Bild erschaffen ist und dessen Kennzeichen Gerechtigkeit und Heiligkeit sind, die sich auf die Wahrheit gründen« (Epheser 4,22-24; NGÜ).

Mit wachsender Herzenserkenntnis unserer Identität erneuert sich unser Lebenswandel. *Werde, was du bist!* Die Tragweite eines neuen Herzens kann sich nur stückweise in einem Leben am Herzschlag Gottes entfalten. Die Erneuerung, die Gott in unserem Leben beginnt, setzt sich ein Leben lang fort.

Metamorphose

Das Neue Testament ist oft mehr von einem griechischen Menschenbild geprägt. Hier verbirgt sich das Herz oft hinter den Begriffen Denken, Sinn oder Geist. Erneuert sich unser Herz, dann erneuert sich unser Denken, so erneuert sich unser Handeln und so ziehen wir den neuen Menschen an. »Und seid nicht gleichförmig dieser Welt, sondern werdet verwandelt durch die Erneuerung des Sinnes…« (Römer 12,2a). »Werdet verwandelt« ist die Übersetzung des griechischen Wortes *metamorphousthe*. Was eine Metamorphose ist, wissen wir aus dem Biologieunterricht von den Schmetterlingen.

Ich habe mich mit einer Biologin unterhalten, die auf Insekten spezialisiert ist. Bei der Metamorphose entsteht aus der Larve ein vollkommen neues Lebewesen. Die ursprüngliche Larve löst sich durch Selbstverdauung nahezu vollständig auf und stirbt. Die Raupe verwandelt sich in ein völlig neues Lebewesen, einen wunderschönen Schmetterling.

Das alte Ich stirbt und ein neues Ich wird geboren. Die Erneuerung unserer Herzen verwandelt uns auf wundersame Weise in ein vollkommen neues Lebewesen.

SO WERDEN AUCH WIR IN NEUHEIT DES LEBENS WANDELN. | RÖM 6,4B

Wir dürfen nicht auf dem Weg der Erneuerung stehen bleiben. Ein neuer Mensch zu werden bedeutet, in unserer Gesinnung fortlaufend erneuert zu werden. Unsere Gesinnung entspringt unserem Herzen. Nur mit einem neuen Herzen können wir das wichtigste Gebot erfüllen und Gott mit ganzem Herzen lieben.

Es ist mir wichtig zu betonen, dass ein neues Herz ein Erneuerungsprozess in der gelebten Beziehung zu unserem Herzspender und unserem Herzspezialisten ist. Teile erleben wir sprunghaft, wenn wir unser Herz Jesus schenken, und manchmal erleben wir ein rapides Wachstum in Krisenzeiten des Lebens oder wenn uns Gottes Geist neu erfüllt. Doch meistens ist es ein stetiger, langsamer, steiler, steiniger Erneuerungsprozess.

Wie bei einer Wanderung. Der Gipfel ist noch weit weg. Doch wenn wir zurückschauen und sehen, wo wir losgewandert sind, dann sehen wir, was für eine enorme Strecke wir schon zurückgelegt haben. Als guter Bergführer kennt Jesus das Tempo, das du brauchst, um bei verschiedenen Schlüsselstellen noch die Kraft zu haben und schließlich das Ziel zu erreichen. In der Beziehung mit Gott ist es tatsächlich so, dass schon der Weg Teil des Zieles ist.

Ich persönlich habe lange Zeit eine stetige Erneuerung in kleinen Schritten erlebt. Doch an manchen Schlüsselstellen, wie am Anfang beschrieben, habe ich einen Quantensprung in der Erneuerung meines Herzens erleben dürfen. Mein Herz ist an vielen Punkten noch viel zu wenig neu. Ich bin nicht perfekt. Ich schreibe dieses Buch nicht, weil ich denke, ein vollendetes neues Herz zu haben. »Geschwister, ich bilde mir nicht ein, das Ziel schon erreicht zu haben. Eins aber tue ich: Ich lasse das, was hinter mir liegt, bewusst zurück, konzentriere mich völlig auf das, was vor mir liegt, und laufe mit ganzer Kraft dem Ziel entgegen, um den Siegespreis zu bekommen – den Preis, der in der Teilhabe an der himmlischen Welt besteht, zu der uns Gott durch Jesus Christus berufen hat« (Philipper 3,13-14; NGÜ).

Ich schreibe dieses Buch, weil ich mehr denn je merke, dass das Königreich Gottes in gesunden neuen Herzen wächst. Ich brauche ein neues Herz. Du brauchst ein neues Herz. Auf diesen Weg möchte ich dich einladen und dich ermutigen, dich darauf einzulassen.

Ich will mich von den Worten von Paulus motivieren und mitreißen lassen. Wir müssen Dinge bewusst zurücklassen und konzentriert, mit ganzer Kraft ein neues Herz zu unserem Lebensziel machen. Wir brauchen ein neues Herz. In einem alten Herzen kann sich das Königreich Gottes nicht ausbreiten.

Gemeinde braucht nicht mehr Wissen, mehr Rechtgläubigkeit, mehr Technik, mehr Gebäude, mehr Angestellte, mehr Geld, mehr Qualität, mehr Lichteffekte, mehr Videos, mehr Kurse.

Gemeinde braucht mehr Menschen mit neuen Herzen.

Das neue Herz ist die Plattform der Ereignisse der Apostelgeschichte und der ersten Gemeinde. Neue, gesunde Herzen werden diese Welt verändern und erneuern. Das ist die Kraft des Geistes, die aus dem Tempel Gottes fließt, sich von einem Rinnsal in einen Bach, dann in einen Fluss und in einen Strom verwandelt und schließlich das Tote Meer in einen Ort voller Leben verwandeln wird.[38] Der Tempel, in dem diese Quelle entspringt, ist unser Herz, in dem Gott durch seinen Heiligen Geist wohnt.[39]

Mein Traum ist eine Gemeinschaft von Menschen mit erneuerten Herzen. In der Einheit von erneuerten Herzen wächst und blüht Gottes Königreich. Dieses Königreich überwältigt alle Finsternis und verändert die Welt, in der wir leben, nachhaltig. So eine Einheit von neuen Herzen ist der Ausgangspunkt der Apostelgeschichte: »Als sie aber das hörten, drang es ihnen durchs Herz« (Apostelgeschichte 2,37a). Durch den Heiligen Geist drang die Frohe Botschaft vollmächtig durch Herzen, die vorher versteinert waren und nichts hören konnten. Das Evangelium erneuerte die Herzen dieser Menschen damals, die Petrus predigen hörten. Und damit wurde das gesamte Leben der ersten Nachfolger von Jesus von Nazaret neu. Sogar beim Essen wurde ihr verändertes Herz sichtbar: »Sie nahmen Speise mit Jubel und Einfalt des Herzens« (Vers 46b).

Ich muss gerade daran denken, wie meine Kinder essen. Meistens gibt es keinen Jubel beim Essen, sondern mindestens einen, der sagt: »Das schmeckt mir aber nicht!« Die Hälfte des Essens landet auf ihrem Shirt, dem Tisch, dem Boden und den Sesseln. Man kann froh sein, wenn man als Elternteil am Nebenplatz sauber bleibt. Ich denke fast, als Familie verkörpern wir beim Essen eher die Steinzeit als eine neue Menschheit. Ein neues Herz verändert einfach alle Bereiche unseres Lebens.

Ein Herz und eine Seele

»Die Menge derer aber, die gläubig wurde, war ein Herz und eine Seele« (Apostelgeschichte 4,32). Als riesige, vielfältige Gemeinschaft hatten sie ein Herz. Sie alle hatten ein neues Herz vom gleichen Herzspender erhalten. Plötzlich war diese Menge der Herzen miteinander kompatibel. Die Herzen waren auf vielfältige Weise gleich erneuert worden und so war Einheit möglich. Eine Einheit, die wir heute so oft schmerzlich als Kirchen vermissen, weil wir kein neues Herz empfangen haben oder versäumen, es auf dem Weg der Heilung beständig erneuern zu lassen.

Ich will eine Menge von Menschen erleben, die ein Herz und eine Seele sind. Dieses eine große, pulsierende Gemeindeherz ist die Antwort Gottes auf die Verlorenheit der Welt. Die Antwort auf Schwierigkeiten in deiner Beziehung ist ein neues Herz. Die Antwort auf Herausforderungen in deiner Familie ist ein neues Herz. Die Antwort auf jedes Problem in der Gemeinde sind erneuerte Herzen. Die Antwort auf alle Nöte in unserer Gesellschaft sind erneuerte Herzen. Die Antwort auf Krieg ist ein neues Herz. Die Antwort auf soziale Ungerechtigkeit ist ein neues Herz. Die Antwort auf moderne Sklaverei ist ein neues Herz. Die Antwort auf Klimawandel: ein neues Herz. Die Antwort auf Korruption: ein neues Herz.

Mehr als alles andere braucht diese Welt von Gott erneuerte Herzen, die sein Herz für diese Welt widerspiegeln. Denn alles beginnt in deinem Herzen. Die Lösung liegt in der Erlösung deines Herzens. Es ist so sinnvoll, bei deinem Herzen zu beginnen, weil du es beeinflussen kannst.

Mehr als alles achte auf dein Herz. Nicht auf das von anderen. Achte auf *dein* Herz. Warte nicht darauf, dass andere Menschen sich ändern. Die Erneuerung beginnt in dir.

Ich wünsche dir den Mut zu erkennen, dass dein eigenes Herz das Problem in deinem Leben ist. Es ist nicht zielführend, mit den unveränderlichen Umständen deines Lebens zu hadern. Ich kenne Menschen mit einem neuen, gesunden Herzen und ich staune. Das Leben wirft auf sie, woran andere zerbrechen würden. Sie werden an Konflikten noch schöner. Sie erleben völlige Wiederherstellung nach Verletzungen und gehen weiter. Sie sind dankbar mitten im Leid. Sie ermutigen, obwohl sie selbst körperlich krank sind. Sie stehen kraftvoll da, obwohl ihr Leben im Chaos versinkt. Sie haben Frieden mitten im Sturm. Sie ertragen das Leid von anderen und trösten. Sie sind formbar und entwickeln sich positiv. Sie verwandeln Wüsten in Oasen. Sie bleiben voller Vertrauen.

Ich habe mich oft gefragt, was das Geheimnis von solchen Menschen ist. Ich musste feststellen, sie haben ein anderes Herz. Ihr Herz hat eine Kapazität, eine Leistung, die mein Herz nicht hat, die einfach übernatürlich ist. Eine Kraft im Herzen, die nur von dem kommen kann, der selbst gewaltig an Herzenskraft ist. Ihr Herz kann so reagieren, weil Gottes Herz so ist. Es ist sein Herz, das in ihnen schlägt. Das hat in mir die Sehnsucht geweckt, selbst so ein Herz von Gott geschenkt zu bekommen.

Meine größte Freude ist es, jetzt zu beobachten, wie mein Herz auf gleiche Situationen neu reagieren kann, wie viele Früchte wachsen, die Gott in meinem Herzen mit mir gepflanzt und kultiviert hat. Es ist ein Genuss zu beobachten, wie sich das Herz von anderen Menschen entwickelt und Fortschritte macht. Es ist ein Privileg, Geschwister zu haben, die ein neues Herz haben. Es ist so ansteckend und zeigt mir das enorme Potenzial von vielen, die zu einem Herzen vereint und befähigt leben. Ein Mensch mit einem neuen Herzen ist gesegnet und wird ein Segen sein. Wie Gott neue Herzen formt, ist wundervoll. Seine Liebe zum Detail ist faszinierend. »Daher jubelt mein Herz, und ich will ihn preisen mit meinem Lied« (Psalm 28,7).

Von aller Ewigkeit her ist es Gottes Herzensprojekt, dir ein neues Herz zu schenken und dich dabei zu begleiten, dass dieses neue Herz Erneuerung in jeden Bereich deines Lebens bringt. Dafür schlägt sein Herz. Er hat seinen Sohn gesandt, um dein Herz zu erobern und zu erneuern. Er hat es sich alles kosten lassen, dir ein neues Herz schenken zu können.

Dieses neue Herz reagiert anders als gewohnt auf gleiche Situationen. Ein neues Herz hat eine andere Perspektive auf schwierige Personen. Ein neues Herz kann lieben, als wäre es nie verletzt worden. Ein neues Herz spiegelt Gott wider. In der Krise fällt der Herzschlag nicht mehr ins Bodenlose.

Ich habe ausführlich davon gesprochen, wie kaputt unser Herz ist. Damit wollte ich in dir den Wunsch wecken, dein Herz neu formen zu lassen. Denn dort, wo sich Gottes Wunsch, uns ein neues Herz zu schenken, mit der Sehnsucht von uns trifft, ein neues Herz zu bekommen, entsteht etwas völlig Neues. »Wenn jemand zu Christus gehört, ist er eine neue Schöpfung. Das Alte ist vergangen; etwas ganz Neues hat begonnen« (2. Korinther 5,17; NGÜ).

Ich hätte dir gerne einen Fünf-Punkte-Plan in die Hand gegeben, den man abarbeiten kann. Doch das wäre Religion. Jesus wollte nichts mit Religion zu tun haben. Das ist eine *gute* Nachricht! Er will dein Herz und eine echte Beziehung zu dir. Die gelebte Beziehung ist der Gamechanger. Nur ein Punkt und wenig Plan dahinter. Je mehr deine Beziehung zu dem Gott wächst, der von sich sagt: »Siehe, ich mache alles neu!« (Offenbarung 21,5), umso neuer wird dein Herz.

Der Tod des Alten

Mehr als alles achte auf dein Herz.

Vielleicht fällt dir heute viel ein, was du noch zu tun hast. Es gibt so viel, was unsere Aufmerksamkeit auf sich zieht. *Mehr als alles andere* – es braucht eine klare Prioritätensetzung. Wenn du deine Wahrnehmung nicht bewusst auf dein Herz richtest, dann wird es nicht neu. Weil Gott sich wünscht, dass du klar sehend miterlebst, wie dein Herz neu wird. Gönn dir also eine Pause und achte auf dein Herz.

Das Ziel ist nicht: Hauptsache, ein neues Herz. Das Ziel ist die Beziehung zu Gott selbst und so bekommen wir ein neues Herz, weil sein Herzschlag unser Herz für immer verändert.

Es heißt, wenn Verliebte sich in die Augen schauen oder sich die Hände geben, synchronisiert sich ihr Herzschlag. Wenn wir Gott anschauen, verändert sich unser Herzschlag für immer. Wir brauchen immer wieder diesen Blick in Gottes Augen, damit sich unser Herzschlag an Gottes Herz angleicht und gesund weiterschlägt. Wenn wir an der Hand Gottes durchs Leben gehen, verändert sich unser Herzschlag für immer.

Es gibt ein Spannungsfeld zwischen göttlichem Wirken und menschlicher Verantwortung. Dieses Spannungsfeld auflösen zu wollen, finde ich unseriös. Ich kann mir und muss mir ein neues Herz nicht verdienen. Ich muss auch nicht nachträglich beweisen, dass ich es wert gewesen bin, ein neues Herz empfangen zu haben. Ich darf dankbar annehmen, wie Gott an meinem Herzen wirkt und wie sich das Neue, das er tut, entfaltet. Freiwillig möchte ich, mutig von Liebe motiviert, auf Gottes Geschenk antworten.

Wir können nur werden, wer wir in Gottes Augen sind, wenn wir loslassen, wer wir sind. Der alte Mensch muss sterben, damit der neue Mensch leben kann: »Tötet daher, was in den verschiedenen Bereichen eures Lebens noch zu dieser Welt gehört« (Kolosser 3,5; NGÜ). Es braucht eine klare Trennung vom alten Menschen. »Wenn jemand mir nachkommen will, verleugne er sich selbst und nehme sein Kreuz auf sich täglich und folge mir nach!« (Lukas 9,23). Der alte Mensch in uns muss täglich mit Jesus gekreuzigt werden. Nachfolge ist die tägliche Erneuerung unseres Herzens an der

Hand von Jesus. Für eine Erneuerung in meinem Leben muss ich Altes loslassen, ausziehen, töten.

Leider ist das nicht so einfach, wie es sich schreibt oder liest, aber mit der Kraft des Heiligen Geistes in uns ist es möglich. »Werft von euch alle Vergehen, mit denen ihr euch vergangen habt, und schafft euch ein neues Herz und einen neuen Geist!« (Hesekiel 18,31). Wir spielen eine aktive Rolle in dem Erneuerungsprozess. Du trägst eine Verantwortung für die Entwicklung deines Herzens. Ohne die Trennung von Dingen, die Gottes Charakter entgegenstehen, kann sich kein neues Herz entfalten. Doch ohne neues Herz ist es unmöglich, sich von Dingen, die Gottes Charakter entgegenstehen, zu trennen. Das ist das Spannungsfeld zwischen göttlichem Wirken und menschlicher Verantwortung.

Das Alte Testament malt teils in den schwärzesten Tönen vor Augen, wie dringend der Mensch ein neues Herz braucht. Der Mensch im Alten Bund scheitert immer wieder auf fürchterliche Weise bei dem Versuch, Gottes Charakter entsprechend zu leben. Er zerstört sich selbst, andere Menschen und die Schöpfung. Die Propheten lassen immer wieder die Hoffnung durchschimmern, dass es eines Tages einen neuen Bund geben wird. Einen neuen Bund, dessen Ausgangspunkt ein neues Herz und ein neuer Geist sind. Diese revolutionäre Verwandlung wird es möglich machen, so zu leben, wie Gott es will. Gott kündigt das an: »Und ich werde euch ein neues Herz geben und einen neuen Geist in euer Inneres geben; und ich werde das steinerne Herz aus eurem Fleisch wegnehmen und euch ein fleischernes Herz geben. Und ich werde meinen Geist in euer Inneres geben; und ich werde machen, dass ihr in meinen Ordnungen lebt und meine Rechtsbestimmungen bewahrt und tut« (Hesekiel 36,26-27). Diese Textstelle ist das Herzstück des Neuen Bundes. Gottes Geist in unserem Herzen ist das Neue am Neuen Bund. Dein neues Herz ist sein Geschenk.

»Sondern das ist der Bund, den ich mit dem Haus Israel nach jenen Tagen schließen werde, spricht der Herr: Ich lege mein Gesetz in ihr Inneres und werde es auf ihr Herz schreiben. Und ich werde ihr Gott sein, und sie werden mein Volk sein« (Jeremia 31,33; Hebräer 8,10). Gott schreibt uns sein Gesetz nicht hinter die Ohren. Er schreibt es in der gelebten Beziehung mit uns auf unser Herz und legt es in unser Inneres. Das ist der neue, bessere Bund, in dem wir als Bundespartner Gottes leben dürfen. Unser Herz wird in der Liebesbeziehung mit Gott durch die Erneuerung des Heiligen Geistes beschrieben. So wird unser Herz ein lebendiges Zeugnis von Gottes verändernder Kraft, Liebe und Gnade.

Ein neues Herz entfaltet sich ohne Druck. Druck verändert ein Herz nicht zum Guten. Doch es braucht eine klare Trennung von Dingen, die ungesund sind. Du achtest auf dein Herz, indem du alles ablegst, was ihm nicht guttut. In Gottes Wort ist das alles unter dem Begriff »Sünde« oder auch »Zielverfehlung« zusammengefasst. Wir müssen uns von Zielverfehlungen trennen, so wie wir schmutzige Kleider ausziehen. Das ist ein bewusstes Handeln.

Was ist es, das du ablegen musst? Im folgenden Bibeltext sind eigentlich verschiedene Dinge aufgezählt, doch ich wollte dir Platz geben, selbst nachzudenken, was du alles ablegen möchtest.

JETZT ABER LEGT AUCH IHR DAS ALLES AB: DA IHR DEN ALTEN MENSCHEN MIT SEINEN HANDLUNGEN AUSGEZOGEN UND DEN NEUEN ANGEZOGEN HABT, DER ERNEUERT WIRD ZUR ERKENNTNIS NACH DEM BILD DESSEN, DER IHN ERSCHAFFEN HAT. | KOL 3,8-10

Ich werde euch ein NEUES HERZ und einen NEUEN GEIST in euer Inneres geben.

HESEKIEL 36,26

Neuer Mensch

Mit einem neuen Herzen werden wir zu neuen Menschen. Als neuer Mensch werden wir nach dem Bild Gottes erneuert. Er hat uns ursprünglich in seinem Bild erschaffen und dieses Bild stellt er durch Erneuerung wieder her. Dieser neue Mensch, dieses lebendige Bild auf zwei Beinen, wird erneuert, damit Gott erkannt wird. Menschen, die Gott nicht kennen, sollen in uns, als erneuertes Bild, Gott erkennen können.

Ein neues Herz dient zur Erkenntnis für andere Menschen. Ein neues Herz alleine, eingesperrt zu Hause, nützt dem Königreich Gottes nichts. Sein Königreich ist der Ort, wo Herzen neu werden. Sein Herz schlägt dafür, allen Menschen ein neues Herz zu geben. Worauf wartest du? Ein Brief, den Gott geschrieben hat, ist dafür da, von anderen Menschen gelesen zu werden. Gute Literatur göttlichen Ursprungs muss unter die Leute! »Ja, es ist offensichtlich, dass ihr ein Brief seid, den Christus selbst verfasst hat und der durch unseren Dienst zustande gekommen ist. Er ist nicht mit Tinte geschrieben, sondern mit dem Geist des lebendigen Gottes, und die Tafeln, auf denen er steht, sind nicht aus Stein, sondern aus Fleisch und Blut; es sind die Herzen von Menschen!« (2. Korinther 3,3; NGÜ).

Clean Heart – Life. Church Worship

Die Geschichte, die Gott mit deinem Herzen schreibt, ist einzigartig. Sie ist so einzigartig, weil er sie nicht auf Papier oder Stein schreibt, sondern auf lebendige Herzen. Gott schreibt seine Geschichte mit seinem Geist auf unser Herz. Diese Geschichte ist inspirierend, sie ist authentisch und sie ist einzigartig von einem Autor verfasst, der grenzenlos kreativ, supernatürlich und liebevoll ist und der seine Botschafter und alle Leser von Herzen liebt. Diese Liebe ist die Kraft, die Herzen nachhaltig verwandelt. »Denn die Liebe Gottes ist ausgegossen in unsere Herzen durch den Heiligen Geist, der uns gegeben worden ist« (Römer 5,5). Es ist eine wunderbare Geschichte von Veränderung, von Heilung und von Wiederherstellung.

Gottes Literatur handelt von unverdientem Segen, überwältigender Gnade und lebensverändernder Liebe. Es ist eine Geschichte von Hoffnung, Zukunft und Mut. Er schreibt sie geduldig und treu, Tag für Tag, nicht mit Tinte, sondern mit seinem Geist. Seine Geschichte mit dir ist noch lange nicht am Ende. Sie hat gerade erst begonnen, und der beste Teil liegt noch vor uns. Unsere Geschichte beginnt mit folgenden Worten:

ALS ABER DIE GÜTE UND DIE MENSCHENLIEBE UNSERES RETTER-GOTTES ERSCHIEN, RETTETE ER UNS, NICHT AUS WERKEN, DIE, IN GERECHTIGKEIT VOLLBRACHT, WIR GETAN HÄTTEN, SONDERN NACH SEINER BARMHERZIGKEIT DURCH DIE WASCHUNG DER WIEDERGEBURT UND ERNEUERUNG DES HEILIGEN GEISTES. DEN HAT ER DURCH JESUS CHRISTUS, UNSEREN RETTER, REICHLICH ÜBER UNS AUSGEGOSSEN, DAMIT WIR, GERECHTFERTIGT DURCH SEINE GNADE, ERBEN NACH DER HOFFNUNG DES EWIGEN LEBENS WURDEN.
| TIT 3,4-7

9 HERZLICH WILLKOMMEN

Über drei Jahre hatten meine Frau Ruth und ich eine Fernbeziehung. Wir hatten uns gerade frisch verliebt, da ging sie für fast ein Jahr nach Frankreich, danach war ich für ein halbes Jahr als Soldat im Kosovo und anschließend habe ich zwei Jahre in der Schweiz studiert. Die meiste Zeit waren wir mindestens tausend Kilometer voneinander entfernt. Es war schrecklich. Im Schnitt haben wir uns so alle drei Monate mal für ein paar Tage gesehen. Die meiste Zeit haben wir miteinander geskypt, leider meistens nur gechattet, weil die Internetverbindung so schlecht war, und Telefonieren aus der Schweiz zu teuer. Manchmal hörte ich mehrere Wochen ihre Stimme nicht und konnte mir nur Fotos von ihr ansehen.

Als ich im Kosovo, in der Schweiz und in Tirol war, fühlte ich mich nie wirklich daheim. Doch auch wenn ich an den Ort zurückkehre, wo ich den größten Teil meines Lebens verbracht hatte, fühlte es sich nicht mehr so nach Heimat an wie früher. Ich war einfach zu lange weg gewesen und viele Freundschaften hatten sich verändert. Ich fühlte mich überall heimatlos. Die meiste Zeit habe ich die Tage gezählt, bis ich endlich wieder Ruth, damals meine Freundin, dann meine Verlobte, umarmen konnte.

Endlich ist es wieder so weit. Die schwere Tasche mit Schokolade, Käse, anderen Geschenken und vielen Büchern war fertig gepackt. Warm angezogen, zu Fuß zur nächsten Bushaltestelle.

Vierzehn lange Stunden und dreimal Umsteigen später: »Nächster Halt: Graz Hauptbahnhof, Endstation.«

Mein Herz beginnt schneller zu schlagen. Ich packe schnell meine Sachen und gehe zur Waggontüre, damit ich als Erster aussteigen kann. Mein Handy vibriert. *Ich bin schon da und warte auf dich.* Mein Herz schlägt noch schneller. Der Zug rollt endlich am Grazer Hauptbahnhof ein, hält und die Tür geht auf. Irgendwie quetsche ich mich mit Rucksack und riesiger Tasche als Erster durch die Tür. Da ist sie endlich.

Ich laufe ein paar Schritte auf Ruth zu. Sie fällt mir vor Freude weinend um den Hals. Ich fühle, wie ihr Herz schlägt. Einen Moment bleibt die Zeit stehen. Die lange Umarmung, die vielen Schmetterlinge im Bauch, der vertraute, anziehende Geruch von ihr, die Glückshormone, die ausgeschüttet werden, ihre ersehnte Stimme. Langsam fängt mein Herz gelassener an zu schlagen.

Endlich daheim. Mit ihr gemeinsam ist überall Heimat.

Über die langen Bahnfahrten und was man da so alles erlebt, könnte ich ein eigenes Buch schreiben. Jemand, der nie drei Monate von seinem Partner getrennt war, kann vermutlich nicht ganz nachvollziehen, was ich versuche zu beschreiben. Diese Sehnsucht, die Rastlosigkeit, das Heimweh und das prickelnd warme Gefühl, endlich den Menschen zu umarmen, den man auf diesem Planeten am meisten liebt. Das Gefühl, von ganzem Herzen willkommen zu sein.

Nach drei langen Jahren Fernbeziehung haben wir endlich geheiratet. Wir sind gemeinsam in eine Wohnung gezogen und waren seit damals nie mehr so lange voneinander getrennt. Endlich konnten wir die vielen schönen Momente genießen, die man erleben kann, wenn man gemeinsam unter einem Dach wohnt. Zusammen in einer Wohnung zu leben und sich nicht nur gegenseitig zu besuchen, hat unsere Beziehung auf ein absolut neues Level gebracht.

»Siehe, ich stehe an der Tür und klopfe an; wenn jemand meine Stimme hört und die Tür öffnet, zu dem werde ich hineingehen und mit ihm essen und er mit mir« (Offenbarung 3,20). Dieser Text wirft für mich mehrere Fragen auf: Warum steht der Herr der Welt vor der Tür und klopft? Warum wurde er nicht sehnlichst erwartet und dann mit offenen Türen herzlich empfangen? Was für eine Kirche sind wir, wenn uns Gott nicht willkommen ist? Immerhin richtet sich dieser Text an eine Gemeinde.

Stell dir vor, die Gemeinde hat sich am Sonntag zum Gottesdienst versammelt und Jesus steht vor der Tür und klopft. Wieso ist er überhaupt draußen? Statt seine Kirche zu leiten, heilsam an ihr zu wirken und Gemeinschaft mit ihr zu haben, steht er vor der Tür und klopft. Gerade so, als wäre er aus seiner eigenen Kirche ausgeschlossen worden.

Das war auch schon so, als Jesus vor über 2000 Jahren hier auf der Erde gelebt hat. Es gibt eine Begebenheit, in der Jesus gesagt hat: »Siehst du diese Frau? Ich bin in dein Haus gekommen, du hast mir kein Wasser für meine Füße gegeben; sie aber hat meine Füße mit Tränen benetzt und mit ihren Haaren getrocknet. Du hast mir keinen Kuss gegeben; sie aber hat, seitdem ich hereingekommen bin, nicht abgelassen, meine Füße zu küssen. Du hast mein Haupt nicht mit Öl gesalbt; sie aber hat mit Salböl meine Füße gesalbt« (Lukas 7,44-46). Jesus wird von den Theologen seiner Zeit zum Essen eingeladen. Im Grunde laden sie ihn ein, um ihn zu demütigen, indem sie ihm jegliche Geste der Gastfreundschaft verwehren. Diese Theologen haben ihren Kopf voller Bibel, sie halten sich akribisch an die Gesetze, sie sondern sich von Unheiligem ab, doch ihr Herz ist verschlossen. Jesus ist ihnen nicht willkommen. Sie leben in einer theoretischen Theologie, in der Gott selbst keinen Platz mehr hat.

Dann gibt es da diese Frau, sie war im Dorf dafür bekannt, eine Sünderin zu sein. Sie hat kein perfektes Leben vorzuweisen. Sie hat keine theologische Ausbildung. Vermutlich kennt sie nur einige wenige Grundlagen von Gottes Wort. Sie ist eine Außenseiterin und sie ist eine Frau – im Denken der Männer damals ein Mensch zweiter Klasse. Doch mehr als alle anderen an diesem Tag heißt sie Jesus herzlich willkommen.

Diese Frau lässt es sich so viel kosten, Jesus willkommen zu heißen. Sie schiebt beiseite, was all die anderen sagen und denken werden. Es geht ihr um Jesus. Sie bringt ihm die Ehre entgegen, die ihm mit Absicht von seinen Gastgebern verweigert wurde. Sie gießt ihr teures Salböl verschwenderisch über seine Füße, nachdem ihre Tränen über die staubigen Füße gelaufen waren.

In diesem intimen Moment zwischen Jesus und der Frau, mitten in der Öffentlichkeit, stellt er ihre Würde wieder her: »Ihre vielen Sünden sind vergeben, denn sie hat viel geliebt; wem aber wenig vergeben wird, der liebt wenig. Er aber sprach zu ihr: Deine Sünden sind vergeben. Dein Glaube hat dich gerettet. Geh hin in Frieden!« (Lukas 7,47-50).

Alle Personen waren im gleichen Raum mit Jesus. Ich weiß nicht, was die Theologen von diesem Essen mitgenommen haben. Auf jeden Fall haben sie sich über das unschickliche Verhalten der Frau geärgert und über diesen Rabbi, der Sünden vergibt. Die Frau war zur gleichen Zeit, am gleichen Tag, am gleichen Ort, doch mit einem offenen Herzen. Ihr ganzes Sein weinte ein »Herzlich Willkommen!«. Und sie erlebt tiefe, heilsame Gemeinschaft mit Jesus.

Zählen wir zu denen, die viel lieben, oder zu denen, die viel wissen?

Herrliche Wohngemeinschaft

Der König des ganzen Universums will Gemeinschaft mit dir. Wenn ihm jemand die Tür öffnet, zu dem wird er hineingehen, er wird einziehen. Das ist ein königliches Versprechen. »Erhebt, ihr Tore, eure Häupter, und erhebt euch, ihr ewigen Pforten, dass der König der Herrlichkeit einzieht!« (Psalm 24,7). Unser Herz ist der Ort, wo wir Gemeinschaft mit Gott haben. Dort will Jesus mit seiner Herrlichkeit hineinkommen, einziehen, Wohnung nehmen. Dort sollen sein Licht, seine Schönheit und sein Wesen alle Winkel ausfüllen, überfluten. Wenn Jesus, der König der Herrlichkeit, in unser Herz einzieht, dann kommt er, um zu dienen.[40] Er kommt, um in uns einen Tisch zu decken – mittendrin in den Baustellen, Schmerzen und dem Chaos, selbst wenn Feinde zuschauen: »Du lädst mich ein und deckst mir den Tisch selbst vor den Augen meiner Feinde. Du salbst mein Haupt mit Öl, um mich zu ehren, und füllst meinen Becher bis zum Überfließen« (Psalm 23,5; NGÜ).

Jesus zieht durch den Heiligen Geist bei uns ein. Seinen Jüngern stellt er diesen neuen Mitbewohner so vor: »Doch wenn der Helfer kommt, der Geist der Wahrheit, wird er euch zum vollen Verständnis der Wahrheit führen. Denn was er sagen wird, wird er nicht aus sich selbst heraus sagen; er wird das sagen, was er hört. Und er wird euch die zukünftigen Dinge verkünden. Er wird meine Herrlichkeit offenbaren; denn was er euch verkünden wird, empfängt er von mir« (Johannes 16,13-14; NGÜ). In seiner Tasche hat der Heilige Geist einen gut durchdachten Renovierungsplan. Wir dürfen ihm Wohnraum zur Gestaltung freigeben. Dann brütet er über dem Tohuwabohu in unserer Herzenswohnung und beginnt, Raum für Raum Ordnung und echtes Leben in unser Chaos zu bringen – sich darum zu kümmern, dass die Herrlichkeit des Königs Einzug hält. Er tut das Stück für Stück mit uns, damit unsere Beziehung wächst.

Wenn Jesus durch den Geist bei uns einzieht, dann bringt er auch einen ganzen Berg voller Geschenke und Früchte mit. Die Geschenke Gottes sind so groß, dass man die restliche Lebenszeit braucht, um im Ansatz die gigantischen Dimensionen begreifen zu können. Wenn er in uns wohnt, dann werden wir für immer bei ihm wohnen.

IHR SEID GOTTES HAUSGENOSSEN. | EPH 2,19

Der Heilige Geist ist ein kreativer Gestalter. Wer ihn in seinem Herzen willkommen heißt, wird erleben, wie er jede Kammer erneuert und verändert. Er kommt, um zu bleiben. Paulus nennt uns »Mitbewohner Gottes«. Wir wohnen zusammen mit ihm. Während viele andere Menschen in unserem Leben kommen und gehen, bleibt der Heilige Geist treu, beständig, erneuernd, tröstend an unserer Seite. Er will, dass unser Zusammenleben von einer herzlichen Willkommenskultur ihm gegenüber geprägt ist.

Umström – Yada Worship

Mit Gott zusammenzuwohnen ist ein starkes Bild. Wer zusammenlebt, der teilt das ganze Leben. Das Bild illustriert, was Gott unter dem Wort Vertrauen versteht. Vertrauen ist eine praktische Lebensgemeinschaft mit Gott. Zusammenwohnen drückt Intimität und Gemeinschaft aus. Die Möglichkeit, den anderen täglich zu beobachten und immer besser kennenzulernen.

Wenn unser Herz vom Heiligen Geist bewohnt wird, dann ist da auch kein Platz für andere Mitbewohner. Also die Möchtegern-Mitbewohner klopfen vielleicht an unsere Tür, aber wir sind frei, sie abzuweisen, weil unser Haus schon voll ist. Wenn unser Herz nicht von Gottes gutem Geist bewohnt wird, dann wird es, selbst wenn er es frei macht, langfristig von anderen Dingen in Besitz genommen werden. Jesus erklärt seinen Jüngern, dass eine Wohnung nicht gekehrt und geschmückt wird und dann leer bleibt.

Herzen sind Wohnungen – irgendwer oder irgendwas wird früher oder später einziehen.[41]

Freiheit

»Wo aber der Geist des Herrn ist, ist Freiheit« (2. Korinther 3,16). Wenn er in unserem Herzen wohnt, dann kehrt eine lebensverändernde Freiheit ein. Es ist die Freiheit, Nein zu schlechten Mitbewohnern zu sagen und ihnen die Tür vor der Nase zuzumachen. Es ist die Freiheit, täglich tiefer in der Beziehung mit Gott zu wachsen und als neuer Mensch zu leben. Die Freiheit, sich bedingungslos und unverdient lieben zu lassen. Es ist die Freiheit, loszulassen und zu vergeben. Die Freiheit, das Leben aus Gottes Perspektive zu sehen. Es ist eine Freiheit, die nicht in Worte zu fassen ist und das Fassungsvermögen unseres Herzens übersteigt.

Der springende Punkt zwischen dem Alten und dem Neuen Testament ist der Heilige Geist, der durch Jesus in unseren Herzen Wohnung nimmt. Ohne Beziehung mit dem Heiligen Geist leben wir weiterhin wie im Alten Bund. Das ist eine Tragik, die Paulus im Hinblick auf das Volk Israel so beschreibt: »Aber bis heute, sooft Mose gelesen wird, liegt eine Decke auf ihrem Herzen. Dann aber, wenn es sich zum Herrn wendet, wird die Decke weggenommen. Der Herr aber ist der Geist; wo aber der Geist des Herrn ist, ist Freiheit. Wir alle aber schauen mit aufgedecktem Angesicht die Herrlichkeit des Herrn an und werden so verwandelt in dasselbe Bild von Herrlichkeit zu Herrlichkeit, wie es vom Herrn, dem Geist, geschieht« (2. Korinther 3,15-18).

Erst wenn Jesus durch die Tore unseres Herzens bei uns eingezogen ist, entfaltet Gottes Wort seine ganze Strahlkraft. Ohne Beziehung zu Jesus ist es nicht möglich, Gottes Wort mit dem Herzen zu erfassen. Jesus ist eins mit dem Geist. Wo die beiden wirken, dort entsteht Freiheit. Die Herrlichkeit, der strahlende Ausdruck von Gottes Wesen, seinem Charakter, ist uns dann nicht mehr wie durch eine Decke verborgen, sondern wir schauen Gottes Charakter, direkt offenbart von seinem Geist. Wenn unser Herz Gottes herrlichen Charakter offenbart bekommt, dann wird es Stück für Stück durch den Heiligen Geist in sein Bild verwandelt.

Das Ziel des Gesetzes ist es, uns zu beweisen, dass wir Sünder sind und dringend Hilfe brauchen. Doch das Gesetz vermag unser Herz nicht zu verändern. Gesetz plus kaputtes Herz ergibt ein religiöses Gefängnis aus Richtig und Falsch. Doch der Geist, er macht unser Herz frei und verwandelt uns in einer tiefen, persönlichen Beziehung zu einem neuen Menschen, der Gottes Charakter in dieser Welt sichtbar macht.

»Wenn ihr aber erkannt hättet, was das heißt: Ich will Barmherzigkeit und nicht Schlachtopfer, so würdet ihr die Schuldlosen nicht verurteilt haben« (Matthäus 12,7). Das neue Herz ist erlöst von toter Religiosität, von dem Zwang, sich selbst und andere beurteilen und verurteilen zu müssen. Ein freies Herz kann Gottes Barmherzigkeit in vollem Ausmaß widerspiegeln.

»Denn Gott, der gesagt hat: Aus Finsternis wird Licht leuchten, er ist es, der in unseren Herzen aufgeleuchtet ist zum Lichtglanz der Erkenntnis der Herrlichkeit Gottes im Angesicht Jesu Christi. Wir haben aber diesen Schatz in irdenen Gefäßen, damit das Übermaß der Kraft von Gott ist und nicht aus uns« (2. Korinther 4,6-7). Die ganze Herrlichkeit Gottes lebt durch seinen Geist in uns. Das ist einfach mit menschlichen Möglichkeiten nicht zu erfassen. Wir beherbergen diesen Schatz in einem tönernen Gefäß. Der ganze herrliche Reichtum von Gottes Charakter lebt in unserem zerbrechlichen, menschlichen Herzen. Unser schwaches, krankes Herz wird zum Wohnort für einen heiligen, vollkommenen Gott. Das ist allein durch den ein für alle Mal ausreichenden, vollkommenen Tod von Jesus am Kreuz möglich geworden.

So wie der König der Welt von Anfang an unpassenderweise in einer Krippe liegt, wohnt der Herr der ganzen Erde nun in unseren Herzen. Und von dort aus verändert er die Welt. So zeigt Gott seine Souveränität. Er gießt den Schatz seiner Gegenwart verschwenderisch in unsere zerbrechlichen Gefäße und lässt sie von dort aus heilsam in eine verlorene Welt strömen.

Abba

Wir leben oft aus der alten Annahme, da wäre immer noch Mangel in unserem Herzen. Wir schauen auf das, was wir nicht haben, oder vergleichen uns mit anderen, die scheinbar gesegneter und reicher sind. Wenn du das in dir wahrnimmst, wird es höchste Zeit, den Geist der Wahrheit zu bitten, dir Wahrheit zu offenbaren. Denn er wird uns »zum vollen Verständnis der Wahrheit führen« (Johannes 16,13; NGÜ), erklärt Jesus seinen Jüngern schon damals. Als hätte er geahnt, dass wir den neuen unendlichen Reichtum Gottes in uns leicht übersehen. Wir würden unser Leben nicht wiedererkennen, wenn unser Herz vertrauensvoll aus der Fülle des Reichtums leben würde.

»Weil ihr nun also seine Söhne und Töchter seid, hat Gott den Geist seines Sohnes in eure Herzen gesandt, den Geist, der in uns betet und ›Abba, Vater!‹ ruft« (Galater 4,6; NGÜ). Der Geist Gottes verleiht uns einen neuen Status voller Vorzüge. Mit ihm als Bewohner haben wir Gewissheit, dass wir Töchter und Söhne Gottes sind. Familie Gottes! Ein königliches Geschlecht! Er adelt uns und ist die Anzahlung auf unser Erbe. Und so gibt er uns auch den Zugang zu den geistlichen Vorratskammern und Schatzkammern Gottes.

Er schafft ein Naheverhältnis zu Gott selbst. Er verbindet unser Herz mit dem Herzen Gottes. »Was kein Auge gesehen und kein Ohr gehört hat und in keines Menschen Herz gekommen ist, was Gott denen bereitet hat, die ihn lieben. Uns aber hat Gott es offenbart durch den Geist, denn der Geist erforscht alles, auch die Tiefen Gottes« (1. Korinther 2,9-10). Der Heilige Geist erforscht die unermesslichen Weiten von Gottes Herz und offenbart sie uns. Ohne den Geist der Erkenntnis und der Offenbarung bleibt alles Wissen fruchtlos. Nur geleitet vom Geist können wir beim Lesen von Gottes Wort ein Offenbarungserlebnis haben, das unser Herz verändert. Ohne den Geist in unserem Alltag können wir das Geheimnis nicht erkennen, dass der König der Herrlichkeit unser Papa ist und wir Teil seiner königlichen Familie geworden sind – mit allen Privilegien und voller Berufung. Ohne den Heiligen Geist bleibt der Tempel eine leere Hütte. Doch er erleuchte die Augen unserer Herzen, damit wir wissen, was der Reichtum der Herrlichkeit seines Erbes in den Heiligen ist.[42]

Ohne eine Offenbarung über meinen Reichtum werde ich immer in Mangel und Armut leben, obwohl ich in Christus mit jedem geistlichen Segen in der Himmelswelt gesegnet bin.[43] Wir brauchen mehr Offenbarung in der gelebten Beziehung zu Gott durch den Heiligen Geist.

Immer wenn ich denke, dass Gottes Geist schon ziemlich viel Platz in meinem Leben hat, stelle ich fest, dass er aber noch viel mehr Platz haben könnte. Ich selbst konnte mir früher unter dem Heiligen Geist eigentlich nie viel vorstellen. »Es ist ein Geheimnis, das Generationen lang verborgen war: Christus in euch, die Hoffnung der Herrlichkeit« (Kolosser 1,27). Es braucht keinen Ort mehr, wo wir hingehen müssen, um ihm zu begegnen. Er lebt in uns. Er spricht zu jedem von uns. Er leitet uns. Er wirkt durch uns.

Du lebst in einem »besseren Bund«. »Besser« meint keine rationale Bewertung des Bundes, sondern eine Erfahrung des Herzens.

Es ist erlebbar, dass der Neue Bund besser ist. Durch den Geist Gottes, der in dein Herz einzieht und Wohnung nimmt, kann deine Beziehung zu Gott eine viel bessere Qualität haben als die vieler Generationen vor dir. Zentrale Wesenszüge Gottes sind dir viel leichter zugänglich. »Und ihr, die Salbung, die ihr von ihm empfangen habt, bleibt in euch, und ihr habt nicht nötig, dass euch jemand belehrt, sondern wie dieselbe Salbung euch über alles belehrt und wahr ist und keine Lüge ist und wie sie euch belehrt hat, so bleibt in ihm« (1. Johannes 2,27). Ohne den Heiligen Geist bleibt deine Beziehung zu Gott auf einen Mittler angewiesen und steht mit einem Fuß in der Religiosität. Über Jahrhunderte war das auch im Christentum noch normal, obwohl der neue Mitbewohner, der alles verändern sollte, eigentlich schon längst mit fertig gepackten Koffern einzugsbereit war.

Der Heilige Geist ist vollkommene Einheit mit Jesus und unserem himmlischen Papa. Er ist die Kraft in unserem geistlichen Leben. Ohne ihn bleibt unser Leben kraftlos und geistlos. Ohne Gaben, ohne Frucht, ohne direkte Kommunikation mit Gott und vielleicht sogar ohne Heilsgewissheit zu leben, ist, wenn auch gerettet, eine kraftlose christliche Existenz. Jesus ist gekommen, um die Vollmacht, die ihm der Geist verlieh, mit uns zu teilen. »In der Kraft des Heiligen Geistes habt ihr begonnen, und jetzt wollt ihr aus eigener Kraft das Ziel erreichen? Seid ihr wirklich so unverständig?« (Galater 3,3; NGÜ).

Wenn es uns gelingt, alle Vorurteile und falschen Erwartungen gegenüber Gottes Geist loszulassen und außer Acht zu lassen, was andere denken könnten, und wenn wir mit einem hungrigen Herzen zu ihm kommen, füllt er uns mit seiner Herrlichkeit, mit der Verheißung, mit der Anzahlung auf die zukünftige Herrlichkeit. Er selbst kommt und wohnt in uns.

Unlimitiert

Als Jugendlicher habe ich mich danach gesehnt, wenigstens einen Tag mit Jesus auf der Erde verbringen zu können. Ich habe es immer als unfair empfunden, dass die Jünger Jesus ständig um sich hatten und ihn alles fragen konnten. Sie konnten seine Wunder sehen, mit ihm essen und mit ihm spazieren gehen. Im Gegensatz dazu hatte ich nur ein Buch voller Abenteuer, die andere Menschen mit Jesus erlebt hatten. Das fühlte sich nach einem schlechten Tausch an, bis ich über folgenden Vers stolperte: »Doch ich sage euch die Wahrheit: Es ist euch nützlich, dass ich weggehe, denn wenn ich nicht weggehe, wird der Beistand nicht zu euch kommen; wenn ich aber hingehe, werde ich ihn zu euch senden« (Johannes 16,7).

Jesus war als Mensch an einen Körper, an Raum und Zeit gebunden. Er musste essen, trinken, ausruhen und schlafen. Jesus war limitiert. Wie hätte er so eine weltweite Gemeinde leiten und dabei noch allen Menschen eine persönliche Beziehung mit Qualität anbieten sollen? Der Dienst von Jesus mündet im Ausgießen des Heiligen Geistes und der damit verbundenen globalen Ausbreitung von Gottes Königreich in Menschenherzen.

ICH WERDE EUCH NICHT VERWAIST ZURÜCKLASSEN, ICH KOMME ZU EUCH. | JOH 14,18

Der Heilige Geist ist Jesus ohne Limits. Er ist nicht gebunden an Materie, Raum und Zeit. Er befähigt Menschen weltweit, Gott mit ganzem Herzen zu lieben. Er ist der Heiler, der Tröster, der Beistand und fügt die Scherben unseres Lebens zu einem Mosaik zusammen. Er leitet uns persönlich. Er lebt in uns. Er verherrlicht Jesus in uns, steigert in uns die Vorfreude darauf, was Jesus für uns getan hat und tun wird. Er übersetzt unser Gebet. Er gibt uns

Heilsgewissheit. Er wirkt Wunder. Er erfüllt uns mit Kraft, Mut und Liebe.

Der Heilige Geist qualifiziert uns, als Nachfolger Gottes zu leben. In all den Stürmen und dem Chaos des Lebens habe ich seine Qualitäten und seinen Dienst in meinem Herzen lieben gelernt. Ich habe erlebt, wie er mich tröstet, mir beisteht und mir verheißungsvoll eine Perspektive voller Zukunft und Hoffnung zuruft. Er offenbart mir den Vater. Hat mein Herz mit Gottes Herzen verbunden. »Ebenso aber nimmt auch der Geist sich unserer Schwachheit an; denn wir wissen nicht, was wir bitten sollen, wie es sich gebührt, aber der Geist selbst verwendet sich für uns in unaussprechlichen Seufzern. Der aber die Herzen erforscht, weiß, was der Sinn des Geistes ist, denn er verwendet sich für Heilige Gott gemäß« (Römer 8,26-27).

Niemand kennt und erforscht dein Herz besser als der Geist. Er hat den Überblick. Der Heilige Geist hilft uns zu sortieren, damit wir loslassen, was uns langfristig zerstört, und ausdauernd festhalten, was Gott für unser Leben vorbereitet hat. Ohne ihn passiert genau das Gegenteil. Wir umklammern, was uns zerstört, und

Ich preise deinen Namen – Loben

geben auf, was er uns als Auftrag gegeben hat. Ohne ihn bauen wir ständig an der falschen Baustelle.

Wenn wir unser Vertrauen auf Jesus setzen, darauf, dass er für uns gestorben und auferstanden ist, dann werden wir durch seine Liebe und Gnade erlöst, und sein Geist erfüllt uns. Wir bekommen ein neues Herz und werden so zu neuen Menschen wiedergeboren. Sein Geist verwandelt unser Herz Stück für Stück in fruchtbaren Boden für alles, was er in dieser Welt wachsen lassen will. Es ist wie bei der Erschaffung der Erde: Der Geist Gottes schwebt über Chaos. Dann geht es los. Er lässt sich nieder und aus Dunkelheit und Chaos entstehen eine farbenfrohe Tier- und Pflanzenwelt, fein ausbalancierte Ökosysteme, Naturgesetze. Pulsierendes Leben.

Genau so kommt der Geist über die trockenen Knochen unserer verlorenen Existenz und haucht uns Leben ein. Wir werden zu einem neuen Geschöpf, voll von geistlichem Leben, bunten Früchten der ganzen Herrlichkeit Gottes. Wir selbst werden sein Wohnort.

Mehr Raum

Ich wohne mit Ruth und unseren Kindern inzwischen seit sieben Jahren in unserer Wohnung in Eisenstadt. Wir haben die Wohnung, abgesehen von einem Raum, voll möbliert übernommen. Gemeinsam haben wir den einen leeren Raum nach unseren Vorstellungen gestaltet. Alle anderen Zimmer haben wir nach und nach neu renoviert. Inzwischen haben wir die Wohnung ganz in Besitz genommen und unseren Vorstellungen entsprechend neu gestaltet. Das ist, was Menschen mit ihrem Lebensraum tun: ihn gestalten, einrichten, wohnlich machen.

Genau das ist es auch, was der Heilige Geist in seiner Wohnung tut. Er verändert und gestaltet unser Herz. Er nimmt es in Besitz. Er erfüllt uns zunehmend mehr. Paulus fordert uns darum auf, dem Geist, der in uns wohnt, immer mehr Raum zu überlassen: »Und berauscht euch nicht mit Wein, worin Ausschweifung ist, sondern werdet voller Geist, indem ihr zueinander in Psalmen und Lobliedern und geistlichen Liedern redet und dem Herrn mit eurem Herzen singt und spielt! Sagt allezeit für alles dem Gott und Vater Dank im Namen unseres Herrn Jesus Christus!« (Epheser 5,18-20). Das griechische Wort, das hier für »werdet voll« gebraucht wird, bringt eine andauernde, wiederholte Handlung zum Ausdruck. Der Heilige Geist will mehr Raum bekommen. Er will dich immer noch ein Stückchen mehr erfüllen.

Wie werden wir voller Geist? Der Text ist klar. Redend! Singend! Spielend! Dankend! Gebet und Lobpreis mit Herz ist der Schlüssel. Das Herz entscheidet, ob der Schlüssel passt. »Gefestigt ist mein Herz, Gott, gefestigt ist mein Herz! Ich will singen und spielen. Wache auf, meine Seele! Wacht auf, Harfe und Zither! Ich will aufwecken die Morgenröte« (Psalm 57,8-9).

WERDET VOLLER GEIST! | EPH 5,18

Wir sehen in der Apostelgeschichte, dass die erste Gemeinde und einzelne Personen mehrmals vom Heiligen Geist erfüllt werden.[44] Das meint keine Neuerfüllung, weil der Heilige Geist irgendwo ausgelaufen ist, sondern dass der Heilige Geist mehr Herzensraum in einzelnen Menschen und auch in einer Gruppe von Menschen bekommt und diesen auch ausfüllt. Das führt zu einem Feuer der Leidenschaft, das die Herrlichkeit Gottes entzündet. »Seid brennend im Geist!« (Römer 12,11). Es sind klare Anweisungen, dem Geist Gestaltungsfreiraum in unserem Lebenshaus zu geben und immer mehr von ihm erfüllt zu werden. Es ist also nicht Undankbarkeit oder Unersättlichkeit, wenn wir als Kinder Gottes beten, dass Gottes Geist uns neu, frisch, mehr, tiefer erfüllen möge. Im Gegenteil: Es ist unsere Aufgabe.

Der Heilige Geist zieht in unser Herz ein, um zu bleiben. Wir können den Heiligen Geist nicht plötzlich verlieren oder ihn mit einer Handlung so kränken, dass er beleidigt seine Sachen packt und wieder auszieht. Wir können ihn bewusst willkommen heißen, ihn gestalten lassen und ihm mehr Raum schenken. Aber wir können sein Reden dämpfen. Wir können bewusst weghören oder unser Herz verhärten – das heißt die Gestaltungsideen des Heiligen Geistes nicht wertschätzen. »Den Geist löscht nicht aus« (1. Thessalonicher 5,19). »Und betrübt nicht den Heiligen Geist Gottes«

(Epheser 4,30) – das sind liebevolle Ermahnungen, weil wir ohne Geist nur existieren und nicht leben. Nur mit dem Geist können wir siegreich leben.

»Denn das Fleisch begehrt gegen den Geist auf, der Geist aber gegen das Fleisch; denn diese sind einander entgegengesetzt, damit ihr nicht das tut, was ihr wollt« (Galater 5,17). Du kannst dich dem geistlichen Krieg um dein Herz nicht entziehen. Der Geist in uns stellt sich gegen alles in unserem Leben, woran unser Herz mehr hängt als an Gott. Er richtet sich gegen alles, was uns zerstört und versklavt. Ohne den Heiligen Geist auf einem geistlichen Schlachtfeld können wir gleich zusammenpacken. Die teils blinde Angst vor dem Heiligen Geist und seinem Wirken ist eine listige Strategie des Feindes, um ganze Gemeinden zu lähmen.

Ich möchte von Jesus lernen, wie ein vom Heiligen Geist erfülltes Leben aussieht. Es ist ein Leben, frei von Angst, Scham und Schuld. Sein Wort ist die Grundlage dafür.

Wir wissen nicht genau, was Jesus tat, bevor ihn der Geist in dieser klaren Vision nach seiner Taufe im Jordan erfüllte, doch mit ihm begann sein Dienst: »Ich schaute den Geist wie eine Taube herabfahren, und er blieb auf ihm« (Johannes 1,32). Wenn man sich eine gurrende, lästige, graue Straßentaube vorstellt, dann kann man sich fragen, was hier der Vergleichspunkt mit dem Heiligen Geist sein soll. Doch es gibt viele andere Arten von Tauben. Die meisten leben an ruhigen Plätzen, weit weg von dem Trubel der Gesellschaft. Sie bauen ihre Nester an Orten, wo sie nicht gestört werden. Sie lassen sich nieder, wo sie Ruhe haben. Jesus war wie ein perfekter Nistplatz für den Heiligen Geist. Er kam auf ihn und blieb auf ihm. Der Heilige Geist hatte ein Zuhause gefunden, wo er willkommen war.

Mein Herz erinnert sich: »Sucht mein Angesicht!«

PSALM 27,8

»Jesus aber, voll Heiligen Geistes, kehrte vom Jordan zurück und wurde durch den Geist in der Wüste vierzig Tage umhergeführt und von dem Teufel versucht« (Lukas 4,1-2). Der Geist erfüllt Jesus und beginnt, ihn an einem schwierigen Ort weiter auf seinen Dienst vorzubereiten. Er führt Jesus in die Wüste. Ich weiß nicht, wo der Heilige Geist dich hinführen wird, um dich auf deinen Auftrag vorzubereiten. Es könnte aber etwas Ungewöhnliches sein. Es könnte dort staubiger, heißer und einsamer sein, als du dir vielleicht wünschst.

Bei Jesus sehen wir: Der Heilige Geist kann uns ganz bewusst in solche Wüstenzeiten führen. Es war eine Zeit der Konfrontation mit dem Feind, in der er lernte zu widerstehen und zu überwinden. Der Geist steht uns genauso bei und formt unser Herz. Wir sehen danach, wie Jesus in einer neuen Kraft und Vollmacht weiter wirkt: »Und Jesus kehrte in der Kraft des Geistes nach Galiläa zurück, und die Kunde von ihm ging hinaus durch die ganze Umgegend. Und er lehrte in ihren Synagogen, geehrt von allen« (Lukas 4,14-15). Er lehrte mit Vollmacht, heilte Kranke, machte Menschen zu Nachfolgern, beantwortete schwierige Fragen, tat Wunder und beendete den Einfluss von bösen Mächten. Das alles tat er durch die Kraft, die der Geist in ihm bewirkte.

Jesus ist eins mit dem Geist. Er ordnet sich der Leitung des Geistes vertrauensvoll unter. Der Heilige Geist ist Jesus willkommen und bleibt auf ihm. Wie herzlich willkommen ist dir die Leitung und Korrektur von Gott, die er dir durch seinen Geist gibt? Wie willkommen sind die Aufträge von Gott, die nicht in deine Tagesplanung und in deine Komfortzone passen? Wie willkommen ist dir Veränderung in deinem Leben, die er wirken will?

Jesus verspricht uns: »Wie viel mehr wird der Vater, der vom Himmel gibt, den Heiligen Geist geben denen, die ihn bitten!« (Lukas 11,13).

WIR WERDEN ZU IHM KOMMEN UND WOHNUNG BEI IHM MACHEN. | JOH 14,23

Wenn unsere drei Kinder hören, dass ich nach Hause komme, dann lassen sie – zum Bedauern meiner Frau – alles liegen und stehen und fallen und stürmen so schnell wie möglich zur Tür. Über den Holzboden hört es sich an wie eine ganze Herde Gnus im vollen Galopp. Lukas springt mir meistens entgegen: »Hallo, Papa!« Leonie springt wild auf und ab: »Papa, Papa, Papa!«, beginnt in einem Redeschwall zu berichten, was sie alles erlebt hat. Als Letztes läuft meistens Lars um die Ecke, umarmt mein Bein und wartet darauf, hochgehoben zu werden: »Tsss, tssss, tssss.« Das heißt wohl so viel wie: »Herzlich willkommen daheim!«

Es ist eine stürmische Begrüßung und ich denke, die meisten Nachbarn bekommen mit, wenn ich nach Hause komme. Ich weiß jetzt schon, dass mir diese Art herzlicher Begrüßung fehlen wird, wenn unsere Kinder größer sind. Es ist wie eine Welle überschwänglichen Lebens, die mich erfasst, und ich genieße es sehr. »Siehe, ich stehe an der Tür und klopfe an« (Offenbarung 3,20). Wenn Gott bei dir anklopft – überrollst du ihn mit so einer kindlichen Freudenwelle? Der Heilige Geist kann sie in dir auslösen. Wenn du ihm mehr Raum in deinem Herzen gibst, wirst du mehr von Gottes Wirken, seinem Reden, seinen Gaben und seiner Frucht erleben und dabei völlig frei, echt, liebevoll und in Übereinstimmung mit Gottes Wort sein. Das Leben mit dem Heiligen Geist macht unsere Beziehung zu Gott lebendig. Sie weckt in uns erst die Fähigkeit, über Gott so begeistert zu sein wie eins meiner Kinder, das mir als Papa in die Arme springt.

ER GEBE EUCH NACH DEM REICHTUM SEINER HERRLICHKEIT, MIT KRAFT GESTÄRKT ZU WERDEN DURCH SEINEN GEIST AN DEM INNEREN MENSCHEN; DASS DER CHRISTUS DURCH DEN GLAUBEN IN EUREN HERZEN WOHNT UND IHR IN LIEBE GEWURZELT UND GEGRÜNDET SEID, DAMIT IHR IMSTANDE SEID, MIT ALLEN HEILIGEN VÖLLIG ZU ERFASSEN, WAS DIE BREITE UND LÄNGE UND HÖHE UND TIEFE IST, UND ZU ERKENNEN DIE DIE ERKENNTNIS ÜBERSTEIGENDE LIEBE DES CHRISTUS, DAMIT IHR ERFÜLLT WERDET ZUR GANZEN FÜLLE GOTTES. | EPH 3,16-19

10 HERZFRUCHT

Ich liebe Früchte aller Art. Der Sommer ist meine Zeit. Ich könnte mich vorwiegend von Obst ernähren. Ich bin fasziniert von Früchten, wie sie wachsen, wie sie aussehen und wie sie schmecken. Doch bis heute habe ich noch nie eine Herzfrucht gekostet, auch bekannt als Cherimoya. Ihr Geschmack soll wie eine Mischung aus Ananas, Mango und Erdbeere sein. Stelle ich mir herrlich vor. Eine richtige Geschmacksexplosion! Ich wünsche mir, dass die Früchte, die aus meinem Herzen wachsen, genauso köstlich sind. Sie sollen nach Kirschen, Himbeeren, Marillen und Isabellatrauben schmecken.

Jetzt gerade ist es aber Winter und ich muss auf die vielen leckeren Früchte noch geduldig warten. »Von nun an, alle Tage der Erde, sollen nicht aufhören Saat und Ernte, Frost und Hitze, Sommer und Winter, Tag und Nacht« (1. Mose 8,22). Auf den folgenden Seiten wird es um ein fruchtbares Herz gehen, darum wollen wir in die farbenfrohen Bilder der Bibel von Landwirtschaft und Jahreszeiten eintauchen.

»Der Sämann ging hinaus, seinen Samen zu säen; und indem er säte, fiel einiges an den Weg, und es wurde zertreten, und die Vögel des Himmels fraßen es auf. Und anderes fiel auf den Felsen; und als es aufging, verdorrte es, weil es keine Feuchtigkeit hatte. Und anderes fiel mitten unter die Dornen; und indem die Dornen mit aufwuchsen, erstickten sie es. Und anderes fiel in die gute Erde und ging auf und brachte hundertfache Frucht. …

Der Same ist das Wort Gottes. Die aber an dem Weg sind die, welche hören; dann kommt der Teufel und nimmt das Wort von ihren Herzen weg, damit sie nicht glauben und gerettet werden. Die aber auf dem Felsen sind die, welche, wenn sie hören, das Wort mit Freuden aufnehmen; und diese haben keine Wurzel; für eine Zeit glauben sie, und in der Zeit der Versuchung fallen sie ab. Das aber unter die Dornen fiel, sind die, welche gehört haben und hingehen und durch Sorgen und Reichtum und Vergnügungen des Lebens erstickt werden und nichts zur Reife bringen. Das in der guten Erde aber sind die, welche in einem redlichen und guten Herzen das Wort, nachdem sie es gehört haben, bewahren und Frucht bringen mit Ausharren« (Lukas 8,5-8.11-15).

Jesus selbst erklärt die wichtigsten Prinzipien von Saat und Ernte. Der Ackerboden ist dein Herz. Die Qualität des Bodens ist wesentlich für den Ertrag. An deinem Herzen entscheidet sich, wie viel Frucht in deinem Leben wachsen kann. Darum: *Mehr als alles achte auf dein Herz.* Aus einem gesunden und guten Herz wächst sehr viel Frucht.

Fokus – Urban Life Worship

Die Saat ist Gottes Wort, also alles, was er über seinen Charakter, seinen Plan mit uns Menschen und die gewollte Liebesbeziehung zu uns offenbart. Wenn wir das aufnehmen, es treu festhalten, es in Besitz nehmen, dann bringt es reiche Frucht in unserem Leben. Doch die Frucht wächst nur in Verbindung mit Geduld und Ausdauer. Wir müssen durch Leid und Schwierigkeiten hindurch dranbleiben, wenn wir die Ernte einfahren wollen. Wachstum braucht Geduld.

»Die Frucht des Geistes aber ist: Liebe, Freude, Friede, Langmut, Freundlichkeit, Güte, Treue, Sanftmut, Selbstbeherrschung«

(Galater 5,22-23). Wer von uns würde nicht in einer Welt leben wollen, in der es mehr Liebe, Freude und Frieden gibt? Nur: Wie können wir so eine Vielfalt von leckeren Früchten auf unserem Herzensboden kultivieren?

Intimität

Die Frucht des Geistes wächst dort, wo es nicht vordergründig um Früchte geht, sondern um Einssein mit Gott. »Ich bin der Weinstock, ihr seid die Reben. Wer in mir bleibt und ich in ihm, der bringt viel Frucht, denn getrennt von mir könnt ihr nichts tun« (Johannes 15,5).

Frucht wächst aus einem Herzen, das Gott völlig hingegeben ist. Ein Herz, dem es nicht um eigene Vorteile oder Erwartungen anderer geht, sondern das in hingebungsvoller Liebe mit seinem Liebhaber verschmilzt und eins wird. Frucht entsteht aus Intimität. »Und Gott segnete sie, und Gott sprach zu ihnen: Seid fruchtbar« (1. Mose 1,28).

Paulus deutet das Geheimnis der Einheit und Sexualität in einer Ehe zwischen Mann und Frau auf Christus und seine Gemeinde.[45] Ein leidenschaftlicher Liebesakt, tiefster Ausdruck von Einheit, in dem nicht eigene Bedürfnisse im Vordergrund stehen, sondern sich an den anderen zu verschenken. Das bringt reiche Frucht. Aus ausgelebter Einheit entsteht Intimität. Aus Intimität entsteht Frucht.

Fehlende Frucht in unserem Leben ist fehlende Intimität mit Gott, nicht fehlende Anstrengung oder fehlendes Wissen.

Es gibt diesen kostbaren Raum in unserer Beziehung zu Gott, wo es um ihn allein geht. Wo er der Mittelpunkt ist und alles, was Form, Kultur, Tradition, Sprache oder Religion ist, verschwimmt.

Es ist die Zeit mit ihm, in der unser Herz offen, sehnsüchtig und in aufrichtiger Einfachheit mit Gottes Herz verschmilzt und die Frucht des Geistes kultiviert wird. Weit weg von allem Tamtam. Entfernt von dem, was andere Menschen beobachten können. Abseits von aller menschlichen Maskerade gibt es diesen Raum, wo unser Herz zur Ruhe kommt. Ein Raum, wo unser Herzschlag in den Händen seines Schöpfers gesunden kann.

Frucht entsteht dort, wo nicht die Frucht, sondern Gott selbst im Zentrum steht. Ihm geht es nicht um die Frucht, sondern um dein Herz. Aus einem gesunden Herzen wird gute Frucht wachsen.

Viel zu oft erwische ich mich dabei, mit Früchten die Anerkennung meines Papas verdienen zu wollen. Doch so wächst mehr Unkraut als gute Frucht. Die Frucht wächst nicht für Gott, sondern sie wächst aus Gott. Gott hat schon lange alles, was er braucht. Er braucht unsere Frucht nicht. Darum heißt sie auch »Frucht des Geistes«, denn sie wird vom Heiligen Geist in uns gewirkt, durch die lebendige Beziehung mit ihm.

Alles Leben und jede Frucht kommt sowieso von Gott. »Jede gute Gabe und jedes vollkommene Geschenk kommt von oben herab, von dem Vater der Lichter« (Jakobus 1,17). Er, der König, dem alles gehört, ist nicht an deiner Frucht interessiert, sondern an deinem Herz.

Er nimmt es sich nicht. Er will es von dir freiwillig geschenkt bekommen. Dein Herz zu verschenken ist eine tägliche Entscheidung im Kleinen und im Großen. Hier kultivieren wir den Boden unseres Herzens in der Intimität mit Gottes Geist und die Frucht des Geistes wächst und reift.

NEHMT MIT SANFTMUT DAS EINGEPFLANZTE WORT AUF, DAS DIE KRAFT HAT, EURE SEELEN ZU ERRETTEN. | JAK 1,21

Das Wort Gottes hat die Kraft, unser Leben völlig zu verwandeln. Sein Wort ist das kostbare Saatgut, das er uns für unser Leben schenkt. Wir halten Gott unser Herz hin wie einen Acker. Er sät sein Wort hinein. Dann warten wir geduldig – und vertrauen.

»Aber das gehörte Wort nützte jenen nicht, weil es bei denen, die es hörten, sich nicht mit dem Glauben verband« (Hebräer 4,2). Das Wort Gottes will in unser Herz aufgenommen werden und sich dort mit unserem Glauben verbinden, dass es wahr ist, was Gott sagt. So entfesselt es seine ganze Sprengkraft, sonst nützt es uns nichts.

Manchmal wünsche ich mir, dass das Wort Gottes Kresse wäre. Man sät sie, sieht am gleichen Tag Wachstum und kann sie wenige Tage später ernten. Manches bringt schnell Frucht, doch anderes braucht Geduld.

Für eine bunte Vielfalt an Früchten braucht es mutige Gelassenheit beim Pflanzen und vertrauensvolle Annahme. Dann entfaltet Gottes Wort seine Kraft in unserem Leben, die alles erneuert.

Man muss vorausschauend pflanzen, damit man zu jeder Jahreszeit des Lebens Früchte ernten kann. Bis aus einem Avocadokern ein Baum gewachsen ist, der neue Früchte trägt, braucht es sechs bis zehn Jahre. In dem Moment, in dem Gottes Wort in unser Herz eingepflanzt wird, wissen wir oft noch nicht, ob es Kressesamen oder ein Avocadokern oder etwas dazwischen ist. Wir nehmen es mit mutiger Gelassenheit auf und vertrauen darauf, dass kein Wort aus dem Mund unseres Schöpfergottes fruchtlos bleibt und Frucht bringt zu seiner Zeit. »Denn wie der Regen fällt und vom Himmel der Schnee und nicht dahin zurückkehrt, sondern die Erde tränkt, sie befruchtet und sie sprießen lässt, dass sie dem Sämann Samen gibt und Brot dem Essenden, so wird mein Wort sein, das aus meinem Mund hervorgeht. Es wird nicht leer zu mir zurückkehren, sondern es bewirkt, was mir gefällt, und führt aus, wozu ich es gesandt habe« (Jesaja 55,10-11).

EIN
gelassenes
HERZ IST
DES LEIBES
Leben.

SPRÜCHE 14,30

Die Menge der Saat ist nicht der wichtigste Faktor für eine gute Ernte. Eine große Saat auf einem schlechten Boden bringt keinen Ertrag. Doch selbst eine kleine Saat auf einem sehr fruchtbaren und nährstoffreichen Boden bringt eine gute Ernte. Die Menge an Wissen, die Christen über Gottes Wort angehäuft haben, ist erstaunlich, doch so vieles davon bleibt fruchtlose Theorie.

Wir haben schon ausführlich darüber gesprochen, dass man Steine, bittere Wurzeln und Unkraut aus dem Herzen entfernen muss, um Gottes Saatgut fruchtbringend aufnehmen zu können. Nicht die Menge von Gottes Wort garantiert eine große Ernte. Eine gute Ernte wächst aus einem Herzen mit einem guten, gesunden, heilen Herzensboden.

Vom Weinbau

Wir leben als Familie auf der Sonnenseite Österreichs. Wir lieben das Burgenland, auch ohne Berge, dafür mit pannonischem Klima, Wind, sanften Hügeln, vielen Sonnenstunden, dem Neusiedlersee, Zugvögeln und den zahlreichen Weingärten. Eine meiner Laufstrecken führt durch weitläufige Weingärten. Als wir hergezogen sind, habe ich mit großem Interesse die Arbeit in den Weinbergen in den verschiedenen Jahreszeiten beobachtet. So viel davon erinnert mich an das, was Jesus uns lehrt, wie wir aus ihm und durch ihn leben sollen.

Offensichtlich kann eine Traube nicht getrennt vom Weinstock wachsen, sie wächst aus dem Weinstock heraus. So viele Jahre habe ich angestrengt versucht, allein Früchte für das Reich Gottes zu produzieren, um sie Gott schenken zu können, damit er zufrieden mit mir ist. Doch Gott wollte nicht meine Früchte, er wollte mein Herz. Er hat mich von dem Leistungsdruck frei gemacht,

Frucht durch eigene Anstrengung hervorzubringen. Ich hatte von Gnade gehört, doch mein Herz konnte sie lange nicht begreifen.

Es kam der Tag, an dem ich so frustriert, erschöpft und fruchtlos war, dass ich aufgab. Er hat mich gesucht und gefunden. Er hat mich in den Weinstock eingefügt und mir eine neue Art zu leben ermöglicht. Ein Leben, aus dem Frucht durch die gesetzten Nährstoffbahnen entsteht. Über Zeit. Aus der Partnerschaft mit dem Heiligen Geist. So wächst Frucht aus meinem Leben. Ich werde mehr eins mit ihm und seine Frucht wächst durch mich.

»Ich bin der wahre Weinstock und mein Vater ist der Weingärtner. Er schneidet jede Rebe ab, die keine Frucht bringt, und beschneidet auch die Reben, die bereits Früchte tragen, damit sie noch mehr Frucht bringen« (Johannes 15,1-2; NGÜ). Wenn du Angst hast, abgeschnitten zu werden, möchte ich dich erinnern, dass die Frucht nur dort wachsen kann, wo wir in ihm sind. Sein erstes Ziel ist es, eins mit dir zu sein. »Wer in mir bleibt und ich in ihm, der bringt viel Frucht, denn getrennt von mir könnt ihr nichts tun« (Johannes 15,5). Eine gesunde Beziehung trägt gute Früchte. Gute Früchte wachsen nicht unter Angst oder Druck. Sie wachsen in der Geborgenheit, in der Liebe, in der Freiheit, in der Erlösung, in ihm.

Er beschneidet Reben, die bereits Früchte tragen. Manchmal schneidet er mehr zurück, als einem lieb ist. Es braucht ein großes Stück Vertrauen, wenn Gott im Frühjahr die Gartenschere ansetzt, und es ist teilweise schmerzhaft, wenn er Reben zurückschneidet. Aus Verlustangst oder Bequemlichkeit verpassen wir oft diese wichtige Beschneidung des Herzens und so wachsen kleine, kernige, saure Trauben. Sein erklärtes Ziel ist, dass wir durch Beschneidung noch mehr Frucht bringen. Nur dort, wo wir uns vom Vater beschneiden lassen, entsteht geschmackvolle Frucht mit überragender Qualität.

Stell dir die Bereiche deines Lebens als Reben vor. Welche Bereiche will der gute Weingärtner abschneiden? Welche bringen schon reiche Frucht, weil sie in ihm sind? Welche Bereiche möchte er beschneiden, um die Qualität zu verbessern oder den Ertrag zu erhöhen?

Mein grüner Daumen ist eigentlich auf dem Level »Auch Plastikpflanzen gehen bei mir ein!«, doch ein guter Freund von mir ist Gärtner. Darum überlebt inzwischen der ein oder andere Bogenhanf bei uns zu Hause. Ich habe letzten Sommer von unserem Blumentrog am Balkon drei vertrocknete Heidelbeeren geerntet. Das Jahr davor eine Tomate mit einer Haut aus Leder. Das Jahr davor zwei winzige, schrumpelige Chilis im Oktober. Glücklicherweise ist der Umgang mit Pflanzen nicht mein größtes Talent. Ich habe bei allen drei Pflanzen völlig ignoriert, welches Klima und Umfeld sie zum Wachsen brauchen. Ich habe gepflanzt, was mir schmeckt. Doch das wächst auf meinem Balkon nicht.

Pflanzen brauchen die richtige Wachstumsatmosphäre, damit sie wachsen können. Begabungen und Frucht des Geistes brauchen eine gesunde Wachstumsatmosphäre. Die erste Aufgabe des Menschen war es, den Garten, den der Heilige Geist geschaffen hatte, zu bebauen und zu bepflanzen und von seinen Früchten zu essen. So viel hat sich seither eigentlich nicht verändert. Es ist noch immer unsere Aufgabe, mit Gottes Hilfe gute Wachstumsbedingungen zu schaffen, Pflanzen zu kultivieren, zu säen, zu gießen und Früchte zu genießen. Doch nicht alles wächst auf dem Boden, den du zur Verfügung hast.

In unserem Blumentrog zu Hause wachsen zwei Rosmarinsträucher. Zumindest einen wollte ich töten, weil ich was anderes pflanzen wollte. Es hat nicht geklappt. Er ist noch stärker und größer geworden. Obwohl wir regelmäßig Rosmarin ernten, nicht regelmäßig gießen und manchmal wieder viel zu viel, kriegt man die zwei nicht kaputt – selbst ich nicht. Inzwischen sind aus den Sträuchern Büsche geworden, und wenn es so weitergeht, werden wir sie eines Tages als Weihnachtsbäume verwenden.

New Wine – Hillsong Worship

Während die Heidelbeer-, Chili- und Tomatenernte nicht einmal für mich allein ausreichte, kann ich mit den beiden prachtvollen Rosmarinbüschen, die ohne Anstrengung wachsen, meine Familie – vermutlich sogar meine ganze Gemeinde – das ganze Jahr über versorgen. Die Frucht, die Gott in deinem Herzensboden kultivieren will, ist nicht immer das, was du gewählt hättest. Aber wenn es dann beginnt zu wachsen und reiche Frucht bringt, dann wirst du es lieben. Es wird nicht mehr Kraft verbrauchen, als es Ernte und Freude bringt.

Gepflegt und bewässert

Egal, welche Pflanze, sie braucht immer Pflege. Außer du schenkst sie mir, dann stirbt sie vor Angst, weil bei mir sogar Kakteen sterben. Und damit ist sie sofort pflegefrei.

In der gepflegten Beziehung mit dem Heiligen Geist wachsen aus einem gesundenden Herzen gute geistliche Früchte und Begabungen. Alle Geistesgaben sind ein Geschenk aus Gnade, die dazu da sind, den Menschen in Gottes Gemeinde wie Dünger zu dienen, dass überall die Reife zunimmt. Weder aus dem Druck, bestimmte Gaben erreichen zu müssen, noch aus der Angst vor bestimmten Gaben können sich diese Geschenke in unseren Gemeinden gesund entfalten. Ohne Gaben und Früchte leiden wir einen fatalen

Vitaminmangel. Doch in einem gesunden Herzen werden Gaben und Früchte wachsen.

Als Gemeinden haben wir die Aufgabe, Gewächshäuser für die ganze Vielfalt von Früchten und Gaben des Geistes zu sein. Obwohl Gott winzige Körner so geschaffen hat, dass sie wachsen können, braucht jede Pflanze Pflege. Wer nichts sät, wird nichts ernten. Wer nicht gießt, wird nichts ernten. Wer nicht Unkraut entfernt, wird nichts ernten. Wer nicht düngt, der wird weniger ernten. Wer aufgibt, der wird die Ernte gar nicht sehen. Wer nicht erntet, hat keine Ernte.

Wachstum ist kein Zufall. Ich kenne Leute, die viele Tomaten ernten, und das tun sie, weil sie Arbeit hineingesteckt haben. Es gibt gute, sinnvolle, gesegnete Arbeit, die zutiefst befriedigt und glücklich macht. Schon im Paradies gab es Arbeit. Wir haben teilweise einen gesunden Bezug zur Arbeit verloren – gerade zur Herzensarbeit.

Du musst dir um Himmels willen nichts bei Gott verdienen. Aus einem gesunden Herzen wachsen in Gottes Nähe köstliche Früchte. Wo wir achtsam mit unserem Herzen sind, wird es zu einem guten Boden, der reiche Frucht bringt.

ACHTE AUF DEIN HERZ! DENN AUS IHM ENTSPRINGT DIE QUELLE DES LEBENS. | SPR 4,23

Wasser spielt in der Landwirtschaft, neben einem guten Boden, dem Saatgut und Licht, eine wesentliche Rolle. Ohne Wasser kann der Landwirt pflügen und säen, doch er wird keine Ernte haben. Wie praktisch wäre es, einen Acker mit integrierter, niemals endender Bewässerung zu haben?

»Gesegnet ist der Mann, der auf den Herrn vertraut und dessen Vertrauen der Herr ist! Er wird sein wie ein Baum, der am Wasser gepflanzt ist und am Bach seine Wurzeln ausstreckt und sich nicht fürchtet, wenn die Hitze kommt. Sein Laub ist grün, im Jahr der Dürre ist er unbekümmert, und er hört nicht auf, Frucht zu tragen« (Jeremia 17,7-8). Wenn wir in einer lebendigen Beziehung zu Gott verwurzelt sind, dann sind wir gesegnete Männer und Frauen. Der fruchtbare Boden unseres Herzens wird zu einer Quelle. Auch in Schwierigkeiten und Nöten können wir deswegen unbekümmert und furchtlos sein. Denn wir haben eine eigene Segensquelle, die nie versiegt, und aus genau dieser Quelle werden auch unsere Früchte versorgt.

»›Wer Durst hat, soll zu mir kommen und trinken! Wenn jemand an mich glaubt, werden aus seinem Inneren, wie es in der Schrift heißt, Ströme von lebendigem Wasser fließen.‹ Er sagte das im Hinblick auf den Heiligen Geist, den die empfangen sollten, die an Jesus glaubten. Der Geist war zu jenem Zeitpunkt noch nicht gekommen, weil Jesus noch nicht in seiner Herrlichkeit offenbart worden war« (Johannes 7,37-39; NGÜ). Der Heilige Geist ist es, der als ewige Quelle in unserem Herzen entspringt. Er macht unseren Boden fruchtbar und fließt segensreich in das Leben unserer Mitmenschen. Es ist derselbe Strom, der vom Thron Gottes her kommt. Durch seinen Geist gibt Gott uns Anteil an der ewigen Quelle, an seinem lebensspendenden Wasser.

Deswegen achten wir auf unser Herz, denn es ist das Gefäß, das Gott wählt, mit dem wir den Geist aufnehmen. Es ist das Gefäß, mit dem Gott seinen Segen in eine wüste Welt schöpft und sie in einen blühenden Garten verwandelt. Die Veränderung der Welt, in der wir leben, fängt in unserem Herzen an, und sie mündet in eine neue Erde, in der es keine Dunkelheit, keine Angst, keinen Hass, keinen Hunger, keinen Tod und keinen Krieg mehr gibt, weil sie durchströmt wird von der Kraft und Liebe des Heiligen Geistes.

»Und er zeigte mir einen Strom von Wasser des Lebens, glänzend wie Kristall, der hervorging aus dem Thron Gottes und des Lammes. In der Mitte ihrer Straße und des Stromes, diesseits und jenseits, war der Baum des Lebens, der zwölfmal Früchte trägt und jeden Monat seine Frucht gibt; und die Blätter des Baumes sind zur Heilung der Nationen« (Offenbarung 22,1-2). Dass der Heilige Geist schon hier und heute unsere Herzen mit dem ewigen Wasser des Lebens Gottes durchtränkt, ist ein Vorgeschmack auf diese hoffnungsvolle Zukunft. Er ist es, der unser Leben erfüllt und voller Frucht macht. Aus unserem Inneren fließen die niemals endenden Ströme des lebendigen Wassers auf Schritt und Tritt aus unserem Leben auf eine noch durstige Erde. »An die Brust schlägt man sich wegen der prächtigen Fluren, wegen des fruchtbaren Weinstocks, wegen des Ackerlandes meines Volkes, das in Gestrüpp und Dornen aufgeht, ja, wegen aller Häuser voller Freude in der ausgelassenen Stadt. Denn der Palast ist aufgegeben, verödet das Getümmel der Stadt. Ofel und Wachtturm dienen als Höhlen für ewig, zur Freude der Wildesel, zur Weidefläche der Herden, bis der Geist aus der Höhe über uns ausgegossen wird und die Wüste zum Fruchtgarten wird und der Fruchtgarten dem Wald gleichgeachtet wird. In der Wüste wird das Recht sich niederlassen und die Gerechtigkeit im Fruchtgarten wohnen. Und das Werk der Gerechtigkeit wird Friede sein und der Ertrag der Gerechtigkeit Ruhe und Sicherheit für ewig. Dann wird mein Volk wohnen an einer Wohnstätte des Friedens und in sicheren Wohnungen und an sorgenfreien Ruheplätzen« (Jesaja 32,12-18).

Segenskanal

Es ist schon faszinierend, wie Grünzeug in winzigen Rissen in Wänden und Straßen wuchert, fast ohne Wasser auskommt, Wind und Wetter trotzt. Aber die Pflanzen zu Hause sterben an Umzugsstress von der Küche ins Wohnzimmer oder verenden kläglich an zehn Millilitern zu viel Wasser.

Hängt es vielleicht damit zusammen, dass wir Pflanzen, die dafür gemacht sind, draußen zu wachsen, nach drinnen holen? Versuchen wir, Pflanzen für uns allein wachsen zu lassen, die uns kläglich eingehen, weil ihre Frucht für die Welt und nicht für uns gedacht ist? »Eine segnende Seele wird reichlich gesättigt, und wer anderen zu trinken gibt, wird selbst erquickt« (Sprüche 11,25; SCHL). Ein gesundes Herz dreht sich nicht um sich selbst. Unser Herz ist als Segenskanal für diese Welt gedacht und nicht als Einbahnstraße.

Dein Herz braucht einen gesunden Output. Wasser ohne Bewegung wird zu einer stinkenden Kloake. Aus einem gesunden Herzen wachsen gesunde, gute Früchte. Ein gesundes Herz ist ein dienendes Herz, ein Herz, das großzügig Gottes Liebe in das Leben seiner Mitmenschen ausgießt. Ein mit Gottes Geist erfülltes Herz schwappt über in unser Denken, Reden und Handeln. Du bist gesegnet, um Segen zu sein.

Der Heilige Geist erfüllt uns und verbindet uns mit Gott. Er verbindet uns aber auch als Geschwister miteinander. »Befleißigt euch, die Einheit des Geistes zu bewahren durch das Band des Friedens« (Epheser 4,3). Eine köstliche Frucht, die der Geist in uns wachsen lassen will, ist die Frucht der Einheit.

Ich möchte in meinem christlichen Gegenüber erkennen, wie der Heilige Geist ihn bewohnt. Ich kann es nicht in Worte fassen. Es ist ein spezielles Erlebnis, jemanden zu treffen, in dem der gleiche Geist wohnt und wirkt. Es ist eine überirdische Verbindung miteinander. Es ist eine Freude zu erleben, dass man durch den Fluss des lebendigen Wassers mit einer großen geistlichen Familie verbunden ist. Es braucht ein gesundes und weites Herz, um Einheit in Vielfalt als globale Familie Gottes leben zu können.

Wo die Frucht der Einheit nicht wachsen kann, gibt es harten, steinigen, ungesunden Boden, der dringend eine fruchtbringende Überschwemmung des Heiligen Geistes braucht.

DIE BAUERN SIND ENTTÄUSCHT, DENN DIE ERNTE DES FELDES IST VERLOREN. | JOEL 1,11

Wir wollen nicht, dass die Ernte verloren geht. Sehen wir uns darum noch verschiedene Prinzipien aus der Landwirtschaft an. Hier können wir simple Grundwahrheiten für ein fruchtbares Herz erlernen.

Bauernregel 1 | Geduld

»Siehe, der Bauer wartet auf die kostbare Frucht der Erde und hat Geduld ihretwegen, bis sie den Früh- und Spätregen empfange« (Jakobus 5,7). Wachstum braucht Ausdauer. Ohne Geduld wirst du keine Früchte in deinem eigenen Leben sehen. Manchmal säen wir und stehen am Tag danach frustriert und traurig auf dem Acker, weil wir noch kein Wachstum sehen. Es gibt wenig schnelles Wachstum, das zu einer guten Ernte führt. Dein Leben braucht gesundes Wachstum und dafür brauchst du Geduld und Vertrauen.

Bauernregel 2 | Jahreszeit

»Wer im Sommer sammelt, ist ein kluger Mensch; in Schande gerät, wer zur Erntezeit schläft« (Sprüche 10,5; EÜ). »Im Winter pflügt der Faule nicht; sucht er zur Erntezeit, dann ist nichts da« (Sprüche 20,4). Es gibt in unserem Leben unterschiedliche Jahreszeiten. Es gibt Zeiten, wo unser Ackerboden ruhen soll. Es gibt Zeiten, wo der Ackerboden gepflügt werden muss. Es gibt eine Zeit, in der wir ernten. Gott will uns zu einem gesunden Timing für die Bewirtschaftung unseres Lebens anleiten. In einer Gemeinde gibt es immer jemanden in der Erntezeit. Einer ist in Winterruhe und der andere pflügt gerade. Es gibt einen, der sät, und einen anderen, wo die Saat gerade aufgeht. Vergleichen ist hier kontraproduktiv. Du lebst in deiner eigenen Jahreszeit. Man sagt, ein langer Winter bringt eine reiche Ernte. Lass dich nicht entmutigen, deine Erntezeit wird kommen.

Bauernregel 3 | Genuss
»Der Ackerbauer, der sich müht, muss als Erster an den Früchten Anteil haben« (2. Timotheus 2,6). Manchmal mühen wir uns so hingebungsvoll, bis endlich Früchte entstehen, und dann nehmen wir uns keine Zeit, die Früchte zu genießen. Du darfst die Früchte genießen, die Gott durch dich wachsen lässt. Du hast einen Anteil daran gehabt, darum freu dich über sie. Gemeinsam Früchte zu genießen und zu feiern, wird uns weiter ermutigen Frucht zu bringen.

Bauernregel 4 | Fleiß
»Am Acker eines Faulen kam ich vorüber und am Weinberg eines Menschen ohne Verstand. Und siehe, er war ganz in Nesseln aufgegangen, seine Fläche war mit Unkraut bedeckt, und seine steinerne Mauer eingerissen. Und ich schaute es, ich nahm es mir zu Herzen. Ich sah es, nahm mir daraus die Lehre« (Sprüche 24,30-32). Dass Früchte aus unserem Herzen wachsen, passiert nicht, ohne dass wir den Boden bewirtschaften. Gemütlichkeit ist der falsche Ansatz für eine gute Ernte. Jede Frucht bleibt ein Geschenk. Doch Wachstum ist kein Zufall, sondern Hingabe. Natürlich wachsen die Früchte aus der Beziehung mit dem Heiligen Geist. Das bedeutet aber nicht, dass wir tatenlos darauf warten, dass Früchte vom Himmel fallen. Ich muss nichts leisten, lasse mich aus Liebe beschenken und erlebe Geborgenheit in seinem Frieden. Und doch bewegt mich mein Herz, erfüllt von seiner Liebe, zur Aktion.

WOVON DAS *Herz* VOLL IST, DAVON GEHT DER *Mund* ÜBER.

LUKAS 6,45

»Denn der Geist, den ihr empfangen habt, macht euch nicht zu Sklaven, sodass ihr von neuem in Angst und Furcht leben müsstet; er hat euch zu Söhnen und Töchtern gemacht« (Römer 8,15; NGÜ). Wir sind keine Arbeitssklaven. Durch seinen Geist sind wir seine geliebten Töchter und Söhne. Wir sind befähigt und dazu bestimmt, reiche Frucht zu bringen. Ein Glaube ohne Früchte ist tot. Wenn auf meinem Heidelbeerstrauch über den ganzen Sommer eine einzige, kleine, vertrocknete Heidelbeere wächst, dann stimmt etwas nicht. Doch auch durch Druck und Angst wachsen keine besseren Früchte. Eine gesunde Beziehung zu Gott bringt einen guten Ertrag. Es gibt ein gesundes Mitwirken von uns an der Frucht des Geistes, das nicht zu unserer Erlösung dient, sondern aus unserer Erlösung erwächst. »Denn wir sind sein Kunstwerk[46], in Christus Jesus geschaffen zu guten Werken, die Gott vorher bereitet hat, damit wir in ihnen leben sollen« (Epheser 2,10).

WER SPARSAM SÄT, WIRD AUCH SPARSAM ERNTEN, UND WER SEGENSREICH SÄT, WIRD AUCH SEGENSREICH ERNTEN. | 2 KOR 9,6

Ich wünsche mir, dass wir aus der Freiheit und der Liebe von Gottes Geist heraus ein fruchtbares Herz kultivieren und eine Vielfalt an köstlichen Früchten in unserem Leben wachsen sehen. Aus der gelebten Gemeinschaft mit dem Heiligen Geist wächst gesunde, heilsame Frucht aus unserem Herzen, die in unserer hungrigen Welt gebraucht wird.

Wir wollen uns auf Schritt und Tritt vom Heiligen Geist leiten lassen. Wir wollen den Mut haben, großzügig zu säen, was wir haben, denn so werden wir segensreich ernten.

DENN WAS EIN MENSCH SÄT, DAS WIRD ER AUCH ERNTEN. DENN WER AUF SEIN FLEISCH SÄT, WIRD VOM FLEISCH VERDERBEN ERNTEN; WER ABER AUF DEN GEIST SÄT, WIRD VOM GEIST EWIGES LEBEN ERNTEN. LASST UNS ABER IM GUTESTUN NICHT MÜDE WERDEN! DENN ZUR BESTIMMTEN ZEIT WERDEN WIR ERNTEN, WENN WIR NICHT ERMATTEN. | GAL 6,7-9

11 HERZFUNKTION

Es ist ein gewöhnliches Gespräch mit einer Person, die mir nahesteht, doch dann fällt dieser Satz. Wie ein Stich ins Herz durchzuckt er meinen Körper. Mir wird flau im Magen, mein Puls erhöht sich, in mir breiten sich Traurigkeit, Angst und Ärger aus. Ich fühle mich abgelehnt, unverstanden, übergangen. In meinem Kopf weiß ich, dass die Information in diesem Satz nicht schlimm ist, doch mein Herz schlägt aus dem Takt und funktioniert nicht mehr richtig. Plötzlich pumpt es alle vergangenen Verletzungen von dieser Person durch meinen Körper, die eigentlich schon vergeben und in neuer Liebe ertränkt waren. Gedanken, die tot waren, erheben sich wie Zombies und streifen geifernd durch meinen Kopf.

Ich weiß, dass die Person es nicht böse gemeint hat und nicht wusste, wie sehr mein Herz aus dem Takt geraten würde. Aber das hilft nichts. Mein Herz funktioniert nicht mehr richtig und am liebsten würde ich die Person so verletzen, wie es mir gerade wehtut. Mein Herz will sich wütend gegen den Schmerz erheben, doch ich weiß, dass schlummernde Problem war vorher da und wurde nur unabsichtlich geweckt.

Ich wechsle das Thema im Gespräch, um bei der nächsten Gelegenheit in Gottes Nähe darüber nachzudenken, wo die Wurzel von dieser Fehlfunktion liegt. Tatsächlich! Später, in der Geborgenheit beim Vater, hört der Schmerz auf, die Gedanken kehren in ihre Gräber zurück, mein Herz pumpt wieder Liebe für und Freude über diese Person durch meinen Körper, die sich in meinem Denken, in meinem Reden und meinem Handeln zeigen. Mein Herz funktioniert wieder! Mit Freude sehe ich den Fortschritt, denn ich habe sehr zügig zu einem gesunden Herzschlag zurückgefunden.

Ich bin begeistert und fasziniert von neuen, funktionstüchtigen Herzen. Von Herzen, die gelernt haben, im Rhythmus von dem Herz Gottes zu leben. Ja, es ist eine lange Entwicklung. Es gibt immer wieder Rückschläge und manchmal entdecken wir einen neuen Bereich, der Heilung braucht. Doch die Leistungsfähigkeit eines gesunden Herzens ist wirklich erstaunlich. Es macht solche Freude, gesunde Herzen in den verschiedensten Situationen des Lebens zu beobachten. Vorher gefangen in Angst und Unsicherheit, sind sie jetzt mutig und frei. Herzen, die nicht vergeben konnten und von Bitterkeit zerfressen waren, haben gelernt loszulassen. Jetzt können sie unbeschwert und geheilt leben. Selbst in den herausforderndsten Momenten können sie geduldig weiterlieben. Sie sind nicht auf das eigene Wohl, sondern auf das des anderen bedacht. Sie sind nicht mehr leer und ständig hungrig, sondern erfüllt von Gottes Nähe und deswegen satt. Herzen, die schenken statt fordern. Sie sind voller echter Freude, Leidenschaft, Großzügigkeit, Barmherzigkeit, Demut, Hoffnung. Wenn das Leben scheinbar im Chaos versinkt, haben sie eine Perspektive, die ihnen Trost und Zuversicht gibt. Herzen, die eine tiefere, authentischere Art von Beziehung leben, weil sie echte Nähe zulassen können. Herzen, in denen man freudig und staunend Gottes Spiegelbild erkennen kann. Gesunde Herzen, die eine volle Funktionsfähigkeit besitzen.

Selbstbetrachtung und Selbstwert

Im Kleinen und im Großen haben wir fast täglich mehrere Möglichkeiten, um unsere Herzfunktion zu überprüfen. Viel zu oft gehe ich achtlos an diesen Gelegenheiten vorbei, doch so kann kein Wachstum entstehen. Ein gesundes Herz braucht Selbstreflexion. »Denn vom ersten Tag an, als du dein Herz darauf gerichtet hast, Verständnis zu erlangen und dich vor deinem Gott zu demütigen, sind deine Worte erhört worden« (Daniel 10,12).

Viel zu leicht richten wir unser Herz auf andere Personen, anstatt unser eigenes Herz zu verstehen. Dabei vergleichen wir uns mit anderen Personen und unser Herz füllt sich mit Minderwertigkeit. Oder wir verurteilen andere Personen, so entsteht eine ungesunde Überwertigkeit in uns. Doch egal, welchen Wert wir einer anderen Person beimessen, daraus kann niemals ein gesunder Selbstwert für uns wachsen. Ein gesunder Selbstwert ist der Startpunkt, um unser Herz tiefer betrachten zu können. Mein Selbstwert kann nicht gesund werden, wenn ich eigene Schwächen und Fehler unter den Teppich kehre.

Unser Herz hat es so dringend nötig, dass wir mutig und aufrichtig unter der Leitung des Heiligen Geistes unser Herz erforschen. Bitte hören wir gemeinsam auf, die Herzfehler von anderen zu bekritteln, während unser eigenes Herz Heilung, Veränderung und Erneuerung braucht. Dein eigenes Herz ist das einzige, auf das du mit Sicherheit Einfluss nehmen kannst.

Ohne Selbstreflexion kann das Herz nicht reifen. Mit Selbstreflexion meine ich, dass wir gemeinsam im Gebet und in der Bibel mit Gott verbunden unser Herz erforschen. Oft hindert mich die Angst, welche Motive oder verdrängten Abgründe ich darin finden könnte, genau hinzuschauen. Ich möchte dich ermutigen: Dort, wo wir das Ausmaß unserer Verlorenheit erahnen, wächst unser Horizont von Gottes Liebe und Barmherzigkeit. Hier wird unser Selbstwert gesund. Ich bin wertvoll, weil Gott mich bedingungslos liebt. Er hat mir eine neue, kostbare Identität gegeben, die nicht an meiner Leistung hängt, sondern felsenfest in seiner Gnade verankert ist. Ich bin Königskind. Gesunder Selbstwert heilt und befähigt mein Herz. Mit einem gesunden Herzen musst du nicht selbstsüchtig um dich selbst kreisen. Du kannst großzügig und dienend auf andere Menschen schauen. Mit einem gesunden Herzen musst du nicht neidisch oder verurteilend auf andere herabblicken. Du kannst selbstkritisch auf dich selbst sehen.

Ein von Gott geheilter Selbstwert ermöglicht es also, dass wir selbstkritisch auf unser Herz schauen können, ohne dadurch unsicher zu werden. Hier entsteht echte Korrekturfähigkeit. Eine so wertvolle neue Herzfunktion. Sobald wir an diesem Punkt stehen, setzt die mächtige, verändernde, heilsame, erneuernde Kraft des Heiligen Geistes ein und belebt unser Herz.

Dann wird es auch möglich, dass wir offen werden, Fremdreflexion anzunehmen. Es ist sehr wertvoll, wenn unser Verhalten geborgen in vertrauensvollen Beziehungen und Freundschaften gespiegelt werden kann. Durch solche Beziehungen am Licht entsteht echte Weisheit.

Guter und schlechter Rat

Wir brauchen nicht mehr Kritiker. Wir brauchen mehr Menschen, die bereit sind, sich in tiefen und authentischen Beziehungen auf Augenhöhe verletzlich zu machen, um sich gegenseitig zu formen. »Gehorche dem Rat und nimm die Zurechtweisung an, damit du künftig weise bist« (Sprüche 19,20; SCHL). Unser Heilungsprozess braucht liebevolle Reflexion und Korrektur von anderen. Wir brauchen keine Besserwisser. Wir brauchen echte Freunde. Eine Zurechtweisung sollte nie in eine Sackgasse führen, sondern in eine neue, bessere Richtung.

Erforsche mich, Gott, & erkenne mein Herz.

PSALM 139,23

Wenn es guten Rat gibt, dann gibt es auch schlechten Rat. Nicht jeder Rat, den du bekommst, ist gut für dich. Mit Gott gemeinsam das eine vom anderen unterscheiden zu lernen, macht weise: »Wenn aber jemand von euch Weisheit mangelt, so bitte er Gott, der allen willig gibt und keine Vorwürfe macht, und sie wird ihm gegeben werden« (Jakobus 1,5). Wir müssen Veränderungsvorschläge von anderen mit Gott gemeinsam besprechen und sortieren. Er ist der Baumeister und hat den Renovierungsplan für unser Herz. Grundsätzlich wäre das Wort »Kritik« neutral. Doch in unserem Wortgebrauch ist es meist eher negativ oder sogar destruktiv. Darum finde ich »heilsame Mahnung« einen tollen Ausdruck: »Ein Ohr, das auf heilsame Mahnung hört, wird inmitten der Weisen bleiben« (Sprüche 15,31).

Nicht alles, was du gerne hörst, ist heilsam, und nicht alles, was dich verletzt, ist lieblos. Nicht jeder Fehler, den du siehst, muss sofort von dir angesprochen werden, und grundsätzlich lieber zu schweigen, ist auch nicht der Königsweg.

Wenn Gott uns an dem Formungsprozess eines anderen Herzens beteiligt, dann wacht er darüber, dass unser Herz geformt ist, denn sonst prägen wir andere Menschen mit unseren Herzfehlern. Von Gott beauftragt zu werden, das Herz einer anderen Person mitzuformen, kostet alles. Es bringt unser eigenes Herz an seine maximale Belastbarkeit. Es ist eine riesige Verantwortung, denn unsere Worte haben Kraft: »Tod und Leben sind in der Gewalt der Zunge, und wer sie liebt, wird ihre Frucht essen« (Sprüche 18,21).

Hier in Österreich sagen wir Dinge gerne durch die Blume. Oder wir sagen überhaupt nichts. Oft hört man das, was die Menschen wirklich denken, dann über fünf Ecken. Eine ziemlich kranke Art der Kommunikation, die in Angst und Scham gefangen ist, außerdem ist sie verletzend und zerstört Beziehungen. Leider bin ich keine Ausnahme. Wenn man mich beim Predigen beobachtet, würde man vermutlich nicht auf die Idee kommen, dass ich in einem Vieraugengespräch nicht mutig genug bin, die Wahrheit zu sagen. Ich nicke und meine innerlich »Nein!«. Ich lobe und ermutige gerne, es fällt mir aber enorm schwer, Schwächen oder verletzendes Verhalten anzusprechen.

Ich war bei einem befreundeten Ehepaar zu Besuch. Während wir auf der Couch saßen, bereitete ich mich innerlich schon auf ein schwieriges Gespräch vor, das ich am nächsten Tag führen musste. Eines der Gespräche, die man als Leiter manchmal führen muss. Ich hatte null Lust darauf und eigentlich Angst davor. Ich plante zuzuhören, zu nicken und dann getrennte Wege zu gehen, was in diesem Fall ohnehin schon der Fall war. Ich fing an, meinen Freunden von dem Gespräch am nächsten Tag zu erzählen. Nachdem wir noch über dies und das gesprochen und schließlich gebetet hatten, sagte die Frau zu mir: »Sprich mutig die Wahrheit aus!« Das war genau das, was ich gebraucht hatte. Ich gab den innerlichen Plan, nichts zu sagen, auf. Man könnte sagen, ich wurde ermahnt. Aber ich fühlte mich in keiner Weise kritisiert, sondern ermutigt von einem liebevollen Zuspruch, der genau in meine Situation passte.

Das Wort *parakaleo*, in älteren Übersetzungen oft konsequent mit »ermahnen« übersetzt, bedeutet auf Griechisch »zusprechen, aufrichten, gut zureden, trösten, ermahnen, ermutigen«. Das ist alles, was der Heilige Geist tut, wie wir schon gesehen haben. Sein Ziel ist unsere Erbauung, darum soll das auch Ziel unserer Worte sein: »Alles geschehe zur Erbauung« (1. Korinther 14,26). Es wurde unter dem Vorwand der Ermahnung so viel zerstört. Können wir bitte die nächsten 500 Jahre Kirchengeschichte das Wort *parakaleo* mehr als Trösten, Ermutigen und Aufrichten ausleben?

Wahrheit und Liebe sind ein Paar Schuhe, sie treten nie getrennt auf, sonst macht man sich lächerlich. Man kommt nur mit beiden Schuhen ans Ziel. Ohne Wahrheit ist Liebe geheuchelt und kraftlos. Ohne Liebe ist Wahrheit überheblich und zerstörerisch. »Ein neues Gebot gebe ich euch, dass ihr einander liebt, damit, wie ich euch geliebt habe, auch ihr einander liebt. Daran werden alle erkennen, dass ihr meine Jünger seid, wenn ihr Liebe untereinander habt« (Johannes 13,34-35). Liebevolle Beziehungen zu weisen Menschen, in denen es heilsame Mahnung und wertschätzende Ermutigung gibt, werden es dir ermöglichen, deine Herzfunktionen gesund weiterzuentwickeln.

Gesunde Herzen sind ein Gemeinschaftsprojekt. Die Bibel nennt das Jüngerschaft.

Mehr und mehr zu entdecken, was ein funktionsfähiges Herz so alles kann, ist für mich ein riesiger Ansporn, weiterzuwachsen. Die Bibel spricht an verschiedenen Stellen mit unterschiedlichen Begriffen von so einem gesunden Herzen. Schauen wir uns zusammen einige weitere Begriffe an, die die Fähigkeiten eines neuen, funktionstüchtigen Herzens beschreiben.

Rein

Ein reines Herz ist frei von allen Fehlern der Vergangenheit. Das Zentrum des Handelns, Denkens und Fühlens ist gereinigt worden. Es wurde geheiligt, also Gottes Wesen entsprechend neu gemacht. »Glückselig, die reinen Herzens sind, denn sie werden Gott schauen« (Matthäus 5,8). Wow, wie kraftvoll. Mit einem gereinigten Herz werde ich Gott sehen, und das macht glücklich!

Es ermöglicht uns, Gott zu erkennen, so wie er wirklich ist. Herzlichen Glückwunsch! Ich will ein Herz, das so funktioniert.

- »Er machte keinen Unterschied zwischen uns und ihnen, da er durch den Glauben ihre Herzen reinigte« (Apostelge-

schichte 15,9). Es ist Gott, der unser Herz durch Vertrauen reinigt.
- »So lasst uns hinzutreten mit wahrhaftigem Herzen in voller Gewissheit des Glaubens, die Herzen besprengt und damit gereinigt vom bösen Gewissen und den Leib gewaschen mit reinem Wasser« (Hebräer 10,22). Intime Nähe mit Gott ist nur mit einem gereinigten Herzen möglich.
- »Das Ziel der Weisung aber ist Liebe aus reinem Herzen und gutem Gewissen und ungeheucheltem Glauben« (1. Timotheus 1,5). Sein vollkommenes Opfer reinigt von einem schlechten Gewissen.

Das Ziel von Gottes Wort ist nicht ein schlechtes Gewissen, sondern Liebe aus einem reinen Herzen.

Gott will dein Herz reinigen von Schuld, Scham, einem schlechten Gewissen und Angst. Ein gereinigtes Herz wird Gott sehen, ist authentisch, voller Glauben und Liebe.

Fest

Dein Herz ist den Stürmen des Lebens nicht hilflos ausgesetzt. Er selbst ist der Anker unserer Seele. Ein gefestigtes Herz wird nicht mehr von jeder Situation hin- und hergeworfen. In ihm verwurzelt kann unser Herz sein wie ein Baum, der fest steht, furchtlos und sicher. Ich wünsche mir so ein gefestigtes Herz.

»Gefestigt ist mein Herz, Gott, gefestigt ist mein Herz! Ich will singen und spielen. Wache auf, meine Seele! Wachet auf, Harfe und Zither! Ich will aufwecken die Morgenröte« (Psalm 57,8-9). Ein in Gott gefestigtes Herz kann in der Dunkelheit mit Lobpreis die Dämmerung wecken.

MAG AUCH MEIN LEIB UND MEIN HERZ VERGEHEN – MEINES HERZENS FELS UND MEIN TEIL IST GOTT AUF EWIG. | PS 73,26

Wenn emotionale Erdbeben unser Herz erschüttern, dann sehen wir, ob wir auf den Felsen gebaut sind. Gott will dir ein erdbebenfestes Herz schenken. Hochhäuser in Erdbebenregionen werden mit einem Gegengewicht gebaut, das während eines Erdbebens gegengleich schwingt und somit die Schwingung des Hauses beruhigt. Unser Herz wird nicht durch Regeln gefestigt, sondern durch seine Gnade und seinen Frieden: »Denn es ist gut, dass durch Gnade das Herz gefestigt wird und nicht durch Speisevorschriften, die denen, die sich daran hielten, keinen Nutzen brachten« (Hebräer 13,9; EÜ).

Fröhlich

Ein gereinigtes und gefestigtes Herz ist ein fröhliches Herz. Echte Freude ist ein Zeichen der Erlösung. Ein Zeichen der ersten Christen war der Jubel des Herzens.[47] Der Neue Bund mit einem neuen Herzen ist ein Bund voller Freude: »Juble, Tochter Zion, jauchze, Israel! Freue dich und frohlocke von ganzem Herzen, Tochter Jerusalem!« (Zefanja 3,14). Kirchen sollten Orte voller freudiger, fröhlicher, jubelnder Herzen sein, die ganz und heil geworden sind.

- »Denn in ihm wird unser Herz sich freuen, weil wir seinem heiligen Namen vertrauen« (Psalm 33,21). Freude ist Ausdruck eines gesunden Herzens, das aus dem Vertrauen lebt.
- »Euer Herz wird sich freuen, und eure Freude nimmt niemand von euch« (Johannes 16,22). Jesus hat uns kurz vor seinem Tod Freude versprochen.

- »Alle Tage des Elenden sind schlecht, aber ein fröhliches Herz hat ein ständiges Festmahl« (Sprüche 15,15). Ich wünsche mir ein Herz, das sich in allen Phasen des Lebens freut.

Ein neues, funktionstüchtiges Herz lässt sich durch nichts und niemanden die Freude nehmen. Freude ist eine Frucht des Heiligen Geistes. Sie ist die Stärke derer, die Gott kennen – wie Paulus und Silas, die voller Freude Gott priesen und damit die Gefängnismauern zum Einsturz brachten!

Die Frohe Botschaft wird unser Herz froh machen. Es lebt sich so viel besser mit einem fröhlichen Herzen. Was für ein großartiges Geschenk von Gott, er gibt uns ein fröhliches Herz, unabhängig von unseren Umständen. Und so haben wir ein ständiges Fest.

Dankbarkeit – ICF Berlin Worship

Weit

Ein weites Herz passt zu der Größe und Weite Gottes. Ein enges Herz kann Aspekte von Gottes Wesen erfassen. Doch die grenzenlose, ewige, überwältigende Liebe, Freiheit und Heiligkeit Gottes hat nur in einem weiten Herzen Platz. Er will in dir ein sehr weites Herz formen – ähnlich wie bei Salomo: »Und Gott gab Salomo Weisheit und sehr große Einsicht und Weite des Herzens wie der Sand am Ufer des Meeres« (1. Könige 5,9).

Ich möchte ein Herz haben, das so weit ist wie das von Gott. Ich bin fasziniert davon, wie weit sein Herz für diese Welt ist. Er liebt so viele verschiedene Menschen bedingungslos. Sie kommen aus unterschiedlichen Kulturen, sprechen andere Sprachen, haben vielfältige Charaktere, drücken ihr Lob auf andere Weise aus, feiern so verschiedene Gottesdienste, spielen unterschiedliche Instrumente, lesen verschiedene Bibelübersetzungen und lebten in verschiedenen Epochen der Geschichte. Eines Tages werden wir alle, die auf Jesus vertrauen, in der Weite von Gottes Vaterherz vereint sein und ihn gemeinsam anbeten. Diese Offenheit inspiriert mich und weckt in mir die Sehnsucht nach Weite.

»Denn du machst mir das Herz weit« (Psalm 119,32). Mein Herz war voller Engstellen, doch er hat es inzwischen enorm geweitet. Der Weitungsprozess war nicht immer angenehm, aber heute zu sehen, wie mein neues Herz funktioniert, macht mich dankbar über den Weg, den Gott mit mir gegangen ist. Er will, dass ich ein weites Herz habe, weil er ein weites Herz hat.

Die Beziehung zu meiner Frau hat mein Herz weit gemacht. In einer Gemeinde zu dienen und mit Menschen zusammenzuleben, die ganz anders sind als ich, aber Jesus genauso lieben, hat mein Herz erweitert. Kinder zu bekommen, hat mein Herz gesprengt. Ich war so engherzig aus einer falschen Sehnsucht nach Sicherheit und Angst. »Aus der Bedrängnis rief ich zum Herrn, der Herr antwortete und schuf mir Weite« (Psalm 118,5; EÜ).

Herzkranzgefäße können sich durch Kalkablagerungen verengen. Ein Herzchirurg kann mit einem Ballonkatheter die Verengung mit hohem Druck erweitern und so eine ungehinderte Blutzirkulation ermöglichen. Um eine erneute Verengung zu verhindern, wird meistens ein Stent implantiert. Diese Operation ist nicht angenehm, doch sie ist dringend notwendig, wenn sich Gefäße verengt haben.

DIE ENGEN MEINES HERZENS MACHE WEIT.
| PS 25,17

In welchem Bereich will Gott dein Herz weit machen? Vielleicht gibt es eine Person, der du nicht vergeben hast, und du spürst immer wieder Bitterkeit ihr gegenüber? Oder Gott ruft dich in einem Bereich schon lange aus deiner Komfortzone, aber du sitzt noch mit Sellerie in den Ohren auf der Couch? Oder es geht um finanzielle Großzügigkeit? Vielleicht geht es um Geschwister aus anderen Denominationen, die du verurteilst und von denen du schlecht denkst. Vielleicht braucht dein Gottesbild eine neue Weite. Oder es sind Bereiche in deinem Verständnis von Gottes Wort, wo du denkst, die einzig wahre Auslegung zu haben, und Menschen, die ein anders Verständnis haben, ablehnst. Es gibt verschiedene Engpässe in unserem Herzen. Eine Erweiterung ist zwar schmerzhaft, aber heilsam. Eine Erweiterung bewahrt unser Herz von der Gefahr, engherzig zu sterben.

Weiter

Wir schützen unser Herz nicht, wenn wir Mauern bauen. Damit verbauen wir uns Beziehungen, bevor sie begonnen haben. Mauern bauen wir aus der Sehnsucht nach Sicherheit. Sicherheit ist aber nicht in klaren Regeln oder in klaren Vorstellungen von Schwarz und Weiß zu finden. Sicherheit finden wir in unserer Beziehung zu Gott. »Aber der Herr gab mir sicheren Halt und führte mich aus der Not hinaus in die Freiheit« (Psalm 18,19-20; HFA). Dieser Vers vereint Sicherheit und Freiheit.

Oft entstehen keine Freiheit und Weite in unserem Herzen, weil uns Halt und Sicherheit in der Beziehung zu Gott fehlen. Gottes Liebe will uns festen Halt geben. Ausgehend von dieser Sicherheit führt uns Gott in die Freiheit, in die Weite.

Ein beengtes Herz hat einen engen Horizont. Es klammert sich aus Angst, Fehler zu machen, an Regeln, verurteilt andere und wiegt sich so in einer falschen Sicherheit. Das ist ein Mechanismus, der Herzen kennzeichnet, die noch nicht durch Jesus neu geworden sind. Eine solche Enge führt zu einer Selbstüberschätzung allen anderen gegenüber und hat große Sprengkraft in sich; sie zerstört Gemeinden, trennt Völker, verengt Herzen und vernichtet Beziehungen. Aus Engstirnigkeit und Engherzigkeit kämpfen wir miteinander, anstatt mit vereinten Kräften für Jesus nach vorne zu gehen. Kein Gemeindebund schützt uns davor. Enge Herzen sind in allen christlichen Konfessionen und in allen Altersgruppen zu finden.

Woher weiß ich das? Weil ich selbst jahrelang ein enges Herz hatte. Erst im Rückblick erkenne ich, wie sehr ich darunter gelitten habe. Ich hatte in meinem kurzen Leben viel Wissen angesammelt, doch mein Herz war eng. Es war kein Platz für Barmherzigkeit. Ich verurteilte Menschen aufgrund ihrer Kleidung, Bibelübersetzung, Gemeinde, ihres Wissens oder der Auslegung von einzelnen Versen. Weil ich nicht wie Gott auf das Herz von den Menschen schauen konnte, sondern nur auf ihre äußere Leistung, war ich unbarmherzig und verurteilte sie. Ich nahm die strengsten Positionen ein und konnte sie stichhaltig mit der Bibel untermauern. Ich verwendete die Bibel, um meine Theologie zu rechtfertigen. Ich war blind dafür, dass ich mir unreflektiert ein eigenes theologisches Konzept zu eigen gemacht hatte – ohne Gott darin zu finden. Ich verurteilte die Pharisäer im Neuen Testament, ohne zu erkennen, dass ich selbst einer war. Ich war gefangen in Gemeindeeigenheiten im deutschsprachigen Raum, ohne wahrzunehmen, dass weltweit Millionen Christen eine andere Glaubenspraxis haben und die Bibel genauso lieben wie ich.

Gott war so geduldig und barmherzig mit mir. Er hat mein Herz von Angst befreit und es weit gemacht. Eine gesunde Theologie kann nur aus einem gesunden Herzen wachsen. »Ihr habt nicht engen Raum in uns; aber eng ist es in euren Herzen! ... Gebt uns Raum in euren Herzen!« (2. Korinther 6,12; 7,2; SCHL). Ein enges Herz erkennt man am Umgang mit Menschen, die eine andere Sichtweise haben.

Ein weites Herz hat Platz für die Bedürfnisse, Sichtweisen und den Lebensstil von anderen Menschen. Es erhebt nicht den Anspruch, eine höhere Kenntnis von Gott als die anderen zu haben. Es hat Demut gelernt, weiß, was es heißt, den richtigen Platz in der Beziehung mit Gott einzunehmen und darin das Leben zu finden. Es ist lernwillig und darum lernfähig. So lernt es bei jeder Gelegenheit, wo sich das enge Herz nur weiter verengt. »Auch füllt niemand neuen Wein in alte Schläuche; sonst wird der Wein die Schläuche zerreißen, und der Wein und die Schläuche verderben; sondern neuen Wein füllt man in neue Schläuche« (Markus 2,22). Ein starres Gefäß kann die Herrlichkeit und Größe Gottes nicht fassen. Es braucht ein flexibles, dehnbares Gefäß. Unser Herz muss weit werden wie ein Luftballon, den man mit Wasser füllt, so kann es die unfassbare Größe Gottes fassen.

Open Space – Housefires

Wir brauchen weite Herzen, damit wir als Christen eins sind und so Gottes Charakter in Vielfalt dieser Welt offenbaren. In einem engen Herzen hat nur Einseitigkeit Platz. Es braucht ein weites Herz, damit wir Einheit in Vielfalt leben können. »Damit jetzt den Gewalten und Mächten in der Himmelswelt durch die Gemeinde die mannigfaltige Weisheit Gottes zu erkennen gegeben wird« (Epheser 3,10). Man kann eine mannigfaltige Weisheit einfach nicht einseitig widerspiegeln.

Ganz

Ein ganzes Herz ist eine weltbewegende Kraft. Es ist erstaunlich, was Frauen und Männer mit einem Herzen, das ganz für eine Sache hingegeben war, in unserer Geschichte bewegt haben. Leider hatten die meisten Könige in der Bibel ein geteiltes Herz. Manche waren auch schlichtweg gottlos. Doch viele hatten ein geteiltes Herz. Gott war ein Teil ihres Lebens, doch so ganz nach seinen Worten zu leben und zu herrschen, wollten sie auch nicht. Durch Jesus sind wir ein Geschlecht von Königen und Priestern, das lebt, um in dieser Welt, in seinem Königreich, mitzuregieren. Viel zu oft tun auch wir das mit geteiltem Herzen. Wir missbrauchen unsere Macht und unseren Einfluss, um uns selbst ein Leben voller Wohlstand und Erfüllung zu schaffen. Selbst im Reich Gottes bauen wir manchmal unser eigenes kleines Königreich. Aber unser Auftrag ist klar: »Und du sollst den Herrn, deinen Gott, lieben mit deinem ganzen Herzen und mit deiner ganzen Seele und mit deiner ganzen Kraft. Und diese Worte, die ich dir heute gebiete, sollen in deinem Herzen sein« (5. Mose 6,5-6).

Gott verdient unsere ganzheitliche Liebe, denn seine Liebe übertrifft alles andere an Qualität. Seine Liebe ist der Ursprung unseres Lebens und der Ursprung unserer Erlösung. Sie ist es, die unser Herz ganz macht und uns so erst befähigt, ihn ganz zu lieben.

»Wir lieben, weil er uns zuerst geliebt hat« (1. Johannes 4,19). Das Wichtigste für Jesus war, dass wir ihn mit ganzem Herzen lieben können. Dafür war er bereit, sein eigenes Leben zu geben. Ein ganzes Herz ist der Ausgangspunkt eines gesunden, begeisterten Glaubenslebens. Halbherzig mit Gott zu leben, kann uns nicht erfüllen. Doch unser ganzes Herz Gott hinzugeben, öffnet uns die Tür zu einem Leben im Überfluss. »Ich will dich preisen, Herr, mein Gott, mit meinem ganzen Herzen und deinen Namen ewig verherrlichen« (Psalm 86,12).

IHR SEID *beengt* IN EUREN HERZEN – WERDET *weit.*

2. KORINTHER 6,12–13

Ein ganzes Herz ist der Universalschlüssel in allen Bereichen unseres Lebens. Egal, ob Beziehungen, Lobpreis, Freundschaften, Gebet, Familie, Spenden, Arbeit, Freizeit, Dienst oder Gaben: alles, was wir für Gott und in unserem Leben tun, wird sich mit einem ganzen Herzen völlig entfalten können. Gottes Nähe macht unser Herz ganz und das verändert unser Leben. »Liebt den Herrn, euren Gott! Lebt so, wie es ihm gefällt, und richtet euch nach seinen Geboten! Haltet ihm die Treue und dient ihm aufrichtig und von ganzem Herzen!« (Josua 22,5; HFA).

Wer die Funktionsfähigkeit eines gesunden Herzens erlebt hat, will nicht mehr mit einem defekten Herzen weiterleben.

Ich sehne mich nach einem willigen, mutigen, gefestigten, reinen, weisen, fröhlichen, weiten, hörenden, liebenden, brennenden, fruchtbaren, neuen, geisterfüllten, ganzen Herzen.

In seiner Gegenwart fängt unser Herz an, richtig zu funktionieren, und es pumpt kraftvoll geistliches Leben durch unseren Alltag.

Heartbeat – Garden MSC

Dafür ist es gemacht. Das ist seine normale Funktionsweise! Es sind Königstöchter und Königssöhne mit so einem Herzen, die sein Reich bauen und das Leben von vielen Menschen prägen. Um Herzfunktionen zu verbessern, braucht es Gottes lebensverändernde Nähe und Vertrautheit mit anderen Söhnen und Töchtern. Selbstreflexion und Fremdreflexion sind wertvolle Werkzeuge, um Herzfunktionen zu überprüfen und weiter mit Gott daran zu arbeiten.

Damals, als Eli und seine Söhne in der Stiftshütte mit geteilten Herzen den Priesterdienst ausgeführt haben, hat Gott sich vorgenommen: »Ich aber werde mir einen Priester erwecken, der beständig ist; der wird tun, wie es meinem Herzen und meiner Seele gefällt« (1. Samuel 2,35). Und er erwählte Samuel, das Kind, das Hanna mit ihrer ganzen Hingabe an ihn empfangen hat und Gott geweiht hat. Ich wünsche mir, dass wir uns wie Samuel von Gott erwecken lassen. Zu Männern und Frauen mit gesunden Herzfunktionen, die beständig sind, die tun, wie es seinem Herzen und seiner Seele gefällt.

IHR ABER SEID EIN AUSERWÄHLTES GESCHLECHT, EIN KÖNIGLICHES PRIESTERTUM, EINE HEILIGE NATION, EIN VOLK ZUM BESITZTUM, DAMIT IHR DIE TUGENDEN DESSEN VERKÜNDIGT, DER EUCH AUS DER FINSTERNIS ZU SEINEM WUNDERBAREN LICHT BERUFEN HAT; DIE IHR EINST »NICHT EIN VOLK« WART, JETZT ABER EIN VOLK GOTTES SEID; DIE IHR »NICHT BARMHERZIGKEIT EMPFANGEN HATTET«, JETZT ABER BARMHERZIGKEIT EMPFANGEN HABT.
| 1 PETR 2,9-10

12 HERZSTÜCK

Mein absoluter Lieblingsfilm als Kind war der Zeichentrickfilm *Robin Hood*. Ein abenteuerliches Leben im Wald mit Pfeil und Bogen. Der böse Sheriff von Nottingham wird hinters Licht geführt. Die schöne Maid Marian, die Robin mehr als sein eigenes Leben liebt und erobert. Der Taugenichts Prinz John wird bestohlen. Selbst wenn es brenzlig wird, kommt Robin immer davon. Schlussendlich kehrt der rechtmäßige König nach Hause. Die Bösen werden bestraft. Der Held der Geschichte heiratet seine Geliebte und reitet mit ihr, geehrt von allen, aus dem Bild. Und sie lebten glücklich bis ans Ende ihrer Tage. Happy End.

Später, als ich gerne gelesen habe und das Buch *Robin Hood* in die Hände bekam, war die Enttäuschung riesig. Der Held wird alt und krank. Er wird von einer alten Nonne, bei der er Heilung sucht, hinterhältig zur Ader gelassen. Mit letzter Kraft bläst er in sein Horn, doch Little John kommt zu spät. Robin hat schon zu viel Blut verloren. Er schießt einen letzten Pfeil aus dem Fenster, um den Ort zu bestimmen, an dem er begraben werden soll. Dann stirbt der Held in den Armen seines Freundes. Die Bande löst sich auf und Robin wird zur Legende.

Ich kann es überhaupt nicht ausstehen, wenn es kein Happy End gibt. Es ist zutiefst unbefriedigend und macht mich traurig.

So ähnlich geht es mir mit diesem Buch, wenn ich ganz ehrlich sein darf. Ich hätte mir so gewünscht, dass mein eigenes Herz mit dem Buch heil wird. Doch gerade in den letzten Tagen stelle ich fest, wie weit ich immer noch von diesem neuen, funktionstüchtigen Herzen entfernt bin, das ich im letzten Kapitel beschrieben habe. Ich wäre so gerne an dem Punkt, wo man die Baustelle endlich schließen kann, weil das Projekt fertig geworden ist. Ich wollte zu einem Happy End kommen, doch mein Herz ist noch lange nicht fertig.

Optimistisch wie ich bin, hatte ich eigentlich gehofft, in der Zeit, während ich dieses Buch schreibe, so weiterzuwachsen, dass mein Herz wenigstens einigermaßen funktionsfähig ist. Doch teilweise habe ich durch Gottes Wort als Spiegel nur noch etwas tiefer in die Abgründe meines eigenen Herzens hineingeschaut. Würdest du mich kennenlernen, du wärst vermutlich enttäuscht.

Ich habe so viele Fehler. Ich nehme mir so viel zu Herzen, was ich loslassen sollte. Ich bin oft ängstlich und aus falschen Motiven zurückhaltend. Dann bin ich wieder selbstzentriert und auf Äußeres fixiert. Teilweise fehlt mir das Vertrauen und ich bin ungeduldig oder hartherzig. Ich jammere über Menschen, die ich schwierig finde. Ich messe einen guten Gottesdienst an der Teilnehmeranzahl und klatsche mir danach auf die Stirn. Ich bade regelmäßig in verschiedenen Fettnäpfchen. Ich denke schlecht von Menschen, die ich eigentlich lieben sollte. Ich schaue anderen Frauen hinterher. Ich vergleiche mich mit Menschen, die weniger tun als ich, um mich wertvoller zu fühlen.

Es fällt mir schwer zu vergeben. Ich kann oft selbst nicht umsetzen, was ich anderen rate. Im Leid bleibt mir der Lobpreis in der Kehle stecken und ich drehe mich nur um mich selbst. Es fällt mir schwer damit umzugehen, wenn Dinge nicht so laufen, wie ich es mir vorgestellt habe. Wie alle Menschen auf diesem Planeten bin ich eine Baustelle auf zwei Beinen.

Das macht mich wirklich traurig und betroffen. Doch Gott ist nicht ergebnisorientiert, sondern beziehungsorientiert. Einmal mehr ist das meine Hoffnungsbotschaft!

Wenn ich zurück auf die vielen Hügel, Täler, Berge und Schluchten blicke, dann wird mir klar, wie viel tiefer meine Beziehung zu

Gott auf diesem Weg bis heute geworden ist. Die Entfernung von meinem Herzen zu seinem Herzen macht mir erst deutlich, wie groß seine Liebe ist, die allen Abstand zwischen uns überwindet. Gerade meine Unfertigkeit zieht mich in Gottes Nähe, und die ist heilsam.

Es berührt mich tief, dass ich trotz aller Fehler und Baustellen so sehr geliebt und von Gott angenommen werde. Diese Erkenntnis, einfach so unfertig, wie ich bin, angenommen, geliebt, gewollt und geborgen zu sein, verändert mein Herz Stück für Stück.

»Siehe, dieser ist dazu bestimmt, dass viele in Israel fallen und viele aufstehen, und ist bestimmt zu einem Zeichen, dem widersprochen wird, … damit aus vielen Herzen die Gedanken offenbar werden« (Lukas 2,34-35). Jesus ist dazu bestimmt, dass durch ihn sichtbar wird, was in unseren Herzen ist, und durch seinen Heiligen Geist tut er das heute noch. Doch nicht das Wissen um die Fehler verändert mein Herz, sondern seine Liebe, die mein Herz wie eine gigantische Welle überschwemmt. »Gott aber beweist seine Liebe zu uns dadurch, dass Christus für uns gestorben ist, als wir noch Sünder waren« (Römer 5,8; SCHL). Die unverdiente, tatkräftige Liebe von Jesus ist mein Wendepunkt. Sie bleibt der Startpunkt dafür, dass mein Herz weiter lernt, im Rhythmus des Vaters zu schlagen.

As You Find Me – Hillsong United

Wie Balsam

Die Kunst liegt nicht darin, unser Herz vor allen unangenehmen Umständen des Lebens zu beschützen und uns selbst zu isolieren. Auch wenn wir allein auf einer Insel sitzen würden, so wie ich mir das manchmal wünsche, haben wir unser Herz mit allen Untiefen immer dabei. Die Kunst der Achtsamkeit mit unserem Herzen liegt darin, zu beobachten, was die verschiedenen Ereignisse unseres Lebens auslösen, welche Wurzeln unseren Problemen zugrunde liegen, und gemeinsam mit dem Geist Gottes Offenbarung darüber zu gewinnen. Die Kunst liegt darin, das Misstrauen Gott gegenüber abzulegen und sich an der Hand von Jesus in eine immer tiefer werdende Beziehung hineinführen zu lassen, in der wir unterwegs an seinem Herzen gesunden. Unsere Liebesbeziehung zu Gott ist Balsam für das Herz.

SIEHE, ICH MACHE ALLES NEU! | OFFB 21,9

In einer Zeit, wo wir so viel Zeit für Äußerlichkeiten verwenden und verschwenden, möchte ich mehr als auf alles andere auf mein Herz achten. Es ist die Quelle meines Daseins. Aus meinem Herzen fließen mein Handeln, Fühlen und Denken in alle Bereiche meines Lebens. Mein Herz ist der Ort, an dem Gott, mit seiner verändernden Herrlichkeit, wohnen möchte. Von hier aus entspringen die Ströme des lebendigen Wassers, die von meinem Leben in eine bedürftige Welt hineinfließen.

Ich weiß: Mein Herz ist wertvoll und kostbar in Gottes Augen. Er will es ungeschminkt und ohne Masken. Ich weiß, er liebt mich. Er will in mir, in der Beziehung zu ihm, ein gesundes, starkes Herz hervorbringen. Nur in der Geborgenheit von seinen starken Armen wird mein Herz diesen gesunden Rhythmus entwickeln.

Die vertrauensvolle Beziehung, in der wir unser ganzes Herz in Gottes Hände legen, ist das Herzstück von Gottes Willen für unser Leben. Unabhängigkeit von Gott löst entweder Minderwert oder Hochmut in unserem Herzen aus. Doch im Vertrauen verankert findet unser Herz den Ort, wo es gesund wachsen kann.

»Der Herr aber richte eure Herzen auf die Liebe Gottes und auf das Ausharren des Christus!« (2. Thessalonicher 3,5). Was für ein starkes Gebet von Paulus. Was wir aus eigener Kraft nicht können, möge er an uns vollbringen und unser Herz auf ihn selbst ausrichten. Dieser Veränderungsprozess braucht Geduld. Viel Geduld. Es ist eine weite Reise bis zum Ende unseres Lebens, in dem Gott unser Herz formen will. Auf dieser Reise werden wir Fehler machen und an unsere Grenzen kommen. Doch Jesus hat uns verheißen, dass er an jedem einzelnen Tag mit uns sein wird, durch seinen Geist lebt er in uns.

Der mein Herz regiert – Urban Life Worship

HARRE AUF DEN HERRN! SEI STARK, UND DEIN HERZ ERWEISE SICH ALS MUTIG, UND HARRE AUF DEN HERRN! | PS 27,14

Du kämpfst nicht allein. Er selbst, der Anfänger und Vollender deines Vertrauens, kämpft für dich.

Ich möchte dich ermutigen. An der Hand unseres guten Vaters wird deine Beziehung zu ihm immer tiefer werden und dein Herz wird Schritt für Schritt mehr seinem Herzschlag ähnlicher werden. »Ich bin überzeugt, dass der, der etwas so Gutes in eurem Leben angefangen hat, dieses Werk auch weiterführen und bis zu jenem großen Tag zum Abschluss bringen wird, an dem Jesus Christus wiederkommt« (Philipper 1,6; NGÜ).

Ich will mehr und mehr zu einem Mann nach Gottes Herzen werden. Und du?

Es gibt nichts, was ich mir mehr wünsche als eine Generation von Frauen und Männern nach dem Herzen Gottes, die ihn einer verlorenen und bedürftigen Welt offenbaren. Der Ort der Veränderung schlägt in meiner und in deiner Brust. »So lehre uns denn zählen unsere Tage, damit wir ein weises Herz erlangen« (Psalm 90,12).

Eines Tages wird dein Herz ein letztes Mal schlagen. Dein Leben auf der Erde wird enden. Es ist mein Gebet, dass bis zu diesem Tag ein starkes, gesundes, geformtes Herz in dir schlägt. Ein Herz, das mutig und geduldig Wasser des Lebens in eine karge Welt gepumpt hat. Ein Herz, das Gott ungeteilt liebt. Ein Herz, das in ewiger Gemeinschaft mit seinem Schöpfer weiterleben wird.

Mehr als alles achte auf dein Herz. Denn aus ihm entspringt die Quelle des Lebens.

DENN WO *dein Schatz* IST, DA WIRD *dein Herz* SEIN.

MATTHÄUS 6,21

WIR BETEN FÜR DEIN HERZ

Auf den folgenden Seiten kommen Menschen zu Wort, die ich persönlich sehr schätze und die mich auf meinem Weg geprägt haben. Ich wünsche mir, dass ihre Gebete dich segnen, so wie sie ein Segen für mich waren. Sie unterstreichen, dass der Weg zu einem neuen Herzen kein Alleingang ist. Ich hoffe, sie helfen dir, Worte zu finden in Momenten, in denen dir Worte fehlen, oder sie werden zu deinem eigenen Gebet.

Ich lade dich ein: Lass dich ermutigen, trösten, segnen und inspirieren. Ich wünsche dir, dass du – während du durch die Vielfalt von Gebeten blätterst – das eine oder andere findest, das kraftvoll in deine aktuelle Situation spricht.

Vater,
ich bin dir unendlich dankbar, dass du unsere Herzen heilst und beschützt! Du schenkst uns immer wieder kleine Bausteine, die wir oft übersehen, die aber so voller Liebe, Gnade, Lebensfreude und Heilung sind. Ich bete für dich, dass Gott dir den kleinen Baustein schenkt, der dein Herz heilt und dich mit Kraft, Wärme, Leichtigkeit im Leben und seiner Barmherzigkeit erfüllt.
Im Namen von Jesus, amen. | *Maja*

Vater!
Trage mich, denn ich ertrage mich nicht. Deine Zusagen habe ich vergessen und deine Liebe fühl ich nicht. Lobpreis bleibt mir in der Kehle stecken und ich habe keine Worte der Dankbarkeit mehr.
Der Lebensmut will mir versagen und die Todesangst greift nach mir. Mein Herz will mir verzagen und meine Kraft ist erschöpft.
Herr, errette mich und lasse mich wieder gute Tage sehen.
Mein Herz zerbricht und ich will nicht mehr. Ich wünschte, es würde zu Stein werden. Ich sehne mich nach Frieden und wage es nicht, mich nach dir auszustrecken.
Herr, in dir will ich mich bergen und Trost finden. Greif mich, umfasse mich und halte mich, damit mich meine Ängste nicht übermannen.
Lass mich wieder stehen, laufen und Träumen nachjagen und dir aus vollem Herzen Loblieder singen. | *Markus*

Vielen Dank, dass du als allmächtiger, großer Gott mein persönlicher Papa bist. Danke für deine grenzenlose Liebe. Ich bin angenommen und sicher bei dir. Als erwachsener Mensch mit viel Verantwortung habe ich bei dir den Ort der Geborgenheit, wo ich einfach Kind sein darf. Ich muss nichts leisten und lege alle meine Lasten bei dir ab. Ich bringe dir meinen Frust, meine Unruhe, mein Scheitern und meine Sorgen.
Ich bekenne dir meine Hilflosigkeit angesichts der vielen Nöte und Herausforderungen. Ich bin müde und erschöpft.
Vielen Dank, dass du meine Schwachheit aushältst.
Vielen Dank, dass ich mich bei dir anlehnen darf.
Du trägst mich durch. Fülle mich jetzt neu mit deiner Kraft. Lass mich an deiner Hand mutig Schritte gehen. Ich atme auf in deiner Gegenwart.
Vielen Dank, Vater! | *Wolfgang & Claudia*

Mein Gott!
Siehst du meinen Schmerz, spürst du mein Leid? Allen anderen geht es gut. Niemand versteht mich. Wo bist du nur? Du sagst, ich bin so wertvoll, dass Jesus für mich gestorben ist. Dass die, die dir vertrauen, neue Kraft bekommen.
Du bist der Weg, du bist die Wahrheit, du bist das Leben.
All eure Sorgen werft auf ihn, denn er sorgt für euch.
Der Herr ist mein Licht und mein Heil. Der Herr ist meines Lebens Kraft.
Ich möchte glauben, bitte hilf.
Herr Jesus, lass mich dich sehen. Schenk mir neue Hoffnung, lass mich dich erkennen, schenk mir deinen Frieden. Schenke mir Trost durch meine Geschwister. Heile du mein Herz. Ich möchte dir wieder mit Freude danken.
Der Herr ist mein Hirte. Er weiß, was ich brauche ... ich fühle momentan anders, Jesus. Doch ich schaue auf dich! | *Wolfi & Lisa*

Danke, Vater, dass du unsere Herzen am besten kennst. Wir beten, dass Gott dir Menschen zur Seite stellt, die dein Herz stärken, weil sie dich inspirieren und ermutigen. Geschwister, die dich fördern und fordern und dich näher zu Jesus bringen.
Wir beten, dass du dein Herz täglich erneuern und erfrischen lässt, indem du die Beziehung zu Jesus suchst und in Gemeinschaft mit anderen Christen auftanken darfst. Du bist ein Königskind, Bürger im Reich Gottes.
Jesus beschütze dein Herz vor Angriffen, die dir diesen Status rauben wollen und dich klein und minderwertig machen. Wir beten, dass Gott dir ganz konkret zeigt, was es bedeutet, dass du auf dein Herz achten sollst.
Sei reich gesegnet im Namen von Jesus.
Amen. | *Katja & Lukas*

Jesus,
ich halte dir mein unaufgeräumtes Herz hin. Ich bekenne, dass sich vieles angestaut hat.
Was mir wichtig erschien, womit ich meine Sehnsucht nach Liebe und Anerkennung zu stillen versuchte, erfüllt mich nicht, es belastet mich. Von den Erwartungen anderer und meiner Suche nach echtem Glück fühle ich mich getrieben. Ich sehne mich nach echter und dauerhafter Lebensfreude, nach Beziehungen, die tragfähig sind, und nach deiner Geschichte mit mir.
Darum lade ich dich ein, mein Herz zu entrümpeln, damit du Raum hast. Ich spreche dir heute zu: Jesus, es ist Raum für dich in meinem Herzen – damit du deine Geschichte mit mir schreibst und ich das erfüllte Leben mit dir in vollen Zügen genießen kann. | *Rudi & Olga*

Lieber Jesus,
du bist der Anfang und das Ende, der König der Könige. Nichts geschieht ohne dein Zutun, denn du hast alles in der Hand. Nur dich allein will ich loben, ehren und preisen. Du hast mich erschaffen, jeder Zelle ihren Platz zugewiesen, kennst mein Wesen und mein Herz durch und durch.
Mein Herz hast du dazu gemacht, dass es durchströmt wird von deiner unermesslichen Liebe. Danke, dass dein Liebesstrom bis in Ewigkeit weiterfließen wird und nie versiegt.
Bitte hilf mir dabei, sensibel zu werden, damit ich durch den Heiligen Geist verhärtete Stellen in meinem Herzen bemerke. Nur du allein kannst sie weich und durchlässig machen.
Erfülle du mein Herz mit deiner Liebe und forme es nach deinem Willen.
Jesus, lass dieses Buch nicht spurlos an mir vorbeigehen, sondern begegne du mir mit deiner Allmacht und deiner Liebe.
Amen. | *Philipp & Hanna*

Vor dich, Herr, bringe ich alle, die dieses Buch lesen. Du bist ein Gott, der einen jeden von ganzem Herzen liebt, seine tiefsten Bedürfnisse, Sorgen und Ängste kennt.
Begegne du, Herr, einem jeden in seiner Situation. Möge ein jedes Herz Veränderung zum Guten erleben, sei es Frieden, Freude, Auferbauung, Trost, Heilung, Befreiung, Vergebung und vieles mehr. Ich bete um dein Wirken und danke dir dafür, dass du jeden Ruf aus den Tiefen unseres Herzens hörst und eine Lösung bereithältst, um uns zur Ruhe zu bringen.
Du bist ein Gott, der sein Herz an uns Menschen verschenkt, und dafür danke ich dir, dass jeder, der eine lebendige Beziehung zu dir aufgebaut hat und aufbaut, das erfahren darf.
Amen. | *Ingrid*

Herr,
wir können es mit unserem Verstand kaum fassen, wie sehr du uns Menschen liebst. Danke, dass du ein Herz aus Fleisch und Blut in unser Innerstes gibst. Wir wollen Stück für Stück begreifen, dass wir in deinen Augen genügen.
So soll sich das Bild, das du über uns hast, wie Puzzleteile zusammenfügen.
Lege eine Sehnsucht in unser Herz, die uns deine Schätze erkennen lässt. Erfülle unser Herz mit deinem Geist, dass es singt und tanzt wie auf einem Fest. Voll von deiner Liebe soll unser Herz sein, damit wir sie in den letzten Winkel der Erde bringen, sei er noch so klein. Mach uns rundum neu und heile unser Herz. Reinige, segne, befreie uns von dem Schmerz. Dein Herz wurde vor aller Augen auseinandergerissen, damit wir leben können, mit reinem Gewissen. Denn du bist der Grund, warum unser Herz schlägt. Du bist der, der unser Herz bewegt.
Amen. | *David & Annika*

Hiermit möchte ich dein Herz Jesus in die Hände legen.
Herr Jesus, du kennst dieses Herz und du liebst dieses Herz. Du weißt, was darin Gutes und Schlechtes verborgen ist. Daher bitte ich dich, beginne nun deinen Siegeszug, indem du das Schlechte wegnimmst und all das Gute zum Vorschein bringst, indem du Ketten sprengst und Mauern zerstörst, damit dieses Herz gesäubert und geheilt wird und am Ende in all der Herrlichkeit erstrahlen kann, in der du es ursprünglich geschaffen hast.
Der Herr Jesus segne dich und begleite dich auf deinem Weg. Er führe dich noch näher zu sich und helfe dir, all die Dinge annehmen zu können, die er dir schenken will.
Ich preise dich, Jesus Christus, weil du unser Retter, Heiler und Erlöser bist.
Amen. | *Elisabeth*

Vater im Himmel,
gepriesen sei dein Name! Danke, dass wir durch deinen Sohn Jesus Christus zu dir kommen können, um Trost und Verwandlung zu erfahren. Lehre uns, unser Herz vor allen Dingen zu bewahren, denn aus ihm fließt das Leben; es zu pflegen und mit deiner Wahrheit zu nähren.
Wir beten um Erbarmen für die Leidenden, Bedrängten, Verzweifelten, die sich nach einem Trost und einem sicheren Hafen sehnen, der nicht vorübergehend ist, sondern ewig. Wo es keine Tränen gibt, wo die Freude des Heils ewig währt. Wir beten, dass du in deiner Barmherzigkeit die Sünde der Herzen aufdeckst und sie zur wahren Reue bringst, sodass stolze Herzen in demütige Herzen verwandelt werden.
Wir beten, dass du sie alle in den Tagen der Not unterstützt und dass sie von dir getröstet werden. Denn du bist denen nahe, die ein zerbrochenes Herz haben. | *Sophia & César*

Jesus Christus,
du sagst zu uns in Matthäus 11,29: »Lernt von mir, denn ich bin sanftmütig und von Herzen demütig; so werdet ihr Ruhe finden für eure Seelen.« Ruhe finden für unsere so oft aufgewühlte Seele, für unser unruhiges Herz – das wollen wir zutiefst! So lehre uns deine Demut, lehre uns deine Sanftmut, lehre uns dein Wesen, dass wir uns selbst erkennen und verstehen, wie du uns siehst und das, was uns bewegt.
Deine Demut in uns wird uns zu Gelassenheit und zu Ruhe werden. Deine Sanftmut in uns darf uns erfreuen und unser Gemüt beschwichtigen.
Wir danken dir für deine so liebevolle und klare Weisheit für unsere Herzen!
Amen. | *Sonja & Martin*

Jesus,
du hast in Matthäus 22 gesagt: »Du sollst den Herrn, deinen Gott, lieben mit deinem ganzen Herzen und mit deiner ganzen Seele und mit deinem ganzen Denken. Das ist das erste und größte Gebot. Und das zweite ist ihm vergleichbar: Du sollst deinen Nächsten lieben wie dich selbst.« Ich bitte dich, dass der Heilige Geist mein Herz füllt mit einer so großen Liebe zu dir, dass es überfließt davon.
Ich bitte dich, mir zu zeigen, wie ich immer mehr die selbstlose und reine Liebe im Alltag leben kann, die du uns hier auf der Erde vorgelebt hast. Hilf mir, jeden Menschen mit deinen Augen zu sehen. Nimm mir bitte mein Herz aus Stein und gib mir ein Herz aus Fleisch – erneuere mein Fühlen, Denken, Sprechen und Handeln. Immer und überall soll dein Wille geschehen und nicht meiner!
Amen. | *Jutta*

Im Namen Jesu beten wir, dass die Zeilen dieses Buches und vor allem die ausgewählten Bibelstellen in dein Herz dringen und es verändern mögen. Möge der Heilige Geist dich durch diesen Prozess begleiten und dir noch Schwachstellen aufzeigen und dich bei deinen Veränderungen bestärken.

Bedenke stets, dass Gott auf dein Herz sieht und du dir nur mit seiner Hilfe ein reines Herz bewahren kannst. Daher erbitten wir im Namen Jesu, dass der Heilige Geist dich leitet und führt. Dein dich liebender himmlischer Vater hat dich herrlich und absolut liebenswert erschaffen. Wir laden deinen Geist ein, sich Gottes Vaterherzen immer mehr zu öffnen, und wir segnen dich, diese unvergleichliche Liebe des Vaters die tiefsten Tiefen deines Wesens durchdringen zu lassen. | *Kurt & Sabine*

Herr,
ich danke dir für dieses Buch und dass du unser Herz heilen möchtest.

Sprich du bitte durch dein Wort und erneuere Herzen. Schenke Leben, Liebe und Glaube. Wir danken dir, dass du jeden Menschen so sehr liebst.

Du bringst Gnade und Liebe in unsere Welt. Du bist der Weg und die Wahrheit und das Leben.

Wir beten für dich: dass du den immensen Wert deines Herzens verstehst und täglich im Glauben die Verantwortung übernimmst, es zu bewahren.

Verantwortung für ein reines Herz und einen aufrichtigen Geist zu übernehmen, ist unerlässlich, um eine Beziehung mit Christus zu führen.

Herr, hilf mir, mein Herz vor dir reinzuhalten. Jesus, danke, dass du uns Frieden gibst, den sonst keiner geben kann! Du kennst jedes Herz und nur du kannst es füllen. | *Sascha & Hava*

Lieber himmlischer Vater,
manchmal verstehe ich dich nicht, kann nicht nachvollziehen, was an der jetzigen Situation gut sein soll. Öffne mir die Augen, um das Beste in der Situation zu entdecken, denn du sagst in Römer 8,28, dass denen, die dich, Gott, lieben, alle Dinge zum Besten dienen – zum Guten mitwirken. Weil du und dein Wort vertrauenswürdig sind, möchte ich das Gute und das Beste in diesen Situationen entdecken.
Erweitere du meinen Blick und Gedankenhorizont, um offen zu sein, diesen Segen zu entdecken, den du in diese Herausforderung legst, in der ich mich gerade befinde. Halte mich fest, gib meinen Füßen sicheren Halt, damit ich nicht wanke.
Amen. | *Samuel & Damaris*

Vater,
ich danke dir, dass du deine Herrlichkeit im Himmel verlassen und dich zu uns geneigt hast, um uns auf Augenhöhe zu begegnen!
Herr, du kennst uns und liebst uns dennoch! Du kennst unsere Begrenztheit und Schwäche, unser Versagen und unsere Bosheit. Und dennoch sind wir es dir wert, dass du für uns in den Tod gegangen bist.
Herr Jesus, für jeden Leser bete ich, dass du uns da abholst, wo wir gerade stehen. Drücke uns ganz fest an dein Vaterherz, leg deine durchbohrten Hände auf unsere verletzten Herzen, salbe jede Wunde und Bruchstelle in uns mit deiner Liebe! Verbinde, was getrennt war, schenke Vergebung, wo aus menschlicher Sicht keine Hoffnung mehr ist. Nimm unsere Hände, mit denen wir so gern unsere Sorgen, Ängste und Gebundenheit festhalten, und erneuere uns! Mach alles neu, uns zum Heil und dir zur Ehre! | *Anni*

Lieber Vater,
du kennst das Menschenherz, denn du hast es so wunderbar erschaffen. Du kennst natürlich auch meines, mit all seinen Bedürfnissen, auch wenn diese gerade nicht gestillt werden. Du weißt, wie sehr ich darauf warte und bete, dass sie erfüllt werden. In Segenswünschen und in Liedtexten wird einem oft geraten, auf sein Herz zu hören. Doch ein Menschenherz weiß nicht, was zu seinem Besten dient, aber du weißt es.
Du hast mich aus Situationen mit Schmerzen und Depressionen herausgeführt. Bitte lass mein Herz daran denken und darauf vertrauen, dass du es in Zukunft wieder tust. | *Daniel*

Himmlischer Papa,
danke, dass du mich kennst und trotzdem liebst. Auf dich will ich mein Herz ausrichten. Mit all meinen Fehlern und Problemen komme ich zu dir. Ich will sie mit meinem alten Herzen bei dir abgeben und bitte dich um Vergebung. Mache mich wieder rein. Befreie mich und mein Herz durch deine Liebe und Gnade.
In meinem Leben und Alltag soll sich mein Herz immer an dir orientieren. Danke, dass ich bei dir Kraft tanken kann, um mein Herz immer wieder neu auf dich auszurichten. Lass mich durch diese Kraft auch für andere wie eine Tankstelle für dich sein. Ich möchte mit meinem Leben, das du verändert hast, in deinem Dienst stehen. Verwende mich, um die Herzen der Menschen in meiner Nähe genauso zu verändern und heil werden zu lassen. Als dein Werkzeug und verletzlicher Diener will ich mich gebrauchen lassen. Danke für die Zuversicht, dass du an meiner Seite bleiben wirst und ich dann durch deine Kraft schwierige Situationen in meinem Leben bezwingen werde. Ich danke dir, dass du das Loch in meinem Herzen füllst und mich vollkommen und zufrieden machst. | *Jonny & Sabrina*

Herr,
niemand kennt mein Herz so wie du. Du kennst meine Gedanken, die guten und die schlechten, und dennoch brauche ich mich nicht zu schämen. Mein Herz ist nackt, doch nicht bloßgestellt, denn du kennst mein Innerstes.
Deine Wege, Herr, verstehe ich oft nicht, sie sind mir fern und nah zugleich. Fern, weil mein Verstand dich nicht zu erfassen vermag, und nah, weil du mir dennoch so vertraut bist wie nichts sonst auf der Welt. Lass mich erkennen, dass ich nicht alles begreifen muss, und gib mir Vertrauen, das die Grenzen meines Verstandes übersteigt. Lass mein Herz nicht vergessen, was du für mich getan hast. Und hilf mir, nicht aufzuhören, deinen großen Namen dafür zu loben, selbst wenn mir kein Ton über die Lippen kommt.
Gott, du bist gut und mächtig! Lass es mein Herz nie vergessen. Amen! | *Dorka & Jonas*

Danke, Jesus!
Nach Jahrzehnten des Glaubens an dich hast du mir deutlich gemacht, dass mein Herz voller Minderwertigkeitsgefühlen ist. Dieses Herz bekam Angst, wenn andere etwas gut machten, weil es mich scheinbar schlechter dastehen ließ. Und du hast begonnen, dieses Herz zu verändern!
Auch wenn die »Herz-Operation« nicht abgeschlossen ist – wie viel Befreiung hast du doch schon geschenkt! Danke, Jesus. Du machst Operationen, die sonst keiner kann. Danke, Jesus, dass ich an deiner Hand lernen darf, dass mein Wert nicht darin besteht, dass ich die Dinge immer besser mache, sondern darin, dass du mich damals – als ich zaghaft begann, an dich zu glauben – zu deinem Kind gemacht hast. Hilf mir, mit dem Herzen zu verstehen, dass diese Gotteskindschaft der höchste Adel ist, den es gibt! | *Christoph*

Lieber Vater,
du kennst das Herz jedes einzelnen Menschen und siehst, was darin vorgeht. Danke, dass du uns sogar besser kennst, als wir es selbst tun. Jedes Haar auf dem Haupt hast du gezählt. Wir beten, dass du das Herz jedes einzelnen Lesers erreichst und eine Generation an Nachfolgern schaffst, die Menschen nach deinem Herzen sind, wie es König David war. Menschen, die ihr Vertrauen auf dich setzen und dir aus vollem Herzen nachfolgen.
Wir beten, dass du die Personen segnest, die diese Zeilen lesen, und dich ihnen durch dein Wort zeigst, wie du bist. Danke, dass wir mit allem, was unser Herz belastet, zu dir kommen dürfen und du stets mit offenen Armen auf uns wartest.
Amen. | *Stephan & Waldi*

Vater,
lass mich still werden vor dir. Lass mein Herz zur Ruhe kommen in deiner Gegenwart. Hole mich aus der Zerstreutheit und führe mich aus den Gedanken, die um mich und die Meinen kreisen, immer näher zu dir hin. Ich will mich dir anvertrauen und mich bei dir bergen.
Ich brauche nicht zu reden, damit du mich hörst. Du kennst mein Herz wie kein anderer. Du kennst meine Sehnsüchte und Wünsche, meine Ruhelosigkeit und Begrenztheit, meine Ängste und Sorgen. Du weißt, wo wir deiner Hilfe bedürfen. Ich will meine Mitmenschen und den Lärm der Welt mit in mein Schweigen aufnehmen und vor dich bringen. Lehre mich zu hören, Herr, was du mir zu sagen hast. Mache meine Ohren auf und mein Herz weit für dich, damit ich anbetend auf dich höre.
In dir sein, Jesus, ist alles, was ich brauche. Damit habe ich alles erbeten für Zeit und Ewigkeit.
Amen. | *Paula & Max*

Herr,
wir bitten dich um deine Liebe. Fülle unser Herz mit deiner göttlichen Liebe, damit wir lieben können, wie du liebst. Durchtränke uns mit deiner Güte, Gnade und Barmherzigkeit und lass unser Herz im Einklang mit deinem Herz sein.
Sei du der Hüter unseres Herzens.
Schaffe in uns ein reines, treues, dankbares, leidenschaftliches, mutiges Herz. Lass uns immer nahe an deinem Herzen sein. Heile unsere Wunden und hilf uns zu vergeben.
Hilf uns auf diesem Weg mit dir mutig und aufrecht zu gehen, auf deine Korrektur zu achten und demütig zu bleiben. Lass uns Männer und Frauen nach deinem Herzen sein! | *Roland & Petra*

Herr,
wir beten für die Leser, dass du ihnen begegnest. Zeige ihnen dein Herz, mach, dass sie dich besser kennenlernen, dass die Kommunikation zwischen dir und ihnen beginnt und ihnen das Buch zum Segen wird.
Wir beten, dass sie dich als den großen, geduldigen, barmherzigen, liebevollen, alles in der Hand haltenden Vater kennenlernen und dass sie ihre Herzen ganz dir öffnen. Dich auch in die kleinsten Winkel lassen und du alle Bosheit, Bitterkeit und alle falschen Erwartungen aus ihren Herzen schwemmst.
Wir beten, dass sie dadurch wunderbar frei für dich werden, sodass du ihr Herz berühren, formen und verändern kannst. Lass sie dein großes, gütiges Vaterherz erkennen und deine gestaltende, kraftvolle Art erleben, mit der du durch sie wirken möchtest.
Wir beten, dass das Buch zu einer Weiche wird, näher an dein Herz zu wollen, deinen Willen zu tun, in deinem Wort zu suchen und deine Wege zu gehen. | *Martin & Sue*

Herr Jesus,
danke, dass du zu uns gekommen bist, dass du unser Licht bist und uns aus der Dunkelheit geborgen hast.
Wir können durch dich die Wahrheit begreifen, die Bedeutung wahrer Liebe verstehen und eine liebevolle Beziehung zu unserem Vater erleben. Du bist unsere Zuflucht und unsere Stärke.
Wir bringen unsere Sorgen und Ängste zu dir und du schenkst uns Liebe, Frieden und Hoffnung. Du hast uns ein neues Lied in unseren Mund gelegt, unser Lob und unsere Ehre gehören für immer dir.
Wir beten für alle, die dieses Buch lesen, dass sie dir ihr Herz schenken und von deiner Liebe erfüllt werden und mutig dein Wort und deine Liebe den anderen verlorenen Kindern des Vaters weitergeben. | *Mehri & Ali*

Herr,
du sagst in Jesaja 43,19: »Siehe, ich wirke Neues, jetzt sprosst es hervor, solltet ihr es nicht wissen? Ich will einen Weg in der Wüste bereiten und Ströme in der Einöde.«
Jesus, ich gebe dir hin mein Herz, vertrocknet, verwundet und bedürftig. Und ich öffne mein Herz heute für die Ströme deiner Liebe, deiner Annahme. Durchflute die Wüste meines Herzens, lass es blühen.
Ich öffne mein Herz für die Wege deiner Versorgung und will empfangen aus dem Reichtum deines Hauses. Komm und mach alles neu, mach lebendig, was einsam und verlassen ist. | *Klara & Jannik*

Lieber Vater im Himmel,
wir beten dich an! Und wir danken dir für viele Jahre, in denen du unser Herz bewahrt und immer wieder aufgerichtet und gestärkt hast, trotz manch massiver Angriffe, trotz Niederlagen und Verfehlungen!
Wir möchten es erleben wie einer unserer Mitarbeiter in Mittelamerika: Er sagt, dass ihm sein neues Herz so unendlich wertvoll ist! Du hast es ihm geschenkt – nach einem Leben am Abgrund und in jeder Art von Sünde und Todesängsten verstrickt! Und damit es geschützt ist, hast du es wie mit einer Art von Glaskasten umgeben, so sagt er.
Mein Herz soll sichtbar sein, aber unverletzlich. Kein Same der Bitterkeit kann es erreichen! Und der Schmutz des alten Lebens kann es nicht mehr verunreinigen!
Oh Herr, unser Gott, schütze unser Herz, wie mit einem Glaskasten, es gehört doch dir. Wir möchten mit reinem Herzen vor dir stehen. Jetzt und einmal am Tor der Herrlichkeit!
Im Namen unseres geliebten Erlösers Jesus Christus!
Amen. | *Hans-Georg & Margret*

Fasse mein HERZ zusammen zur Furcht deines Namens.

PSALM 86,11

DANKE

Ich danke meinem himmlischen Papa für die sanftmütige, geduldige und zielstrebige Art, wie er Schritt für Schritt mein Herz formt und ihm ähnlicher macht. Niemand kennt mein Herz wie du.

Meiner Frau Ruth für die große Rolle, die sie in diesem Formungsprozess spielt, und die genialen Handletterings. Ich liebe dich, mein Schatz.

Meinen Kindern und Sabrina dafür, dass sie mir ermöglicht haben zu verstehen, wie Gott mich als Papa sieht und liebt. Das hat mein Herz auf den Kopf gestellt. Ich freue mich riesig über euch.

Den Königstöchtern und Königssöhnen aus dem Forum Eisenstadt, die mit ihrer Liebe, Fürsorge, Offenheit, Freude und Freiheit mein Herz angesteckt und verändert haben. Ihr seid eine großartige Familie. Ich liebe euch.

Meinen Eltern, Großeltern, meiner Schwester und den vielen Freunden, die mich auf meinem Weg begleitet, gefördert und geprägt haben. Danke.

Dem SCM Verlag für die Möglichkeit, mein Herz zu teilen, allen voran Annalena Pabst, die mich im Prozess, dieses Buch zu schreiben, so verständnisvoll angeleitet, ermutigt und gefördert hat. Danke für deinen wertvollen Beitrag. Ich bin begeistert von dir.

ANMERKUNGEN

1. Psalm 33,15.
2. Apostelgeschichte 1,24; 15,8; 1. Könige 8,39; 2. Chronik 6,30.
3. 5. Mose 29,3; 30,6; Jeremia 24,7; 31,33; 32,40; Hesekiel 11,19; 18,31; 36,26.
4. Auch Matthäus 15,8 und Markus 7,6.
5. 1. Samuel 13,14.
6. Diese Stelle habe ich direkt aus dem Griechischen übersetzt.
7. Titus 2,11-13.
8. Jesaja 53,5; Psalm 116,5; Matthäus 11,29; Epheser 2,3ff.
9. So wird uns Gott im Gleichnis vom verlorenen Sohn vorgestellt, das du in Lukas 15 nachlesen kannst.
10. LIEBEN: 5. Mose 6,5; 11,13; Matthäus 22,37; Markus 12,30; Lukas 10,27/UMKEHREN: 5. Mose 30,10; 1. Samuel 7,3; 1. Könige 8,48; 2. Chronik 6,38; Jeremia 24,7; Joel 2,12/LOBEN: Psalm 9,2; 86,12; 138,1; Zefanja 3,14; Epheser 5,19; Kolosser 3,16/DIENEN: 5. Mose 10,12; Josua 22,5; 1. Samuel 12,20.24; 1. Chronik 28,9/VERTRAUEN: Sprüche 3,5.
11. Vgl. Psalm 51,19.
12. In der Elberfelder Übersetzung steht hier das Wort »dick« – ich habe »fett« gewählt, weil es noch etwas klarer nennt, was hier gemeint ist.
13. Ich kann den Bibelkommentar der Edition C über das Hohelied von Julius Steinberg empfehlen. Er ist super!
14. Johannes 12,6; 13,12.
15. Apostelgeschichte 5,3.
16. Jesaja 53,3.
17. Jakobus 1,2.
18. 1. Petrus 1,6-10; Sprüche 17,3; Sacharja 13,9; Maleachi 3,3.
19. Psalm 12,7.
20. Psalm 68,6.

21 Gewagte Liebe, Originaltitel: Reckless Love; Text & Melodie: Ran Jackson, Caleb Culver, Cory Asbury; dt. Text: Larissa Witzmann, Stefan Schöpfle, Mia Friesen, Lukas Dopfer, © 2017 Bethel Music Publishing/Watershed Worship Publishing/Richmond Park Publishing/Cory Asbury Publishing; für D, A, CH: Small Stone Media Germany, Köln/Universal Music Publishing, Berlin/Sony Music Publishing, Berlin.

22 Markus 10,30; Psalm 139,18; Matthäus 5,8; Jeremia 32,41; Sacharja 9,16; Psalm 56,9; Hiob 7,17; Lukas 2,35; Hesekiel 36,26.

23 Nachlesen kannst du das ab 2. Mose 7,13.

24 Markus 8,17; 2. Chronik 36,13; Hesekiel 3,7; Matthäus 19,8; Apostelgeschichte 7,51.

25 Prediger 3,11.

26 Nach der Gute-Nachricht-Übersetzung.

27 Manfred Roth (2015): Das Neue Testament, Schaffhausen: Famous Word. Den Begriff »Brüder« habe ich in diesem Zitat in »Geschwister« verändert und einige ergänzende Hinweise, die Roth noch in Klammern dazugenommen hat, hier weggelassen, da sie für unseren Kontext hier nicht so entscheidend sind.

28 Vgl. 1. Mose 15,1; 21,17; 26,24; 46,3; Josua 1,9; 1. Samuel 23,17; 2. Könige 19,6; Jesaja 41,10; Jeremia 1,8; Daniel 10,19; Lukas 1,13; 1,30; 2,10; 5,10; Matthäus 1,20; 14,27; 28,7; Markus 5,36; Apostelgeschichte 18,9; Offenbarung 1,17; 2,10.

29 Zum Beispiel an diesen Stellen: Apostelgeschichte 2,29; 4,13.29.31; 9,27.28; 13,46; 14,3; 18,26; 19,8; 26,26; 28,31.

30 Psalm 18,30.

31 Ich möchte nicht darüber sprechen, wie man die Ausrüstung praktisch einsetzt, weil ich fest davon überzeugt bin, dass du persönlich lernen musst, diese Ausrüstung in deinen Schlachten des Alltags zu gebrauchen.

32 Nachzulesen in Matthäus 4.

33 Vgl. 2. Samuel 17,10.

34 Canvas And Clay, Text & Melodie: Ben Smith, Chris Tomlin, Pat Barrett, © 2019 Capitol CMG Genesis/Capitol CMG Paragon/Housefires Sounds/SDG Publishing/Vamos Publishing/Bread & Wine Sounds.

35 Du siehst die Wunden, Originaltitel: You Heal My Wounds; Text & Melodie: Danny Plett; dt. Text: Arne Kopfermann, © 2000 Janz Musikverlag, adm. by Gerth Medien, Asslar.
36 1. Samuel 10,9.
37 Philipper 3,10.
38 Hesekiel 47,1-12.
39 1. Korinther 6,19.
40 Matthäus 20,28; Markus 10,45.
41 Du kannst dieses Gespräch von Jesus und den Jüngern in Matthäus 12,43-45 nachlesen.
42 Epheser 1,17.
43 Epheser 1,3.
44 Apostelgeschichte 2,4; 4,8.31; 6,3.55; 9,17; 11,24; 13,10.52.
45 Epheser 5,31-32.
46 Das Wort, das in der Elberfelder Übersetzung hier verwendet wird, ist »Gebilde«. Ich habe es mit »Kunstwerk« wiedergegeben, da ich diese Übersetzungsmöglichkeit für unseren Wortgebrauch besser verständlich finde.
47 Vgl. Apostelgeschichte 2,46.